U0552910

权威·前沿·原创

皮书系列为
"十二五""十三五""十四五"时期国家重点出版物出版专项规划项目

BLUE BOOK

智 库 成 果 出 版 与 传 播 平 台

文化蓝皮书·特色产业系列

BLUE BOOK OF CHINA'S CULTURE · SERIES
OF CHARACTERISTIC INDUSTRIES

中国普洱茶产业发展报告
（2023~2024）

REPORT ON THE DEVELOPMENT OF
CHINA'S PUERH TEA INDUSTRY (2023-2024)

主　编／李　炎　胡洪斌　胡皓明　李　蕊

社会科学文献出版社
SOCIAL SCIENCES ACADEMIC PRESS (CHINA)

图书在版编目（CIP）数据

中国普洱茶产业发展报告 . 2023~2024 / 李炎等主
编 . --北京：社会科学文献出版社，2024. 11.
（文化蓝皮书）. -- ISBN 978-7-5228-4264-6

Ⅰ. F326. 12

中国国家版本馆 CIP 数据核字第 20249VP185 号

文化蓝皮书
中国普洱茶产业发展报告（2023~2024）

主　　编 / 李　炎　胡洪斌　胡皓明　李　蕊

出 版 人 / 冀祥德
责任编辑 / 宋　静
责任印制 / 王京美

出　　版 / 社会科学文献出版社·皮书分社（010）59367127
　　　　　　地址：北京市北三环中路甲 29 号院华龙大厦　邮编：100029
　　　　　　网址：www.ssap.com.cn
发　　行 / 社会科学文献出版社（010）59367028
印　　装 / 天津千鹤文化传播有限公司

规　　格 / 开　本：787mm × 1092mm　1/16
　　　　　　印　张：21.5　字　数：319 千字
版　　次 / 2024 年 11 月第 1 版　2024 年 11 月第 1 次印刷
书　　号 / ISBN 978-7-5228-4264-6
定　　价 / 168.00 元

读者服务电话：4008918866
▲▲ 版权所有 翻印必究

云南大学"双一流"建设
与部省合建重点支持项目成果

文化蓝皮书总编委会

主　任　王京清

副主任　张晓明　李　河　李　炎

委　员　（按姓氏笔画排序）

王　莹　王京清　史东辉　李　炎　李　河
吴尚民　张晓明　陈　刚　胡洪斌　章建刚
意　娜

顾　问　（按姓氏笔画排序）

江小涓　江蓝生　李　扬　李培林　武　寅
卓新平　朝戈金

秘书长　意　娜

《中国普洱茶产业发展报告（2023~2024）》
编 委 会

专 家 顾 问（按姓氏笔画排序）

王白娟　王洪波　王敏正　木霁弘　吕才有

朱飞云　苏芳华　李　河　杨绍军　杨海潮

肖　薇　张　林　张晓明　邵宛芳　范建华

罗洪波　赵汝碧　顾　婷　黄桂枢　程　旭

蔡　新

主　　　任　李　炎　胡洪斌　胡皓明　李　蕊

总报告课题组

撰 稿 人（按姓氏笔画排序）

王　佳　王博喜莉　卢　寒　成丽竹　刘德刚

江鸿键　许杞华　苏芳华　苏婉婷　李　炎

李　蕊　李彦忻　李雪韵　肖雪欢　吴　染

何声灿　何青元　余海林　张天梅　陈雨果

陈锡稳　范欣蓓　罗瑞玉

凯迪丽娅·毛拉尼亚孜　　周麟欣　胡洪斌

胡皓明　柯尊清　段　静　段云莎　陶　钊

黄天祺　董欣雨　　程　旭　曾庆志

编　辑　部 （按姓氏笔画排序）

于良楠　李　蕊　范欣蓓　金美辰

主要编撰者简介

李 炎 法学博士、教授，云南大学文化发展研究院院长，云南大学国家文化和旅游研究基地主任、首席专家，文化和旅游部文化产业专家委员会委员，云南省文化产业研究会会长。主要研究领域为文化产业与区域社会发展、跨文化研究、中国少数民族艺术等。主持或参与 50 余项国家级和省部级课题研究。近年来，在《思想战线》《探索与争鸣》《同济大学学报》《中国文化产业评论》《文化产业研究》等刊物发表学术论文百余篇，出版著作 10 余部。

胡洪斌 经济学博士、教授，云南大学民族学与社会学学院副院长，云南大学国家文化和旅游研究基地副主任。主要研究领域为文化产业与区域社会发展、文化经济学等。主持或参与 40 余项国家级和省部级课题研究。近年来，在《财贸经济》《经济问题探索》《中国文化产业评论》《文化产业研究》《学术探索》等刊物发表学术论文 20 余篇，出版著作 8 部。

胡皓明 正高级制茶工程师，云南茶马司茶叶有限公司董事长，中国普洱茶十大企业家之一，全国茶叶标准化技术委员会普洱茶工作组技术委员会顾问，中国茶叶流通协会专家委员会委员，云南省茶马古道研究会会长，云南省茶叶流通协会副会长，世界（香港）茶文化交流协会创会董事、副会长，云南国际茶叶交易中心策划创始人。著有《普洱茶》《云南普洱茶》，发表《茶马古道上的文化特征》《茶马古道文化论》《三种类型普洱茶风味品质比较分析研究》等多篇论文。

李　蕊　云南省文化产业研究会副秘书长，云南大学民族学与社会学学院在读博士。主要研究领域为文化产业与区域社会发展、特色文化经济、跨文化研究。

编 前 语

云茶是云南高原特色农业的重要业态，也是云南省政府打造的千亿级产业的重要部分，近年来，云南茶产业创下种质资源、产业规模等国内"五个第一"，有力地促进了云茶产业绿色高质量发展，带动茶农增收，助力乡村振兴。普洱茶作为云茶的重要组成部分，其产值占云茶产值的比重约为40%，但对云茶产业的贡献率则高达60%，带动无数农民就业，带动人均增收千元甚至万元，普洱茶产业成为县域经济的重要支柱产业，有力地促进了地方经济社会的转型发展。2021~2022年，普洱茶产业发展态势良好，茶叶种植面积稳步扩大，茶叶产量稳中有增，综合产值稳步攀升，市场培育情况良好，政策供给充分。普洱茶产业发展潜力巨大，茶文化消费多元、仓储市场饱和、销售模式多元、消费群体多样、发展空间拓展等态势涌现。普洱茶产业所带动的包装设计、电子商务、茶具茶艺、庄园经济等相关产业正在持续升温，促进普洱茶产业及相关产业全链条的打造和发展。

2021~2022年普洱茶产业发挥了以下四个方面的作用。

第一，以茶兴农、以茶富农——推动乡村振兴。云南是一个农业大省，持续推动及利用茶产业助力乡村振兴是促进云南经济社会发展的一个命题，也将成为很长一段时间云茶产业发展的一大特点。云茶产值已连续2年超千亿元并保持稳定增长，云南有茶农600多万人，从事茶产业人口超过1100万人。茶产业作为云南精准扶贫的重要产业之一，在打赢脱贫攻坚战中发挥了重要作用。

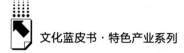

第二，地理优势、加强联动——补齐出口短板。随着普洱茶生理性和精神性特征得到大众消费群体的认可，在统一竞合的市场格局下，其市场从在地性消费市场不断向外延伸，云南地理位置优越，是连接东南亚、南亚次大陆的重要交通要道，通过充分利用云南茶资源禀赋，普洱茶已出口到越南、泰国、马来西亚、韩国等30多个国家。

第三，统筹"三茶"、模式创新——延伸产业链条。普洱茶产业是文化价值与经济价值兼顾的地方特色产业。茶文化、茶产业、茶科技"三茶"统筹以及"茶+旅游""茶+研学""茶+康养"等多元模式创新为普洱茶全产业链的打造奠定了坚实的基础，其对促进地方经济、生态环境、文化旅游和民族地区乡村振兴等发展的功能作用和价值进一步凸显。

第四，品牌宣传、数字赋能——提升产业价值。随着普洱茶已逐渐转化为大众美学的具体形态、国际创意设计进入普洱茶领域以及"冰岛""昔归"等成为奢侈茶品的代表，普洱茶的品牌在不断塑造和构建的过程中，成为自然、民族、生活、历史、当代、时尚、大众等多元素融为一体的文化品牌，同时通过数字技术赋能，不断提高产业价值。

"云品·普洱茶产业数据库"是云南大学"双一流"大学建设中地方高校服务地方经济、社会、文化高质量发展的重要项目，该项目的持续推进和建设支撑了第三本《中国普洱茶产业发展报告》的顺利编撰出版。同时本报告也得到云南大学党政领导、科研机构、地方政府、行业协会、相关领域专家学者的支持与帮助，在各方力量的关心下，课题组相关成员加强实地调研，提高数据分析能力，加强个案内容剖析，更加全面、努力、专业地绘制出普洱茶产业发展图景。

在撰写过程中，明显感受到普洱茶产业是一个持续发展并具有较大潜力的产业，是一个值得并需要政府、行业、企业和不同消费群体从不同角度关注、关心、维护的良好产业和文化品牌，这为普洱茶特色文化产业的发展营造了更加优越的发展环境，促进其健康、可持续发展。本报告设置总报告、产区篇、专题篇等板块，较为全面地覆盖了普洱茶及相关产业的范围，希望社会各界更加关注并了解这一重要产业。我们也坚信在社会各方力量的支持和课题组的不断努力下，未来的《中国普洱茶产业发展报告》将更加贴合实际、更加具有学术价值和现实意义，能为普洱茶产业的健康发展贡献微薄之力。

李　炎　胡洪斌
2024 年 8 月 7 日

摘　要

普洱茶产业是中国茶产业的重要组成部分，也是云南高原特色农业的重要业态。受新冠疫情以及国内外大环境的影响，普洱茶产业一直处于波动发展状态，但由于其特殊的生产消费特征、明显的类金融属性，同时得到各级政府的大力支持，普洱茶产业得以持续发展并保持着巨大的潜力。普洱茶及相关产业在持续发展过程中不断延伸产业链条，包装设计、电子商务、文化品牌、茶具茶艺、庄园经济等价值逐渐凸显，普洱茶产业逐步实现与创意产业、旅游产业、乡村振兴事业等双向赋能，成为促进地方经济社会发展的重要力量。

本书是"文化蓝皮书·特色产业系列"的第三本，是在云南大学"双一流"大学建设和"云南大学服务地方经济、社会、文化高质量发展"项目及地方政府、普洱茶相关行业协会和云南经贸外事职业学院的支持下，依托相关数据库开发企业、中国知网合作开发的"普洱茶产业数据库""普洱茶知识数据库"，持续推出的第三本《中国普洱茶产业发展报告》（以下简称《报告》）。《报告》承续了首版初衷，希望通过对普洱茶各个产区的现状描述、特征分析以及趋势预测而对云南省普洱茶产业发展基本情况搭建描述框架，同时通过分析普洱茶消费群体、包装设计、电子商务、文化品牌、文旅产业等内容，对普洱茶产业进行全面了解。《报告》选择了从"互联网+"和"文化品牌+"两个角度拓展普洱茶消费市场、探索新的销售模式和挖掘茶马古道厚重的历史文化内容。本年度加大了对数字技术对普洱茶产业双向赋能的研究力度，进一步明晰数据库、电子商务等对普洱茶产业发展的影响。

关键词： 普洱茶　普洱茶产业　普洱茶文化

目　录 ↗

Ⅰ　总报告

Ⅱ　产区篇

Ⅲ　专题篇

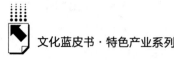
皮书数据库阅读使用指南

总 报 告 ▷

B.1

中国普洱茶产业发展报告

李炎 胡洪斌 李蕊*

摘 要： 2021~2022年度，云南省普洱茶产业发展态势良好，市场培育充分，政策供给充足；呈现发展潜力巨大、茶文化消费多元、仓储市场饱和、销售模式多元、消费群体多样、发展空间拓展等态势。跨界合作，提升消费体验，推广友好茶园模式，提升绿色供应链质量，整合新媒体平台，拓宽国际市场，打造新型茶文化空间，创新模式，培育茶文旅新业态等成为未来云南普洱茶产业发展应着重关注的内容。普洱茶产业作为云南省重要的地方特色产业，带动了包装设计、电子商务、旅游康养等产业发展，涌现出新兴文化品牌和消费群体，带动了地方经济社会发展。未来云南省普洱茶产业将继续保持稳中向好的发展态势。

---

* 李炎，云南大学文化发展研究院院长，教授，主要研究方向为文化产业与区域社会发展、跨文化研究、中国少数民族艺术等；胡洪斌，云南大学文化发展研究院副院长，教授，主要研究方向为文化产业与区域社会发展、文化经济学等；李蕊，云南大学民族学与社会学学院在读博士，主要研究方向为文化产业与区域社会发展、特色文化经济、跨文化研究。

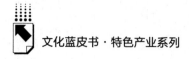

关键词： 普洱茶　茶产业　云南省

　　普洱茶是中国茶产业的重要组成部分，也是中国茶文化、地方特色经济发展的重要内容。中国普洱茶产业发展态势向好，在带动地方经济社会发展的同时也促进了优秀传统文化的传承保护和发展，近些年来与其相关的"非遗""国潮""调饮"等消费新热点持续显现，普洱茶文化研究和写作也在持续升温。云南省作为普洱茶的核心产区，其普洱茶产业的发展在一定程度上反映了中国普洱茶产业发展的态势。2021~2022年，云南普洱茶产业发展态势良好，茶叶面积稳步扩大，茶叶产量稳中有增，综合产值稳步攀升，市场培育情况良好，政策供给充分。云南普洱茶产业呈现发展潜力巨大、茶文化消费多元、仓储市场饱和、销售模式多元、消费群体多样、发展空间拓展等态势。2024年及2025年春茶价格呈波动式特点，云南省普洱茶产业未来可着重关注跨界合作，提升消费体验，推广友好茶园模式，提升绿色供应链质量，整合新媒体平台，拓宽国际市场，打造新型茶文化空间，创新模式，培育茶文旅新业态等。

一　云南普洱茶产业发展现状

（一）云南普洱茶产业生产发展情况

　　从整体来看，2018~2022年，云南茶产业生产发展态势良好，茶叶种植面积不断扩大，茶叶产量稳中有增，茶叶综合产值再创新高。

　　云南茶叶种植面积呈逐年稳步扩大趋势（见图1）。2022年是"十四五"开局第二年，云南茶叶种植面积不断扩大，截至2022年底，云南茶叶种植面积为795.5万亩，较2021年增加55.5万亩，增长率为7.5%，实现近5年最高增长率。临沧、普洱、西双版纳三大茶区仍保持较大的茶叶种植面积贡献率（见表1），2021年、2022年三大茶区种植面积分别为487.8万亩、561.44万亩，占总面积的65.9%、70.6%。其中，2022年，临沧茶区茶叶种植面积为209.3万亩，占全省种植面积的26.3%，普洱茶区茶叶种植面积为209万亩，占全省种植面积的26.3%，西双版纳茶区茶叶种植面积为143.14万亩，占全省种植面积的18%。2020~2022年三年三大茶区茶叶种植面积占全省茶叶种植面积的比重保持稳定，均在65%~71%，为云南茶产业的发展奠定了坚实的基础。

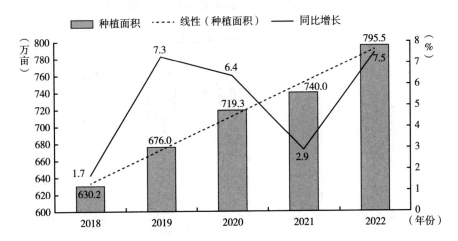

图1　2018~2022年云南省茶叶种植面积变化趋势

资料来源：根据云南省人民政府官方网站、云南省茶叶流通协会相关资料整理。

表1　2021~2022年云南省及三大茶区茶叶种植面积情况

单位：万亩

地区	2021年	2022年
云南省	740.00	795.50
临沧茶区	173.40	209.30
普洱茶区	175.00	209.00
西双版纳茶区	139.40	143.14
三大茶区	487.80	561.44

资料来源：根据云南省人民政府官方网站相关资料整理。

云南省茶叶产量持续增加，茶叶综合产值再创新高，呈现稳中有增的发展态势（见图2、图3）。2022年，云南省茶叶产量首次突破50万吨大关，实现茶叶产量53.39万吨，较2021年增长4.39万吨，同比增长8.20%，全省普洱茶产量占比超过42%。茶叶综合产值自2020年实现"千亿云茶产业"目标之后一直保持稳定增长，2022年云南省茶叶综合产值达1380亿元，较2021年增长308.9亿元，同比增长28.84%，实现自2018年以来同比增长率逐年降低之后的大幅回升，创造近5年最高增长率。

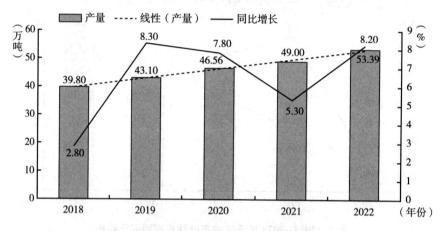

图2　2018~2022年云南省茶叶产量变化趋势

注：同比增长率为按产量未四舍五入时数据计算，与按图中产量数据计算所得数据有差异，特此说明。下同。

资料来源：根据云南省人民政府官方网站、云南省茶叶流通协会相关资料整理。

依据云南普洱茶产值约为云南茶叶产值的60%这一实践经验，对2018~2022年云南普洱茶产值进行推算（见图4），2018年约为506.1亿元，2019年约为561.6亿元，2020年约为600.8亿元，2021年约为642.7亿元，2022年约为828.0亿元，普洱茶产值不断提高，产业发展态势良好。

（二）云南普洱茶产业市场培育情况

企业是市场培育的主体之一，"十四五"开局之际，云南省着力培育茶叶企业，茶业企业规模实力不断壮大。2021年，全省在营业及存续的茶

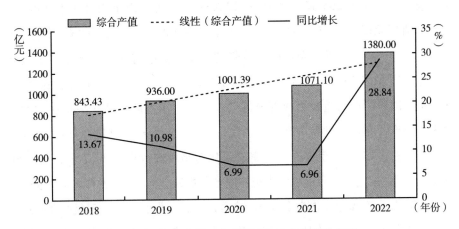

图3 2018~2022年云南省茶叶综合产值变化趋势

资料来源：根据云南省人民政府官方网站、云南省茶叶流通协会相关资料整理。

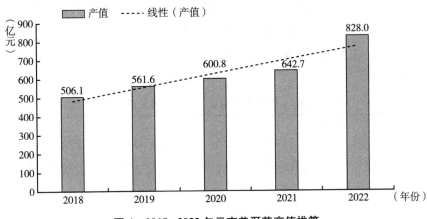

图4 2018~2022年云南普洱茶产值推算

业企业超过12万家，位列全国第2，全省有初制所7484个、专业合作社3564个、种植大户3260户、家庭农场1020户；省级主要茶叶企业有699家，其中大型企业12家、中型企业283家；省级以上龙头企业86家，其中国家级9家，获得食品生产许可证（SC证）加工厂达1332家。10家茶叶企业入选"年度中国茶业百强企业"，8家茶叶企业进入2021年省级专精特新"小巨人"255家大名单。① 2022年全省规模以上茶叶企业158家，其中产值亿元以上的有26家，产值亿元以下1000万元以上的有130家。② 同时，为进一步发挥龙头企业的示范带动作用，云南省每年评选出"十大名茶"企业（见表2），2021年所评选出的"十大名茶"企业前四位的品类均为普洱茶，以普洱茶为重要组成部分的云南茶产业正不断提高龙头企业的发展水平，助推云南打造世界一流"绿色食品牌"。三大茶区积极响应培育茶叶龙头企业号召，如2022年临沧市共完成茶叶初制所规范提升3437个，获得SC证茶叶企业392家，③ 目前临沧市正加速培育龙头企业，充分发挥龙头企业带动作用，筛选了20家企业作为重点茶叶企业培育，引导企业建立现代企业管理制度，规范内部管理，加大招商引资力度，支持和鼓励市内茶企通过重组、股份合作的方式优化资源配置。目前，云南省茶叶品牌及影响力不断扩大，34家茶叶企业频繁上榜"中国茶业百强企业"；29个县域频繁上榜"中国茶业百强县"，代表性茶叶品牌有下关沱茶、六大茶山普洱茶、"陈升号"普洱茶等。普洱茶公用品牌价值连续7年被评为中国茶公用品牌第二名，全省80%以上茶叶销往省外，出口到20多个国家和地区。④

表2　2021～2022年云南省"十大名茶"企业名单

2021年		2022年	
企业名称	品牌名称	企业名称	品牌名称
普洱澜沧古茶股份有限公司	澜沧古茶	勐海陈升茶业有限公司	"陈升号"普洱茶
云南中茶茶业有限公司	中茶	云南下关沱茶（集团）股份有限公司	下关沱茶

① 《2022年云南省茶叶产业研究简报》，https：//baijiahao. baidu. com/s？id=173451808883649 7253&wfr=spider&for=pc，最后检索时间：2024年2月23日。
② 《"三茶"统筹　云南向茶业强省迈进》，https：//www. yn. gov. cn/ztgg/jdbytjwhjc/cyh/xgzx/ 202310/t20231011_287169. html，最后检索时间：2024年2月23日。
③ 《一片叶子尊天下　韵香八方临沧茶》，https：//www. lincang. gov. cn/info/1410/ 413062. htm，最后检索时间：2024年9月16日。
④ 《绿色"云茶"天下普洱——云南省深入推进茶产业发展纪实》，https：//nync. yn. gov. cn/ html/2023/yunnongkuanxun-new-1011/401188. html？cid=3641，最后检索时间：2024年9月16日。

2021 年		2022 年	
企业名称	品牌名称	企业名称	品牌名称
勐海陈升茶业有限公司	"陈升号"普洱茶	云南双江勐库茶叶有限责任公司	勐库普洱茶
云南双江勐库茶叶有限责任公司	勐库普洱茶	云南中茶茶业有限公司	中茶
腾冲市高黎贡山生态茶业有限责任公司	"高黎贡山"牌有机普洱茶	腾冲市高黎贡山生态茶业有限责任公司	"高黎贡山"牌有机普洱茶
云南下关沱茶(集团)股份有限公司	下关沱茶	云南六大茶山茶业股份有限公司	六大茶山普洱茶
云南六大茶山茶业股份有限公司	六大茶山普洱茶	勐海雨林古茶坊茶业有限责任公司	雨林古茶坊
云南农垦集团勐海八角亭茶业有限公司	八角亭普洱	云南德凤茶业有限公司	德凤
云南昌宁红茶业集团有限公司	稳隆红茶	云南龙生茶业股份有限公司	龙生
普洱祖祥高山茶园有限公司	祖祥有机茶	安宁海湾茶业有限责任公司	老同志

资料来源：云南省农业农村厅官方网站。

（三）云南普洱茶产业政策供给情况

为推进云茶产业提质增效和转型升级，全面提升产业化发展水平，云南省致力于促进普洱茶产业政策供给，在 2018～2022 年相继出台了多个政策文件，切实助推云南茶产业高质量发展。2018 年，云南省人民政府发布《关于推动云茶产业绿色发展的意见》，自此之后出台《云南省培育绿色食品产业龙头企业鼓励投资办法（试行）》《云南省茶叶产业三年行动计划（2018—2020）》《云南省全面规范茶叶初制所建设行动方案》等相关政策和通知，覆盖龙头企业培育、茶叶初制所建设、古茶树保护开发、品牌建设打造、茶文化提升工程、茶科技运用等层面，全方位、多维度为茶产业绿色发展提供坚强的组织保障和政策保障。临沧茶区、西双版纳茶区、普洱茶区三大茶区积极贯彻落实云南省委、省政府茶产业相关政策思想。临沧市出台

《关于加快推进茶叶产业跨越发展的实施意见》《临沧市推进茶叶产业提质增效促进三产融合发展工作方案》《临沧市古茶树保护条例》等相关政策文件。西双版纳专门设立了云茶产业发展基金，通过推进"三权三证"抵押贷款和采用"基金+担保"等多元化的金融组合手段，创新适应茶产业发展的金融产品和服务模式，进一步加大了金融机构对茶企的信贷支持力度。普洱市出台《普洱市古茶树资源保护条例》《普洱市古茶树资源保护条例实施细则》等政策文件，成立了茶产业链工作专班，为云南省三大茶区的发展提供了坚实的组织和政策保障。

二 云南普洱茶产业作用

近年来，以普洱茶为代表的茶产业得到持续稳步健康发展，产业规模大，地域分布广，涉茶人口多，带动能力强，已成为茶区广大农民收入主要来源和重要农产品加工业；同时也发挥了推动乡村振兴、补齐出口短板、延伸产业链条以及提升产业价值等作用。

（一）以茶兴农、以茶富农——推动乡村振兴

云南是一个农业大省，持续推动及利用茶产业助力乡村振兴是促进云南经济社会发展的一个命题，也将成为很长一段时间云茶产业发展的一大特色。云南有茶农600多万人，从事茶产业人口超过1100万人，"十三五"期间，茶农来自茶产业的人均收入年均增长9.2%，2020年人均茶产业收入达4050元，比2015年增加1450元。勐海茶厂积极探索产业扶贫与精准扶贫的道路。10余年间，收购毛茶支出30多亿元，帮助茶农转变观念、增强自身"造血"能力，带动勐海近30万名茶农过上好日子、走上可持续发展道路。① 砍盆箐村民小组成立普洱镇沇砍盆箐茶业有限公司，采取"党组织+公司+合作社"的发展模式，实现企业年利润1700余万元，文况村全村

---

① 《推动茶业大省迈向茶业强省——云茶产业高质量发展观察》，https://nync.yn.gov.cn/html/2023/yunnongkuanxun-new_0523/397394.html，最后检索时间：2024年8月4日。

200 余户茶农茶叶产值超过 3000 万元，其中核心区 11 户茶农年产值达 2000 余万元，[①] 较大程度实现了茶农致富，为地方经济社会发展奠定了坚实的基础，持续推动乡村振兴。

（二）地理优势、加强联动——补齐出口短板

普洱茶是云南特有的一种茶产品，早在 2012 年就被列为《中华人民共和国进出口税则》产品，并拥有单独的税则号列，是第一个被列入该税则的黑茶类产品，为云南普洱茶出口奠定了良好的政策基础。同时云南地理位置优越，是连接东南亚、南亚次大陆的重要交通要道，通过充分利用云南茶资源禀赋，现已将普洱茶出口到越南、泰国、马来西亚、韩国等 30 多个国家。为进一步拓展国际市场，云南依托 RCEP 协议，积极推动茶企开展农产品出口基地备案，与商务、海关、税务、农业农村等部门联合开展点对点、线上线下服务，指导出口潜力大、基础条件好的茶叶基地做好农产品出口基地备案工作。税务部门全面落实减税降费优惠政策，通过减审批、减流程等措施，使企业享受到更优质的出口退税服务。自 2021 年以来，云南省共有 9 家企业入选农业国际贸易高质量发展基地名单，2022 年云茶出口量 4473.5 吨，居全国第 11 位；出口额 5739.11 万美元，居全国第 9 位；均价达 12.83 美元/公斤，高于全国出口均价。[②]

（三）统筹"三茶"、模式创新——延伸产业链条

云南省在促进普洱茶产业发展的进程中践行统筹"三茶"、模式创新，不断延伸普洱茶产业链条。2022 年 11 月，44 项"中国传统制茶技艺及其相关习俗"被列入联合国教科文组织人类非物质文化遗产代表作名录，云南有 6 项茶技、茶俗入选，其中包括 2 项普洱茶制作技艺（贡茶制作技艺、大

---

① 《镇沅动大砍盆箐：一片茶叶铺就乡村振兴路》，https://news.cctv.com/2024/03/27/ARTI3LXiDh3zgDSCqHSQC39M240327.shtml，最后检索时间：2024 年 8 月 4 日。

② 《对政协云南省十三届一次会议第 072 号提案的答复》，https://nync.yn.gov.cn/html/2023/tianjianyibanli2023_0511/399179.html? cid=5617，最后检索时间：2024 年 8 月 4 日。

益茶制作技艺）。普洱古茶园与茶文化系统、双江勐库古茶园与茶文化系统被认定为中国重要农业文化遗产，其中普洱古茶园系统被联合国粮食及农业组织认定为全球重要农业文化遗产。滇川藏"大三角""茶马古道"文化走廊被云南省纳入千里边疆文化长廊重点建设内容，不断扩大普洱茶的辐射范围。全省农业龙头企业科技研发投入达到8.4亿元，建成茶叶加工中心、普洱茶加工中心2个国家级研发分中心，有效推动茶叶加工新技术、茶叶新产品的发展。① 同时云南省积极对普洱茶产业发展模式进行创新，除了"茶+旅游""茶+研学""茶+康养"等模式之外，近年来，云南省致力于举办茶文化节，以节庆的方式延长产业链条。近年来，南华县立足茶产业生态优势，围绕兔街镇的古茶树资源，持续打造"兔乐之"茶叶公共品牌，全面提升茶叶质量、产量，有效拓展品牌效应。2023年，兔街镇产茶672吨，实现产值1.089亿元，占南华县总产值的95%。在打造品牌的同时，延伸出兔乐之茶旅商业街开发项目、兔乐之茶庄园建设项目、茶园星光酒店建设项目、榕树里特色民宿开发项目。②

（四）品牌宣传、数字赋能——提升产业价值

近年来，为加快推动品牌强农战略实施，持续打造"区域品牌+企业品牌+产品品牌"的"绿色云品"品牌矩阵，茶叶品牌数量快速增长，品牌效益显著提升。云南省连续五年开展"十大名茶"评选表彰活动，部分企业成立了"十大名茶"品牌企业联盟，组织开展"云品入鲁"和"云品入沪"专场推介会，在加拿大举办的COP15第二阶段会议中，专设"中国角"对以普洱茶为代表的云南高原特色农产品进行了展示推介和现场品鉴。同时云南省坚持以资源数字化、数字产业化、产业数字化为主线促进普洱茶

① 《关于云南省十四届人大二次会议第0423号建议的答复》，https：//nync. yn. gov. cn/html/2024/jytabl 2024_ 0604/1412089. html？cid=6872，最后检索时间：2024年9月16日。

② 《楚雄南华：守茶山 拓产业 区域公共品牌助力茶文旅融合发展》，http：//www. yn. xinhuanet. com/20240420/a57c49eedd3148e098b6165bab5feaba/c. html，最后检索时间：2024年8月4日。

产业的发展。自 2021 年开始，省级财政每年投入 1000 万元支持 20 个数字农业示范基地建设，持续打造数字化典型应用场景，建立了云茶网工作专班，拟借鉴福茶网先进经验做法，建设"云茶产业数字化综合服务平台"（云茶网），在勐海七彩云南茶厂有限公司与云南省农业科学院茶叶研究所合作过程中，云南省农业科学院专家依托项目对茶园进行种植、植保技术培训，辅助企业获得了国家发明专利 7 项、实用新型有效授权专利 3 项、外观设计专利 1 项。① 通过不断加强品牌培育和宣传，推动数字技术赋能产业发展，以此最大限度地提升普洱茶产业价值。

三 云南省普洱茶产业发展态势预测

近些年，普洱茶产业一直处于波动发展态势，客观分析市场整体状况之后，预测 2024 年下半年以及 2025 年普洱茶发展整体态势如下。

（一）普洱茶市场呈现平缓发展态势，但潜力巨大

普洱茶市场近年来呈现平缓的发展态势，主要受到多种因素的影响。首先，疫情影响导致消费者消费观念的变化和购买力的下降，从而使普洱茶市场的需求出现一定程度的波动。其次，消费者对茶叶的认知程度不断提升，他们更加注重产品的品质、品牌和文化内涵，这对普洱茶企业提出了更高的要求。同时普洱茶作为一种高品质、文化内涵丰富的特色茶叶，在市场上的竞争也愈加激烈，企业需要不断创新，提升产品竞争力。

尽管普洱茶市场的发展呈现平缓态势，但其潜力依然巨大。普洱茶作为中国传统名茶之一，具有悠久的历史和深厚的文化底蕴，拥有广泛的消费群体。无论是传统茶客还是新兴消费群体，对普洱茶的需求都在不断增长。随着我国经济不断发展和居民生活水平的提高，人们对健康生活的追求日益增

---

① 《对政协云南省十三届一次会议第 063 号提案的答复》，https://nync.yn.gov.cn/html/2023/tianjianyibanli2023_0430/399086.html？cid=5617，最后检索时间：2024 年 8 月 4 日。

强，高品质的普洱茶成为人们日常生活中的选择之一。普洱茶产地广泛、品类丰富，不同地区的普洱茶具有各具特色的口感和风味，能够满足不同消费者的需求。随着人们生活水平的提高和消费观念的升级，普洱茶的消费市场不仅局限于传统茶文化发源地，如云南等地区，还逐渐向全国各地拓展。尤其是在一些经济发达地区，普洱茶的销售额和消费规模正在逐年增长。普洱茶在国际市场上的地位和影响力也在逐步提升。

（二）普洱茶品质与价格趋于平衡，茶文化消费走向多元

普洱茶市场的消费趋势日益向大众化倾斜，消费者对产品品质和价格的关注度不断提升，普洱茶文化消费正逐步走向多元化。随着社会经济的发展和人们生活水平的提高，消费者对健康生活要求更高，更加注重产品的品质和安全性，同时消费观点的更新使消费者对产品的价格也有了更加明确的认识，更加注重性价比，不再盲目追求高价位的产品。普洱茶已不再是少数人的奢侈品，而成为越来越多人日常生活中的必需品。不同年龄层次、不同文化背景的消费者都开始关注普洱茶这一具有深厚文化底蕴的茶叶品类。尤其是年青一代，更加注重个性化和体验化，对普洱茶的接受度也在逐渐提升。普洱茶企业应该积极顺应这一趋势，推出更加符合年轻人口味和消费习惯的产品，加强与年轻消费群体的互动和交流，拓展市场空间。

消费方式的改变也在推动普洱茶文化消费向多元化发展。传统的实体店销售模式已不能完全满足消费者的需求，越来越多的消费者倾向于通过互联网渠道购买普洱茶产品。尤其是年青一代消费者，通过网络直播、社交媒体等渠道了解产品信息并进行购买已成为主流。普洱茶企业应积极拓展线上销售渠道，加强与电商平台的合作，提升线上服务水平，满足消费者的购买需求。

普洱茶文化消费走向多元化，也带动了普洱茶产业链的不断完善和创新。除了传统的普洱茶产品外，越来越多的衍生产品和服务开始涌现，如普洱茶文化旅游、普洱茶文化体验等。这些新兴的产业形式不仅丰富了消费者的选择，也为普洱茶企业带来了新的商机和发展空间。普洱茶企业应该抓住机遇，不断创新产品和服务，提升品牌竞争力，实现可持续发展。普洱茶市

场的大众化消费趋势不断加强，消费者对品质与价格的平衡更加关注，普洱茶文化消费也逐步向多元化发展。普洱茶企业应该积极顺应市场变化，不断创新，提升产品品质，拓展销售渠道，加强与消费者的互动和交流，实现市场竞争优势的持续增长。

（三）普洱茶仓储市场进入饱和状态，类金融属性趋于减弱

普洱茶作为一种具有类金融属性的商品，其价格波动对仓储市场带来了一定影响。近年来，随着普洱茶市场的不断发展和投资热情的高涨，普洱茶仓储市场也逐渐进入饱和状态。大量的普洱茶积压在仓库中，造成了市场供需失衡，导致普洱茶价格波动频繁、类金融属性趋于减弱。这一现象主要受到多种因素的影响。

首先，疫情防控期间，市场需求下降，消费市场进入平缓状态，导致普洱茶的消费市场不再像之前那样火爆。这使一些投资者开始减少对普洱茶的投资，仓储市场供应过剩，进而影响了普洱茶的价格。其次，普洱茶市场的投机氛围逐渐减弱，投资者开始更加谨慎地对待普洱茶的投资，避免出现过度投机导致的市场风险。尽管普洱茶仓储市场进入饱和状态，类金融属性趋于减弱，但普洱茶市场仍然具有较大的潜力和发展空间。普洱茶作为一种具有深厚文化底蕴和独特魅力的茶叶品类，在国内外市场上仍然备受关注。随着消费者对健康生活的追求和生活品质的提升，普洱茶市场的需求有望逐步恢复并持续增长。因此，普洱茶企业应该抓住市场机遇，不断提升产品品质，拓展销售渠道，加强品牌建设，实现市场竞争优势的持续增长。

（四）普洱茶网络直播和线上销售勃兴，销售模式走向多元

随着互联网技术的不断发展和普及，网络直播和线上销售在普洱茶市场上的地位日益凸显，普洱茶销售模式正在朝多元化方向转变。这一趋势的出现，不仅为普洱茶企业带来新的销售渠道和商机，也为消费者提供了更为便捷和多样化的购买体验。

网络直播和线上销售的兴起，为普洱茶企业拓展了销售渠道，降低了传

统线下销售的成本和风险。通过网络直播平台，普洱茶企业可以直接与消费者互动，展示产品特色和品质，吸引更多的消费者关注和购买。线上销售模式也使普洱茶产品更加便捷地触达消费者，打破了地域限制，扩大了销售范围，提升了销售效率。网络直播和线上销售模式为消费者带来了更为多样化和个性化的购买体验。通过网络直播，消费者可以实时了解产品信息和使用效果，提高了购买的置信度。同时，线上销售平台也为消费者提供了更多的选择和比较的机会，使他们可以根据自己的需求和喜好进行选择、获得更满意的购物体验。

网络直播和线上销售虽然带来了诸多好处，但也面临一些挑战和问题。首先，网络直播存在信息不对称和产品质量不可控的风险，消费者往往难以判断产品的真实情况，容易受到虚假宣传的影响。其次，线上销售平台存在假冒伪劣产品和售后服务不到位等问题，消费者的权益保护亟待加强。因此，普洱茶企业在发展网络直播和线上销售的同时，也需要加强对产品质量的控制和管理，提高产品的信誉度和口碑。同时，加强与网络直播平台和电商平台的合作，共同打造良好的消费环境和完善的服务体系，保障消费者的合法权益，提升消费者的购买信心。

网络直播和线上销售的兴起，使普洱茶销售模式走向了多元化，为普洱茶企业带来了新的发展机遇和挑战。普洱茶企业应抓住机遇，加强产品品质管理，提升品牌影响力，不断创新营销模式，实现普洱茶销售模式的可持续发展。

（五）普洱茶新兴消费模式和消费群体出现，产业发展呈现叠加趋势

随着时代的发展和消费观念的更新，普洱茶消费趋势正逐步向多元化倾斜。新兴消费模式的出现以及消费群体的多样化，为普洱茶产业带来了前所未有的机遇和挑战。在这一趋势下，普洱茶企业应该抓住时代机遇，不断创新，满足消费者不断变化的需求。

消费者对健康生活的追求和生活品质的提升，使普洱茶消费趋势呈现个性化和多样化的特点。传统的普洱茶消费模式逐渐被个性化定制的消费模式

所取代，消费者越来越注重产品的品质、口感和文化内涵。普洱茶企业应该加强产品创新，推出更多口味丰富、品质优良的产品，满足不同消费者的个性化需求。同时，随着年轻消费群体的崛起，普洱茶消费市场呈现年轻化和时尚化的趋势。年青一代消费者更加注重产品的外观设计、包装形式和消费体验，他们更倾向于选择具有创新性和时尚感的产品。普洱茶企业应该紧跟时代潮流，注重产品的包装设计和营销策略，提升产品的吸引力和竞争力。

此外，随着社交媒体的普及和网络直播的兴起，普洱茶消费趋势呈现社交化和体验化的特点。消费者通过社交媒体平台分享普洱茶的品饮体验，通过网络直播平台了解产品的制作过程和品质特点，进而影响其他消费者的购买决策。普洱茶企业应该加强与消费者的互动和交流，拓展社交媒体渠道，提升品牌的曝光度和影响力。随着新兴消费模式和消费群体的出现，普洱茶消费趋势正向多元化倾斜。普洱茶企业应该抓住时代机遇，加强产品创新，满足消费者个性化的需求，注重营销策略的创新，提升品牌的竞争力和影响力。通过不断创新和发展，普洱茶企业可以实现销售模式的多元化，拓展市场空间，实现可持续发展。

（六）普洱茶消费市场由区域走向全境，普洱茶产业发展空间得以拓展

随着普洱茶市场的不断发展和经济环境的变化，普洱茶产业正逐步由区域走向全国。这一趋势为普洱茶产业带来了新的发展机遇和挑战，同时也提升了普洱茶产业的竞争力。

南方大湾区作为普洱茶的集散中心，发挥着重要作用。大湾区地处南方，气候湿润，土壤肥沃，适宜普洱茶的生长。同时，大湾区地理位置优越、交通便利，是普洱茶进入国内市场的重要门户。近年来，大湾区的普洱茶市场规模不断扩大，成为全国普洱茶产业的重要支撑点和消费中心。云南作为普洱茶的原产地，具有得天独厚的自然条件和独特的生产工艺，是普洱茶产业的发源地和核心区域。随着普洱茶市场需求的不断增加，云南普洱茶产业不断壮大，产品质量不断提升，品牌影响力逐步扩大，成为全国茶叶市

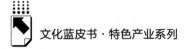

场的重要供应商。

在此基础上,普洱茶产业正逐步向北方市场拓展。随着生活水平的提高和消费观念的更新,北方地区的普洱茶消费呈现逐渐增长的态势。普洱茶企业应抓住这一机遇,加大对北方市场的开发力度,推出适合当地消费者口味和需求的产品,拓展销售渠道,提升品牌知名度和影响力。全国茶叶市场的不断扩大和普洱茶产业规模效益的提升,也为普洱茶产业的发展提供了有力支撑。普洱茶作为一种天然绿色饮品,具有丰富的营养成分和独特的风味,受到越来越多消费者的青睐。普洱茶产业应加强产品质量管理,提升品牌形象,满足消费者多样化的需求,实现产业的可持续发展。

市场由区域走向全国,普洱茶产业发展空间得以拓展。普洱茶企业应抓住市场机遇,加强与南方大湾区和云南等重点区域的合作,拓展销售渠道,提升产品品质和品牌形象,实现普洱茶产业的跨越式发展。同时,普洱茶企业还应加强对北方市场的开发,满足不同地区消费者的需求,实现全国茶叶市场的全面覆盖和品牌影响力的进一步提升。

四 2025年春茶市场预测

2021年是云南普洱茶产业发展的转折点。受全球气候的影响,2018年、2019年、2020年云南部分地区出现春旱,导致茶叶发芽率低、产量低等情况发生,普洱茶产业发展受到一定的影响。因2021年冬雨、2022年降水充足,茶叶发芽率较前几年提高,茶叶产量随之增高。2023年云南又迎来了新一轮的干旱,三大茶区茶叶产量大幅减少,但受干旱程度适中影响,普洱茶品质较好,同等重量茶叶内含物质元素比例高、物质结构紧凑,呈现香高汤甜、经久耐泡等特点,茶叶毛料价格有所上升。2024年持续了2023年的干旱,连续两年的干旱使云南茶叶产量持续减少,相较于2023年,茶山茶叶价格不同程度下滑。2024年,除了名产区的价格波动较小以外,小众产区的价格下浮较多。此外通过选取10个主要茶区代表性山头茶,基于2020~2024年的春茶价格,测算出其春茶价格的年均增长率,利用年均增长率推算出 2025 年的春茶价格（见表3），并以 2024 年价格为基准，以 11000 元/公斤为区间划分点，绘制出两个折线图呈现代表性山头春茶价格变化趋势（见图5、图6）。从推算数据上来看，2025 年普洱茶春茶毛料整体都会出现价格波动的情况，但预计大部分春茶维持稳定并有小幅上涨。

表3 2020~2024 年主要茶区代表性山头毛料市场价格及 2025 年价格预测

单位：元/公斤，%

地区	种类	2020 年	2021 年	2022 年	2023 年	2024 年	年均增长率	2025 年预测
西双版纳	曼松古树	40000	50000	40000	50000	48000	4.66	50238
	老班章	12000	12000	11500	12000	12000	0.00	12000
	刮风寨老树	6000	3750	3600	5000	4500	−6.94	4188
	麻黑老树	1800	2000	2750	2500	2200	5.14	2313
	老曼峨老树	1700	2200	2300	2600	2000	4.15	2083
临沧	冰岛老寨老树	40000	59000	63000	45000	35000	−3.28	33851
	昔归古树	8250	11500	9000	12000	11000	7.46	11820
	小户赛	1250	2050	2050	2500	2200	15.18	2534
	忙肺老树	415	700	700	600	720	14.77	826
普洱	邦崴	800	800	800	800	800	0.00	800

资料来源：第一届至第八届"春茶周"公布数据及网上相关资料。

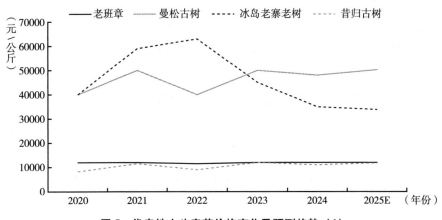

图5 代表性山头春茶价格变化及预测趋势（1）

资料来源：第一届至第八届"春茶周"公布数据及网上相关资料。

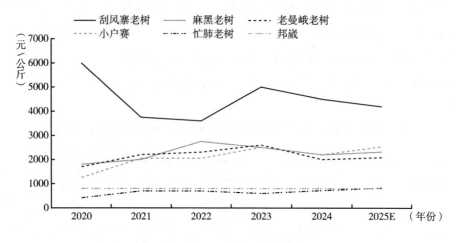

图6 代表性山头春茶价格变化及预测趋势（2）

资料来源：第一届至第八届"春茶周"公布数据及网上相关资料。

自新冠疫情发生以来，普洱茶并没有受到较大冲击，同时在其越陈越香的特点以及互联网交易体系发达的加持下，其热度一直保持在较高层面，但受到消费群体、消费理念等因素的影响，小众袋泡茶、花茶等正在逐渐冲击普洱茶的热度，成为线上茶叶消费的新黑马。截至2022年，大益作为云茶以及普洱茶的龙头企业，自2015年以来连续八年位居天猫品牌销售额的TOP1，普洱茶品牌认同度较高。但值得注意的是，2022年与2023年的榜单突破2021年之前前十榜单中普洱茶和白茶占据半壁江山的局面，2023年和2024年前十的榜单茶叶品类更加丰富，消费者对于茶产品的需求更加多元。2023年以袋泡茶出圈的ChaLi首次荣登第一，打破了大益八年蝉联榜首的神话，同时以八马为代表的铁观音品类，以艺福堂为代表的绿茶、红茶、花草茶品类排名皆在增长，以ChaLi为代表的袋泡茶、以茶颜悦色为代表的新式茶饮品牌则更加吸引年青一代的消费者群体，跻身榜单排名前三（见表4）。普洱茶在保持较高热度的情况下也在一定程度上受到新式饮品的冲击。

表4 2022~2023 年天猫"双十一"茶叶品牌店铺买家数 TOP10

排名	2022 年	2023 年
1	大益	ChaLi
2	ChaLi	大益
3	八马	茶颜悦色
4	张一元	八马
5	中茶	馥益堂
6	天福	张一元
7	艺福堂	西湖牌
8	馥益堂	艺福堂
9	西湖牌	天福
10	茶颜悦色	狮峰牌

资料来源：根据生意参谋"双十一"大促活动榜单公布的天猫茶行业累计排行的数据，综合历届"双十一"的排名数据。

除传统电商之外，抖音兴趣电商也成为近些年来大众关注的焦点。从2023 年抖音"双十一"当日成交榜单可以看出（见表5），大益、八马、中茶、白大师、艺福堂、小罐茶、"陈升号"等茶行业大品牌都在前十位，与传统天猫电商不同，抖音兴趣电商仍旧以普洱茶、白茶品牌居多，尽管在私人头部主播较多的情况下，茶叶品牌的力量也较为强大，综合来看，茶品类相较于传统电商单一，但普洱茶品牌认同度仍然保持较高水平。预计 2025年，普洱茶仍会继续保持热度，借鉴其他品类生产营销模式，吸引更多消费群体。

表5 2023 年抖音"双十一"当日成交榜单店铺 TOP10

排名	2023 年	排名	2023 年
1	大益	6	白大师
2	丫玉	7	艺福堂
3	八马	8	一品百年
4	中茶	9	小罐茶
5	大益	10	"陈升号"

资料来源：抖音"双十一"当日成交榜单。

五 云南省普洱茶产业发展对策

近几年，普洱茶产量稳步增长，高品质生态茶、健康绿色消费成为种植户和企业、市场的共识。消费者群体呈现多样化和年轻化趋势，市场价格波动明显。加工技术方面，通过改良传统工艺或引入现代科技手段，普洱茶满足了市场对不同加工风格和口味的需求。新兴的茶叶消费形式如方便携带的包装茶和多样化的茶饮品种类增加，展示出市场多元化和创新发展的潜力。基于普洱茶平缓但潜力巨大的发展态势，未来一段时间内，应发挥政府的引领作用，强化普洱茶对地方经济、文化创意产业、茶文旅融合发展的巨大功能和带动作用，支持和鼓励普洱茶产业拓展发展空间，着力从促进多元化产品创新、注重绿色环保可持续生产、强化品牌建设与市场营销、打造新型茶文化空间以及培育农文旅产业新业态五个方面推动普洱茶产业的发展。

（一）开展跨界合作与品牌联名，提升消费体验感，与市场需求对接，打造多元化产品

普洱茶市场正面临消费者需求多样化和个性化的挑战。传统的散茶和饼茶仍然是市场主流，但随着消费者生活方式的变化和健康意识的提升，消费者对于功能性和便捷性的茶叶产品需求逐渐增加。通过结合科学研究和营养学理论，推出针对不同消费群体的定制化产品，如面向不同年龄段和健康问题的普洱茶定制品，有效提升产品的附加值和市场竞争力。同时，即饮茶和便捷包装设计的推广，如瓶装茶和袋泡茶，满足了现代消费者对便捷性和即时享受的需求，通过环保的包装设计，进一步提升了产品的品质和消费者体验。多元化的产品创新不仅是普洱茶企业应对市场挑战和提升竞争力的重要策略，也是满足消费者多样化需求、拓展市场空间的关键路径。

（二）推广生态友好茶园管理模式，提升绿色供应链管理质量，促进产品绿色环保可持续生产

随着全球环境问题的日益突出和消费者对可持续性关注的增加，普洱茶产业也面临着转型升级的压力。可持续发展和环保生产不仅是应对市场需求的必然趋势，更是普洱茶企业实现长期发展和品牌建设的重要路径。通过与供应商和合作伙伴共同制定环保标准和可持续采购政策，推动整个供应链的绿色转型，从原材料采购到产品生产再到市场销售的每一个环节都符合环保要求。此外，建立长期稳定的合作关系，促进信息共享和技术创新，将有助于实现资源的共享和优势互补，共同推动整个普洱茶产业朝更加绿色和可持续的方向发展。

（三）整合社交媒体与电子商务平台，创新产品内容，寻求多方合作，拓展国际市场

整合社交媒体平台（如微信、微博、抖音等）和电子商务平台（如淘宝、京东、天猫等），搭建多渠道的数字化营销体系。结合社交媒体的互动性和传播效应，通过发布优质内容、举办线上活动、与消费者建立互动等方式，增强品牌的知名度和影响力。通过创新内容营销和品牌故事讲述，如视频、博客和虚拟现实等形式，深化消费者对普洱茶文化和品质的认知与情感连接，提升品牌忠诚度和口碑效应。通过建立完善的数据管理系统和客户关系管理平台，实现与消费者的持续沟通和互动，提供个性化的产品推荐、定制化的营销活动和客户服务。此外通过跨境电商平台和国际市场的拓展，实现品牌的全球化发展。

（四）建设茶文化艺术交流平台，推进茶文化进校园、进社区，打造新型茶文化空间

将传统茶文化与现代消费需求相结合，在创新设计、多功能体验、文化活动和技术应用的综合策略运用过程中，丰富消费者的文化体验和生活方式

选择，深化品牌文化的传播和消费者的情感连接，实现品牌文化的深度挖掘和消费体验的升级。在空间布局上进行灵活规划，设置茶文化展示区、休闲阅读区、社交互动区、美食体验区等，为消费者提供多样化的文化和生活体验。与文化机构、艺术家、健康专家等合作，打造具有影响力和吸引力的文化活动，深化普洱茶品牌在社区中的影响力和地位。结合虚拟现实技术和增强现实技术，打造沉浸式的茶文化体验。通过举办茶文化与艺术的跨界交流活动，吸引更多的文化爱好者和艺术品鉴家参与，推动普洱茶文化的国际化和现代化发展。

（五）创新普洱茶文化旅游与生态农业体验模式，打造茶文旅精品旅游路线，培育茶文旅产业新业态

大力发展普洱茶文化旅游产品，融合普洱茶庄园和农家乐项目，创新发展模式，结合茶园的自然景观和文化遗产，开拓新的市场空间和增长点，实现经济效益与社会效益的双赢局面。打造具有地方特色和文化传承的农庄民宿、茶园观光基地和生态农业体验区，提供包括茶园住宿、农产品采摘、乡村美食品尝等一体化的农文旅体验服务。通过组织茶文化节庆活动、举办茶艺表演和文化讲座等形式，增强游客的参与感和体验感，提升普洱茶文化旅游产品的吸引力和竞争力。此外，利用信息技术和互联网平台，开发智慧农庄和智能旅游服务系统，提升服务质量和管理效率。通过建立线上线下相结合的销售渠道和预订平台，为游客提供便捷的预订和信息查询服务，提升消费者的体验感和满意度。

产 区 篇

B.2

普洱市普洱茶产业发展报告

王博喜莉 卢寒*

摘 要： 2022 年以来，普洱市紧扣云南省"3815"战略发展目标，组建茶产业链工作专班，整合多方资源，严格落实茶叶专家咨询制度，不断推进有机茶园在种植、管理、加工领域朝规范化、科学化和标准化方向发展，强化市场培育，在推动形成产业集群上持续用力，推动普洱茶产业发展取得长足进步。特别是随着"普洱景迈山古茶林文化景观"被列入《世界遗产名录》，成为全球首个茶主题世界文化遗产以来，普洱市以文化旅游为突破口，推动"世遗+旅游""节庆会展+旅游""茶文化空间+旅游"等新旅游业态发展，促进茶产业一、二、三产业跨界融合发展，推动实现了茶产业在更大、更广范围、领域上的产业链整合以及价值链提升。

关键词： 普洱茶产业 文化旅游 普洱市

---

* 王博喜莉，记者（中级），普洱学院融媒体中心新媒体中心主任、普洱学院政法学院教师，主要研究方向为文化产业与区域社会发展、普洱茶文化产业；卢寒，普洱市政协副秘书长、办公室主任，普洱市茶叶和咖啡产业局原局长，主要研究方向为茶叶种植、加工，茶文化，产业经济。

南方有嘉木，美茗曰普洱。作为国际茶叶委员会授予"世界茶源"牌匾的普洱市，是名副其实的"普洱茶乡"，从最初的驯化茶树，到后来的成片种植、采摘、加工、制作，形成了一套完整的普洱茶产业链。

2021~2022年，普洱市围绕做优做强茶产业，通过强化组织领导和政策保障、加快推进优质茶叶基地建设、加快精准营销及新市场开拓、加快扶持培育壮大龙头企业、加快重点项目推进、加快推进三产融合发展等措施，探索构建集产、学、文、旅于一体的完整产业链，进一步延伸普洱茶产业链、提升价值链、打造供应链，推进普洱茶产业有机化、标准化、品牌化与融合发展，全力擦亮"普洱茶"品牌，做强第一支柱产业。

一 普洱市普洱茶产业发展现状

（一）普洱市普洱茶产业生产发展情况

2022年，普洱市茶园面积209万亩，其中：现代茶园190万亩，占云南省的23.7%，居云南省第一位；栽培型古茶园19万亩，产量14.46万吨，其中生产红茶1.6万吨、绿茶7.8万吨、普洱茶3.1万吨、白茶0.8万吨、黄茶0.05万吨、青茶0.03万吨。干毛茶平均单价59元/公斤，茶产业实现综合产值449.10亿元，农业产值103.7亿元，工业产值124.9亿元，第三产业产值220.5亿元。2010~2022年，普洱市茶产业产量和产值以及干毛茶平均单价整体都呈稳步增长态势（见表1）。2022年，普洱市共有茶叶初制所2191个，获茶叶SC证企业387家，规上企业19家，茶产业从业人员111万人。[①] 与2021年相比，茶叶初制所数量下降了5.2%，但获茶叶SC证企业增长了9%，规上企业增长了26.7%，茶产业从业人员下降8.1%。

---

① 数据来源于普洱市茶叶和咖啡产业发展中心。

表 1　2010~2022 年普洱市茶产业历史数据

年度	毛茶产量（吨）	综合产值（万元）	农业产值（万元）	工业产值（万元）	第三产业产值（万元）	平均单价（元/公斤）
2010	53456	216820	117335	77808	21677	21.95
2011	60835	361867	146090	179590	36187	24.01
2012	78702	603790	224839	312534	66417	28.57
2013	89311	860003	325546	411436	123021	36.45
2014	96085	1075081	379862	532919	162300	39.53
2015	102189	1836961	401863	620337	814761	39.33
2016	106736	2034145	435490	690404	908251	40.80
2017	114729	2313613	492065	817145	1004403	42.89
2018	116516	2550998	550853	891675	1108470	47.28
2019	117600	2719721	574997	964723	1180001	48.89
2020	118200	2930000	592000	1050000	1288000	50.08
2021	124417	3380858	680445	1199594	1500819	54.69
2022	144600	4491000	1037000	1249000	2205000	59.00

资料来源：根据普洱市茶叶和咖啡产业发展中心历年数据资料整理。

（二）普洱市普洱茶产业市场培育情况

2022 年，普洱市共有茶叶企业 978 家，规上企业 19 家，产值过亿元的茶叶企业 3 家（澜沧古茶、帝泊洱、柏联普洱茶庄园）。[①] 共有 15 家茶企入选云南"绿色品牌"目录，澜沧古茶、祖祥、龙生、天士力帝泊洱，先后上榜"云南十大名茶"，澜沧古茶跃居云南绿色食品十强企业，天士力帝泊洱公司获得第五届云南省人民政府质量奖。

2022 年，中国电信思茅区分公司与普洱祖祥茶业启动合作"5G+"智慧茶园建设项目，将 5G 科技融入茶叶种植、加工的各个环节，用大数据分析茶园基站实时数据，精准指导茶叶的种植和加工。根据测算，利用平台代替人工巡检茶园，每 50 亩茶地减少 1 名工人，12000 亩地可节约 1200 万元的用工成本。由于数字化管理茶园，产量同比提升 13%。有机茶加工厂采用数字化标准制茶，产品合格率由原来的 85% 提升到 96%。因为茶质量提

---

① 数据来源于普洱市茶叶和咖啡产业发展中心。

升，普洱祖祥茶业销量同比增长 17%。应用 5G+PLC 智能排产模式后，劳动生产率、工作效率提升了 30% 以上。① 从普洱祖祥茶业的 5G 智慧茶园建设中，展示出科技对传统普洱茶产业生产方式、发展模式的深刻变革，以茶科技为引领推动普洱茶产业迎来突破性的创新发展。普洱市积极引入中国工程院刘仲华院士专家团队及普洱科技特派团科技力量，培育了一批支撑茶产业发展的科技创新团队、专业人才队伍和熟练技术工人。普洱市大力支持云南天士力帝泊洱生物茶集团有限公司"国家普洱茶加工技术研发专业中心"研发以大叶种茶为主要原料，复配其他植物资源、果汁、代糖等其他特色食品原料的新型茶饮产品两个（柠檬百香口味气泡茶、青梅普洱口味气泡茶），2022 年，两款产品已完成中试准备投入市场。②

2022 年，普洱市主要致力于城市茶文化空间打造，以满足"95 后"等新兴消费群体文旅消费需求，包括第二茶世、火塘煮水等一批年轻化、个性化的城市茶文化空间相继"出圈"，成为普洱市"沉浸式体验游"的新型载体，受到当地市民和游客的欢迎。围绕把茶旅融合做活这一策略，普洱市通过打造"521"国际茶日等活动品牌，有序引导小微创业者向广大市民、游客展示最新普洱茶产品，包括普洱茶精油皂、特调白茶茶饮等一系列新兴普洱茶产品得到集中展示，不断延伸了普洱茶产业链和增收链，助力普洱旅游从过去单纯的茶山观光、茶室饮茶向新品体验、茶文化交流等层次转变。

（三）普洱市普洱茶产业政策供给情况

在发展普洱茶产业过程中，为进一步统筹普洱全市普洱茶产业发展，普洱市成立了茶产业发展领导小组，由市委、市政府主要领导任双组长，市级相关领导任副组长高位推动，成立了茶产业链工作专班，在运行中，专人负责普洱茶产业全产业链相关工作，对普洱市重点产茶县（区）、重点任务以及重点项目进行指导服务，保证了普洱茶产业全产业链各环节中都有专人把

---

① 《云南电信"5G+"赋能"云上"现代茶产业》，https://www.163.com/dy/article/IMV9G4P70550QIIP.html，最后检索时间：2024 年 2 月 7 日。

② 数据来源于普洱市茶叶和咖啡产业发展中心。

关、都有专人负责。普洱市普洱茶产业发展以及各重点产茶县（区）遇到的普洱茶产业发展问题，由工作专班定期或不定期研究推进，确保了普洱茶产业发展各项措施落在实处、高效推进。同时，普洱市还成立了茶叶产业企业助企纾困包保责任工作专班，比如云南农垦茶叶精深加工项目落地过程中，通过列出目标任务、通报进步等方式，促成项目落地，帮助外来企业与本地企业牵线搭桥、合作共赢。

在发展普洱茶产业过程中，普洱市出台相关扶持政策，大力推进有机茶园转换建设。2022年，普洱市有机茶园认证面积达53万亩，获有机认证企业246家、证书324张，认证企业和认证证书数量均位居全国第一。[①]

二 普洱市普洱茶产业发展特点

（一）强化政策扶持，开展精准培育

为推动普洱茶产业健康持续发展，普洱市紧扣"绿色""生态""有机"等关键词，制定了一系列措施。比如，明确每年安排市财政资金1000万元，对普洱市的茶叶初制所绿色化改造进行扶持，对每年新建或改扩建达到《普洱茶加工技术规程》标准并完成绿色能源改造的，给予每个初制所不低于20万元的奖励；在绿色、有机茶园基地建设上，则采取"领证后补"的方式，对面积500亩以上，获得国内外具有认证资质的机构绿色认证、有机认证的茶园，普洱市级财政分别按照每亩50元、100元标准给予茶园经营主体一次性奖励。对获得有机认证证书后连续3年续证的每个证书奖励10万元，连续5年续证的奖励20万元；市财政每年给予安排标准制定、科技攻关、风险监测经费200万元。[②] 通过政策上连续不断地"利好"鼓励企业、茶农建设低碳化、高科技的生产加工线。

---

① 数据来源于普洱市茶叶和咖啡产业发展中心。
② 《普洱市加大政策支持力度助力茶产业发展》，https：//m.sohu.com/coo/sg/366359961_274923，最后检索时间：2024年2月7日。

同时，普洱市从 2010 年 6 月开始组织力量将"普洱景迈山古茶林文化景观"申报世界文化遗产，在此期间，普洱市人大常委会地方立法权的开篇之作《普洱市古茶树资源保护条例》于 2018 年出台，普洱市人民政府《普洱市古茶树资源保护条例实施细则》于 2021 年出台，从法律层面加大对古茶树资源的保护和开发利用力度，切实保障普洱古茶树资源传之后世，保障普洱茶产业长足发展。

在政策的不断"利好"加持下，近年来，普洱市普洱茶产业得到快速有效发展。2022 年较 2012 年，种植面积增长 1.43 倍，毛茶平均单价增长 2.07 倍，毛茶产量增长 1.84 倍，综合产值增长 6.5 倍。[①] 不论是产量、单价还是综合产值都实现了增长，且在产量增长幅度不大的情况下，实现了综合产值的大幅增长。

（二）强化品牌驱动，助力融合发展

2020 年 5 月，普洱市成立了注册资本金为 1 亿元的国有独资公司普洱景迈山投资开发管理有限公司，结合"普洱景迈山古茶林文化景观"申报世界文化遗产进行系列文旅开发。2023 年 9 月 29 日至 10 月 6 日，澜沧共接待游客 23.40 万人次，是 2019 年国庆假期 8.70 万人次的近 3 倍；实现旅游收入 2.10 亿元，是 2019 年 0.52 亿元的 4 倍多，与 2023 年春节假期相比，接待游客增加 7 万人次，旅游收入增长 1.32 亿元。[②]

从澜沧拉祜族自治县（以下简称"澜沧县"）最新旅游数据情况看，"普洱景迈山古茶林文化景观"的申遗成功，已经让"到普洱，去景迈山感受茶文化"成为当下旅游的新热点，结合云南省文旅宣传大势，普洱市也相应打出了"有一种叫云南的生活——千年茶韵·一城咖香"的文旅宣传口号，开展相关宣传活动，召开新闻发布会，极大地提升了普洱市的形象地位。

---

① 数据来源于普洱市茶叶和咖啡产业发展中心。
② 《什么是景迈山效应？澜沧旅游人数收入双创历史新高！》，https://mp.weixin.qq.com/s/Lhe8J4pbeTYifWWnA_lnPw，最后检索时间：2024 年 2 月 7 日。

面对广阔的国际国内市场，普洱市以景迈山申遗为引爆点，将茶与旅游结合，主打茶旅游品牌和科考研学品牌，推动茶与旅游、茶与研学等有机融合以及相互促进。同时，在诸如银生茶庄园这样的相对有一定知名度的精品茶庄园开展茶艺培训等活动，让本地市民和游客在观赏游览中学习民间茶文化，精品茶庄园的延链、强链作用正在逐步体现。在城市消费中，第二茶世等新兴茶文化空间推出"乌龙白茶""一人一壶茶"等新型品饮方式，传统普洱茶文化与现代消费观的碰撞，推动普洱茶文化的活化、转化。同时，举办和参加线上线下大型茶事活动，比如，组织71家普洱茶企业参加第十五届中国云南普洱茶国际博览交易会，开展普洱茶产品研学活动，拓展网络销售渠道，展示普洱茶非遗文化；又比如，组织开展2023国际茶日暨"世界茶源"普洱授牌10周年活动周，线上观看人数达到38.7万人次。

在品牌驱动下，普洱市普洱茶产业知名度不断提升，价格和市场占有率也不断提高。2020年，普洱市普洱茶出口贸易额达60万元，同比增长7.1%。[①] 疫情防控期间，普洱市普洱茶出口保持同比增长，品牌竞争力优势持续显现。根据笔者在普洱国际茶城等普洱市辖区内较大的普洱茶交易市场走访了解，普洱市普洱茶产品除了为数不多的出口外，主要销往广东、甘肃等省份，全国大部分省份都有来自普洱市普洱茶产品的销售点或产品销售，目前最受欢迎的产品包括白茶、红茶。"小青柑"、陈皮普洱等产品在广东一带备受欢迎。

（三）强化品质提升，推动产业提质增效

为了进一步提升普洱茶产品质量，普洱市发布了"普洱茶十项标准"，进一步明确生态茶园普洱茶质量控制技术规范、栽培型古茶树及古茶园管护规范，选育出抗病虫害能力较强的"云抗10号""雪芽100号""矮丰"等多个无性系茶树良种，并且在普洱市全市范围内推广，绝大部分普洱市普洱茶生产企业、茶叶初制所均能按照"普洱茶十项标准"进行标准化的普洱

---

① 数据来源于思茅海关。

茶产品生产、加工，普洱市茶叶产品品质得到质的提升。普洱市古树春茶价格最高的为35000元/公斤的困鹿山皇家茶园普洱茶，价格最低的为300元/公斤的景谷傣族彝族自治县小景谷文山顶普洱茶。① 较之2022年古茶树价格最低的老乌山古树200元/公斤的价格略有增长。②

普洱市还通过打造龙头、培育龙头的方式强化普洱茶品质提升。在打造龙头方面，普洱市与香港新华集团合作成立普洱新华国茶有限公司，组建成立普洱茶投资集团有限公司，推出普洱晒红、普茶投一号、普茶投二号等产品，特别是普洱茶投资集团还推出了第一款带芯片防伪的普洱茶产品，加大了普洱茶品牌宣传力度。

在培育龙头方面，普洱市主要是做好服务企业工作，对辖区内诸如澜沧古茶、龙生集团、云南天士力帝泊洱生物茶集团有限公司等龙头企业采取领导带队、专人负责的方式进行服务，2021年，普洱市茶产业上缴税收1.27亿元，其中澜沧古茶上缴税收7241.59万元，云南天士力帝泊洱生物茶集团有限公司上缴税收2061.93万元，龙生集团上缴税收564.8万元，中茶普洱茶叶有限公司上缴税收286.76万元，普洱景迈柏联普洱茶庄园有限公司上缴税收179.74万元③，澜沧古茶成为普洱市最大的纳税茶叶企业。

2023年12月，中国普洱茶IPO第一股澜沧古茶正式在港交所主板上市，成为在资本市场上市的内地茶企第一股，发行价10.7港元/股，发售股份数2100万股，④ 这标志着普洱市普洱茶企业正式迈出品牌化、资本化、规模化的第一步。在这些龙头企业的带动下，普洱市形成了政府主导、企业凝聚、行业协会协调等多方力量共同推动普洱茶产业发展的大格局，共同开展政策指导、营销宣传、科研成果转化、产品投融资等服务，为普洱茶产业发展保驾护航。2022年，普洱市茶叶商标的申请数量共1443个，有"龙

① 《冰岛4.5万元/kg、老班章1.2万元/kg！2023云南百个山头春茶价格发布》，https：//mp.weixin.qq.com/s/T37HVDANzdXDEmXJhBSOeg，最后检索时间：2024年2月7日。
② 数据来源于走访普洱市内茶叶企业调查数据。
③ 数据来源于国家税务总局普洱市税务局。
④ 《澜沧古茶敲锣上市，普洱茶第一股诞生》，https：//caifuhao.eastmoney.com/news/20231222135142981522420，最后检索时间：2024年2月7日。

生""普秀""帝泊洱"3个中国驰名商标。截至2023年8月末，普洱市累计有65家普洱茶企业经国家知识产权局核准使用中国地理标志专用标志，"普洱茶"地理标志保护产品专用标志使用企业数居全省第一。澜沧古茶、祖祥、龙生茶叶、帝泊洱产品上榜云南"十大名茶"，其中，澜沧古茶、祖祥连续四年上榜云南"十大名茶"，且澜沧古茶跃居2021年"十大名茶"之首。普洱市共有15家茶企入选2021年云南省"绿色品牌"目录。澜沧古茶荣获2019年世界茶业金奖赛冠军，天士力帝泊洱红茶获国际红茶赛金奖。澜沧古茶获2022年云南省绿色食品"十强企业"称号。思茅区、景谷县、景东县获"2021年度茶业百强县"称号。①

（四）强化科技创新，促进成果转化

在逐渐回暖的市场机遇下，普洱市通过强化普洱茶科技创新来助力普洱茶高质量发展。首先，普洱市通过智慧茶园建设来推进普洱茶产品的标准化加工，比如"5G+"智慧茶园建设，帮助祖祥高山茶园基地茶农户均增收3.5万元以上。②

其次，加大对产学研检方面的科技投入，2011年，普洱市建成国家普洱茶产品质量检验检测中心，并于2022年入驻普洱国际茶城加大对茶叶的检验力度。2022年，普洱市唯一本科院校普洱学院筹备成立茶叶咖啡学院，并在此基础上推动普洱市与普洱学院签订了地校共建协议，共同开展普洱茶相关项目的科技攻关，提升普洱茶科技水平。国内著名"茶院士"中国工程院刘仲华院士被聘为普洱学院名誉院长，每年定期到澜沧县、墨江哈尼族自治县（以下简称"墨江县"）等地开展调研培训相关工作，除澜沧县外，刘仲华院士专家团队还与墨江县墨江景星水之灵茶业庄园开展合作，共同提升茶叶品质。普洱市茶叶科学研究所成立以来，主持或参与科研项目50余项，荣获科技成果奖65项，选育省级茶树良种5个，主持编写云南省地方

---

① 数据来源于普洱市茶叶和咖啡产业发展中心。
② 《普洱思茅："5G+"赋能茶产业提质增效》，http：//www.yn.xinhuanet.com/20230703/6418e1db5e5540aab904ef2a9b7fba27/c.html，最后检索时间：2024年2月7日。

标准 2 项、普洱市地方标准 4 项、团体标准 1 项，授权专利 10 余项，主编或参编的专著 10 余部。收集保存了国内外茶树种质资源 2000 余份，繁育无性系茶树良种苗木 2.6 亿株，辐射带动云南省推广良种面积 200 余万亩。①

三　普洱市普洱茶产业发展趋势

（一）推动规模化发展

规模化的核心是产业化。在发展普洱茶产业的时候需要更多地运用市场和消费者思维，运用最新的科技手段、大数据，通过龙头企业的带动，把过去"小、散、弱"的企业整合到一起，把全产业链、全要素整合在一起，让茶产业深度融入消费升级中。具体而言，就是要夯实产业发展基础，支持种质资源保护，整合多方力量，从种质资源利用、创新攻关、基地优化等方面着手，推动茶树种质资源保存及良种选育；实施古茶树资源保护，规范古茶树资源保护和利用，促进可持续发展；开展茶叶基础性科学研究和科技成果转化，申报实施一批国家级、省级重大科技项目，提升技术装备水平，强化自动化、智能化生产加工设备研制；引进一批高层次茶产业科技创新人才，建立一批院士专家工作站、科技创新团队，持续培养壮大茶产业链人才队伍。

（二）推动标准化发展

在标准化建设方面，普洱市前期已经做了大量的工作，但是更多的是建立在茶园的基础上。未来，建议不单纯局限在茶园的范畴，而更应该建立一整套从茶园到茶杯的管理体系，让消费者可以信赖产品品质标准。在这个过程中，还要充分发挥政府引导作用，积极吸引茶企、茶叶协会等力量参与标

---

① 《科技赋能　让全国人民喝上普洱茶》，https://new.qq.com/rain/a/20220124A08DL300.html，最后检索时间：2024 年 2 月 7 日。

准的制定，从全行业、全产业链的角度推动茶产业标准化进程。具体而言，就是要建设标准基地，建设规模化、现代化、良种化、标准化、安全化茶叶基地，稳定种植规模，走精品化路线；推动绿色有机发展，深入开展化肥、农药使用量零增长行动，加强茶园土壤治理，逐步推广有机肥替代化肥、生物农药替代化学农药；规范茶叶初制加工，改善初制加工环境，持续推进茶叶初制所规范达标；提升茶叶精深加工水平，支持茶企加大基础设施配套建设力度，改造提升精深加工装备，提高机械化、自动化、智能化水平；广泛开展与普洱学院等国内外科研院所、大学及技术力量雄厚的大公司合作，开展多层次、多形式的科研、实用技术的研究和培训，加大茶叶创新产品研发力度，引进包装生产企业，补足设计包装不足的短板；加大对"普洱市普洱茶十项标准"的宣传实施力度，鼓励企业、社会团体和教育机构、科研机构等开展或参与茶叶标准化工作。

（三）推动市场化发展

未来的茶产业发展，一方面，应该加强创新，通过改变普洱茶产品的形态，比如，生产袋泡茶、澜沧古茶的便携冲泡茶，增加产品功能，重塑商业模式，要注重茶叶的产品属性，而非金融属性，去挖掘年轻群体的需求，让茶产业更年轻、更时尚。另一方面，也要加强对传统茶叶市场的挖掘与升级，做深做细，满足不同消费人群的需求，比如，满足品和饮的需求。具体而言，就是要做好现有规上、重点企业的服务保障，鼓励国有资本和民营企业开展合作，整合资源，打造一批竞争力强、市场占有率高的普洱茶产业引领型龙头企业；鼓励龙头企业积极拓展国际市场，加大精准招商引资力度，紧盯延链补链强链目标企业，做好对接洽谈，协调要素保障服务到位，推进项目落地；提升普洱茶原产地集散中心地位，充分用好面向南亚、东南亚前沿窗口，加快建设国际茶叶交易市场；以"馆店"为载体促消费，积极拓展茶店、茶馆等业态；建立健全市场网络营销体系，引导茶企在国内一、二线城市建立品牌形象店、展销中心，在三、四线城市建立体验店、专营店，在知名电商平台开设旗舰店、企业店等；将中国普洱茶节打造成为普洱市的

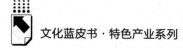

重要节庆活动，持续打响"千年茶韵，一城咖香"的城市品牌，叫响"世界的普洱、中国的茶"茶文化品牌。

（四）推动国际化发展

随着思想变革的不断深入，发展普洱茶产业需要转变思维，面向世界，加大"普洱茶"金字招牌宣传力度，探索开展一些影响深远的普洱茶文化活动，与国际组织合作，大力弘扬优秀传统茶文化，讲好普洱茶故事，让普洱茶深入人心。具体而言，就是要用好"普洱景迈山古茶林文化景观"这张金字招牌，串起洒落在普洱大地上的茶马古道、茶山、茶园、茶林、茶景观、茶工业、茶文化、茶科技，结合普洱多姿多彩的民族文化、非遗文化、历史遗迹等一颗颗翡翠，打造熠熠生辉茶旅绿色廊带，打造茶文化空间和茶生活空间，让普洱茶咖旅成为一种身心休憩的生活方式；传承弘扬特色茶文化，提升文化软实力，高标准规划建设一批茶文化主题公园、主题街区及精品茶叶馆，丰富商旅业态，不断提升影响力和知名度，推动形成一体化茶旅融合发展经济圈。

B.3
西双版纳州普洱茶产业发展报告

何青元 段 静*

摘 要： 云南省西双版纳傣族自治州普洱茶产业持续发展，成为推动当地经济发展和乡村振兴的重要力量。作为普洱茶的核心产区，西双版纳不断提升普洱茶种植与加工技术水平，为产业高质量发展打下坚实基础。同时，通过茶旅融合等新模式，普洱茶产业有效地促进了乡村振兴和经济增长。展望未来，西双版纳普洱茶产业将迈向更加绿色、创新的发展道路，有机茶有望成为新趋势，引领产业绿色发展。科技赋能将推动产业创新升级，提升产品品质与生产效率。此外，深入挖掘普洱茶文化内涵，促进茶产业与文旅深度融合，将为产业发展注入新活力。为确保公平竞争和高质量发展，规范普洱茶市场秩序也将是未来发展的重要保障。

关键词： 普洱茶产业 普洱茶文化 西双版纳州

西双版纳州，坐落于云南省的南部，也是普洱茶发祥地和茶马古道的起点，以其得天独厚的自然环境和气候条件，孕育了普洱茶这一世界闻名的特色产业。随着国内外市场对普洱茶认知度和需求的持续上升，西双版纳州的普洱茶产业呈现蓬勃发展态势，不仅为地方经济注入强劲动力，更在推动民族团结、乡村振兴等方面发挥了不可替代的作用。未来，西双版纳的普洱茶产业将踏上环保与创新并进的发展轨道。有机茶被预见为新的产业风口，将

---

* 何青元，云南省农业科学院茶叶研究所所长，研究员，主要研究方向为茶树遗传资源，茶叶栽培、加工，茶文化，古茶树；段静，云南大学民族学与社会学学院在读硕士，主要研究方向为特色文化产业。

领航整个产业走向绿色生态。科技的融入将不断催化产业革新，带动产品品质和产出效率的双重提升。同时，普洱茶所承载的深厚文化将被进一步挖掘，与文旅产业的深度融合将激发出产业发展的新潜能。

一 西双版纳州普洱茶产业发展现状

（一）西双版纳州普洱茶产业生产发展情况

西双版纳州普洱茶产业不仅在规模上持续扩大，更在品质和品牌影响力上获得了显著提升。这里的普洱茶以其独特的口感、较高的营养价值和深厚的文化底蕴，赢得了越来越多消费者的青睐。同时，西双版纳州还积极推动产业融合发展，将普洱茶产业与旅游、文化等产业紧密结合，形成了多元化的发展格局。

西双版纳州普洱茶种植面积稳步扩大，截至2022年底，西双版纳州的茶叶种植面积已达到143.14万亩，占全省茶叶种植总面积的19.25%。全州31个乡镇中有29个乡镇种植茶叶，茶叶总产量高达6.58万吨，综合产值更是达到了252.4亿元。① 此外，绿色有机茶园的建设也在有序推进。目前，全州已建有绿色食品原料（茶叶）标准化生产基地0.34万公顷，有机茶园2.70万公顷，认证绿色茶园5.08万亩，有机茶园40.45万亩。② 这些茶园的建设，不仅提升了茶叶的品质和安全水平，也为普洱茶产业的可持续发展奠定了坚实基础。

2018~2022年，茶叶种植面积经历了波动增长的过程。具体来看，从2020年开始，茶叶种植面积出现了明显的增长，达到142.89万亩。这种增长趋势在随后的两年中得以保持。总体而言，西双版纳州的茶叶种植面积在

---

① 《擦亮西双版纳普洱茶"金字招牌"》，https：//www.xsbn.gov.cn/105.news.detail.phtml?news_id=2884811，最后检索时间：2023年12月29日。

② 《云南西双版纳：推进第三方建设普洱茶"公共仓"!》，https：//zhuanlan.zhihu.com/p/608915298，最后检索时间：2023年12月29日。

2018~2022年呈现先小幅下降后持续增长的趋势，反映了西双版纳州茶叶产业的稳健发展态势，也预示着该产业的规模未来可能持续扩大的前景（见表1）。

表1 2018~2022年西双版纳州茶叶种植面积统计

单位：万亩

指标	2018年	2019年	2020年	2021年	2022年
茶叶种植面积	131.06	131.05	142.89	142.98	143.14

资料来源：西双版纳州统计局。

2018~2022年，西双版纳州普洱茶茶叶产量呈现稳步增长的趋势，其中2021年，茶叶产量增长幅度较大。到2022年，茶叶产量进一步攀升至6.58万吨，创下了这五年来的新高。这一系列数据不仅体现了西双版纳州普洱茶产业的快速发展，也反映了该地区茶叶生产的良好势头和潜力（见表2）。

表2 2018~2022年西双版纳州普洱茶茶叶产量统计

单位：万吨

指标	2018年	2019年	2020年	2021年	2022年
茶叶产量	4.96	5.51	5.57	6.22	6.58

资料来源：西双版纳州统计局。

西双版纳州分市（县）茶叶种植情况如下。景洪市是普洱茶原产地、普洱茶文化发祥地之一，茶区生态环境优越，名优茶类资源充足。围绕西双版纳州将普洱茶产业打造为千亿级产业暨"七大重点产业"的目标，景洪市把茶产业作为特色优势产业，相继实施一系列茶产业高质量发展的政策措施，持续推进绿色、有机茶园建设，大力推进茶叶基地有机化认证，完善产品监督机制，确保茶叶质量。[①] 截至2022年底，景洪市茶园种植面积29.25

[①] 《西双版纳州景洪市：推动茶产业发展高质量之路走深走实》，https://www.sohu.com/a/663287877_121106902，最后检索时间：2023年12月29日。

万亩，占茶园总面积的85%，① 2020年底，景洪市就建成现代台地茶园套种经济林木、老茶园茶树放养、自然生态古茶园等三种类型的生态茶园，种植面积27.25万亩，原有的生态茶园基础较好。

勐海县作为国际公认的世界茶树起源地及普洱茶的重要发源地，在茶产业的推动下，不断促进当地经济的蓬勃发展。为实现这一目标，该县精心规划并实施了五大核心工程，包括建设生态安全防线、对古老茶树和茶园的保护、开发有机生态茶园、增强茶园基础设施以及培育现代化新型茶农。除此之外，勐海县还着重于规范茶叶初步加工场所的建设，提升普洱茶专业产区的品质标准，培育具备市场竞争力的领军企业，并积极推动普洱茶相关的科研创新与茶叶质量控制工作，努力打造一个绿色、生态的工业样板区。目前，勐海县拥有规模以上工业企业39家，其中茶叶加工企业有25家。茶叶种植面积90.59万亩，采摘面积84.46万亩，干毛茶产量3.8万吨，生态茶园47.25万亩。② 在此基础上，开展勐海"中国香米之乡"建设行动、粮食安全保障行动、特色生态农业培育行动、农业科技创新行动和现代物流业发展行动"五大行动"，为打造普洱茶现代产业示范县奠定基础。

勐腊县是普洱茶的主要产区之一，其境内的易武镇是全州古茶树面积最大的乡镇之一，这里不仅拥有深厚的茶文化传统，还独特地保留了传统的制茶技艺。为了充分利用这一资源优势，勐腊县高度重视普洱茶产业的发展，并积极推进普洱茶一、二、三产业的融合。在推进产业发展的过程中，勐腊县一直秉承绿色有机的发展理念，对古茶树资源进行精心保护和科学利用。同时，为了维护市场秩序，该县还加大了对名山名茶市场的监管力度，并不断提升茶叶初制所的生产效率，有效提升了普洱茶在市场上的知名度和影响力。预计到2024年，勐腊县的茶叶种植面积将稳定在23万亩，年产量稳定

①　西双版纳傣族自治州人民政府官网工业和信息化局窗口，https：//www.xsbn.gov.cn/xsbnzgxw/24488.news.detail.dhtml？news_id=2902687，最后检索时间：2023年12月29日。

②　《西双版纳州勐海县：做好茶文章 延伸产业链》，https：//ynxczx.yn.gov.cn/html/2023/zhoushizaixian_0313/7420.html，最后检索时间：2023年12月29日。

在 0.85 万吨左右。① 全县普洱茶的全产业链产值从 2021 年的 44.35 亿元增加到 80 亿元，力争在全州茶产业中占据领先地位。作为县内茶产业发展的重要一环，易武镇也积极抢抓机遇，成功打造了电商直播示范基地。这一基地的成立不仅标志着勐腊县首家易武普洱茶直播示范基地的正式落户，也为当地茶农和茶企提供了一个全新的销售平台。电商直播带货不仅为乡村振兴和助农增收注入新的活力，也在促进产业转型升级和拓宽产品销售渠道等方面发挥着越来越重要的作用。

（二）西双版纳州普洱茶产业市场培育情况

西双版纳州始终坚持严格的质量监管和标准化生产，市场竞争力显著增强。通过实施一系列质量管理措施和科技创新项目，茶叶品质得到了全面提升。截至 2022 年末，全州有茶产业龙头企业 30 家（其中，国家级 2 家、省级 9 家、州级 16 家、县市级 3 家），规模以上茶企 29 家，获 SC 证企业 464 家，达标茶叶初制所 359 个。有院士工作站 1 个、高新技术企业 3 家、省级企业技术中心 2 家、州级企业技术中心 6 家。已成功创建中国驰名商标 3 个、云南省著名商标 12 个、中国名牌农产品 1 个、云南省名牌农产品 18 个、地理标志证明商标 18 件、区域品牌 1 个（即勐海茶）；大益、"陈升号"、八角亭入选"十大名茶"；大益等 6 家企业获得"云南省普洱茶十大影响力企业"称号。勐海茶厂的大益茶品牌综合影响力稳居同行业第一。建成大益庄园（茶马古道）国家 4A 级旅游景区，以及雨林古茶坊等一批茶文化特色体验区。② 在品牌建设方面，西双版纳州依托自身资源优势和历史文化底蕴，积极打造具有地方特色的普洱茶品牌。通过举办茶文化节庆活动、加强茶叶市场营销等措施，一批具有影响力的普洱茶品牌逐渐崭露头角。其

---

① 勐腊县人民政府官网，https：//www. ynml. gov. cn/114862. news. detail. dhtml? news_ id = 1475264，最后检索时间：2023 年 12 月 29 日。

② 《西双版纳州推动普洱茶产业高质量发展暨 2023 年西双版纳普洱茶交易会新闻发布会召开》，https：//www. xsbn. gov. cn/467. news. detail. dhtml? news_ id = 2885131，最后检索时间：2023 年 12 月 29 日。

中，"大益""八角亭""兴海"等品牌更是成为普洱茶市场的佼佼者。

西双版纳州政府积极推动普洱茶产业与文化旅游、生态农业等产业的深度融合，旨在打造一条集文化传承、生态保护和经济效益于一体的全产业链。为实现这一目标，西双版纳州精心打造了多个茶文旅融合发展示范区，这些示范区不仅集中展示了普洱茶的制作工艺和品饮文化，更融入当地独特的民族风情和自然景观，为游客提供了一站式的茶旅体验。茶旅融合丰富了普洱茶的文化内涵和消费体验，也拓展了产业的发展空间和市场前景，同时也为当地农民提供了更多就业和增收的机会，有效地推动了乡村振兴和区域经济的繁荣发展。

（三）西双版纳州普洱茶产业政策供给情况

在政策扶持层面，各级政府对重点茶产区的茶产业发展给予了显著的政策优惠和关注，财政投入也大幅度增加以支持该产业的持续增长。特别是，在省级高原特色农业产业基金框架下，专门设立了云茶产业发展基金，这一举措成功吸引了金融机构的参与，为云茶产业的繁荣注入了必要的资金。同时，农业担保机构在其中发挥了关键的杠杆作用，通过推进"三权三证"抵押贷款和采用"基金+担保"等多元化的金融组合手段，不仅创新了适应茶产业发展的金融产品和服务模式，也进一步加大了金融机构对茶企的信贷支持力度。此外，政府还鼓励探索茶叶农业保险试点项目，旨在为茶产业发展提供坚实的风险保障。西双版纳州重点发展茶产业，利用当地生态和劳动力资源，积极扶持以普洱茶为代表的云南茶产业，有效促进了地区的经济繁荣。勐海县致力于推动农业农村现代化，打造乡村振兴的典范。该县在巩固脱贫成果的基础上，与乡村振兴工作紧密衔接，坚决防止返贫现象，加速农业现代化、农村城镇化和农民职业化的进程。同时，全面实施乡村振兴"百千万"工程，注重污染防治，细化责任和目标，强化环境监管，确保污染物排放量稳步下降。此外，还大力提升城乡人居环境，开展专项行动整治卫生死角，保护传统村落风貌，补齐农村基础设施短板，为建设美丽乡村打下坚实基础。

二 西双版纳州普洱茶产业发展特点

（一）"普洱茶+"新模式助力产业发展

多元化消费需求引导产业未来发展方向，基于新消费普洱茶产业在聚焦销售渠道与服务提升的同时也积极探寻新的开发模式，以模式改革引领高端普洱茶新生活方式。

以大益集团为代表的茶企不断探索"普洱茶+"模式，"茶+餐"的大益膳房、"茶+科技"的大益微生物技术有限公司、"茶+时尚生活方式"的大益茶庭、"茶+旅游"的大益庄园、"茶+教育"的青年茶庭等相继运营，拓展了产业链的新维度。大益集团成立了中国首家职业茶道师认证及研修机构茶道院、国内首个高端民营文学机构文学院、链接全球工商界高端人脉的社交及大数据服务平台国际企业家俱乐部等多个供全球茶人、益友学习、沟通、交流和分享的平台，还尝试借助交响乐、茶剧、品乐会等多种艺术形式传播茶文化，让世界了解中国茶道。

（二）品牌效应助力普洱茶产业持续升级

在西双版纳州普洱茶产业的发展过程中，品牌化的特点尤为突出。西双版纳州作为普洱茶主产区之一，参加 2019 年度品牌价值评价活动，云南普洱茶以品牌价值 662.46 亿元和品牌强度 900 的实力，在 2020 年中国品牌价值评价地理标志产品中名列第 7。[①] 通过多年的精心培育和市场推广，西双版纳州已成功打造了一批具有地方特色和文化底蕴的普洱茶品牌。这些品牌不仅在国内市场享有较高的知名度和美誉度，还在国际市场上展现出强大的竞争力。品牌化发展的策略不仅提升了普洱茶的整体形象和市场价值，还为

---

① 《西双版纳州普洱茶知名品牌合法权益保护成绩斐然》，https：//www.xsbn.gov.cn/zmzj/65087.news.detail.dhtml？news_id＝2841578，最后检索时间：2023 年 12 月 29 日。

消费者提供了更加多元化和个性化的选择。同时，西双版纳州还注重品牌的保护和传承，通过加强知识产权保护和质量监管，确保普洱茶品牌的持续健康发展。这种品牌化的发展模式为西双版纳州普洱茶产业的长期发展奠定了坚实的基础。

（三）产业融合助力普洱茶产业全链条升级

勐海县正在大力推进森林城市与特色小镇的建设工作，积极开展林城融合行动与城市生态修复项目。该县依托半山酒店、乡村旅居等多元化旅游业态，成功打造了以老班章、南糯山等知名茶山为特色的主题酒店、精品民宿和乡村客栈。此外，勐海县还推出了工业旅游与边境旅游新线路，并加快了"普洱茶工业+文化旅游"示范基地及打洛口岸边境旅游特色小镇的建设步伐。

景洪市大渡岗乡是云南省种植绿茶面积最大的乡镇之一，素有中国"茶叶第一乡"的美誉。该乡紧紧围绕普洱茶产业，通过茶旅融合的方式，打造具有特色的田园综合体示范项目，推动一、二、三产融合发展，为乡村振兴注入新活力。大渡岗乡拥有庞大的茶园种植规模，全乡茶园面积达 9 万亩。这里生产的普洱茶以其独特的品质、口感和深厚的文化内涵赢得了市场的青睐。为进一步提升茶叶品质和市场竞争力，大渡岗乡积极引导茶农进行生态化茶园改造，通过采用有机种植方式、推广生物防治技术等措施，提高茶叶的品质和安全性。同时，加强茶叶深加工和新产品开发，逐步打造绿色、优质、安全的本地特色茶叶品牌。这些举措不仅显著提升了茶叶的品质和价格，也增强了消费者对大渡岗乡普洱茶的信任和认可。

在推动普洱茶产业发展的过程中，大渡岗乡注重将茶文化与旅游相结合，通过打造茶海观光园、茶旅文化村等项目，吸引游客前来品茶、观光、体验茶文化。这不仅繁荣了当地旅游业，也为茶农提供了更多的增收渠道。许多茶农在茶园里套种坚果，实现了茶叶和坚果的双丰收，收入增加了近1倍。

以上这种产业融合的方式不仅推动了普洱茶产业的全链条升级，还带动了相关产业的发展，如旅游业、餐饮业等。这也为西双版纳州的经济发展注入新的活力。未来，西双版纳州应当继续发挥普洱茶产业的优势地位，推动田园综合体示范项目建设向更深层次发展，通过进一步完善产业链、提升产品附加值、拓展市场渠道等措施，推动当地经济的持续发展和社会的全面进步。

三 西双版纳州普洱茶产业发展趋势

（一）有机引领新风尚，绿色发展普洱茶产业

随着全球健康意识的不断提升，有机茶作为绿色、健康、可持续的饮品代表，正逐渐成为市场的新宠。历经 3 年新冠疫情后，大健康产业发展迎来了起飞"风口"，如何才能让有机茶市场成为撬动西双版纳州茶产业发展的有力"支点"是未来需要探索的发展路径。在这一背景下，西双版纳州凭借得天独厚的自然环境和丰富的茶树资源，在普洱茶产业有机发展上迈出了坚实步伐。2022 年，云南有机认证茶园面积达 140 万亩，拥有 1014 个有机认证产品。这些有机茶园面积占全省茶园面积的 20%，而有机成品茶产量则占全省茶总产量的 25%，有机认证茶园面积和产品数量均居全国首位。鉴于此，云南应积极推动有机茶产业的发展，注重生态保护、品质提升、品牌创新和标准化建设，努力提升有机茶产业水平，构建完善的市场服务体系，从而提高云南有机茶的质量和市场竞争力。

近年来，西双版纳州在有机茶产业发展方面取得了显著成果，其中，以正皓茶业推出的"班章有机饼茶"为典型代表。自 2021 年该产品上市以来，正皓茶业已在全国 10 余个省市地成功举办了品鉴会，获得了茶客们的高度评价与认可。凭借其卓越品质，"班章有机饼茶"在 2021 年中国（广州）国际茶业博览会全国名优茶质量竞赛中荣获金奖，并在 2022 年的两岸斗茶茶王赛中摘得"专家年度金奖"。在产业发展方面，正皓茶业不断推陈出新，推出了"老班章有机饼茶"，这是茶叶市场上首款以"老班章+有机"

概念打造的划时代产品。同时，正皓茶业注重产品的可追溯性，确保从茶园到茶杯的每一个环节都符合有机标准，为消费者提供安全、健康的名山有机茶。从市场层面来看，老班章茶的稀缺性使其成为市场上的珍品。云南茶园面积虽广，但老班章古茶园面积有限，能通过有机认证的老班章茶园更是凤毛麟角。这种稀缺性使"有机+班章"的形式在市场上呈现类似金字塔式的集聚发展态势。云南省近年来致力于推动茶叶产业的高质量发展。根据云南省发布的茶叶产业高质量发展三年行动工作方案，预计到 2025 年，云南省将新增绿色有机茶园面积 150 万亩，推进茶园绿色发展。开展化肥农药零增长行动，大力推进有机肥替代化肥示范区和绿色高效示范区建设，积极推进茶园病虫害绿色综合防控技术。保持有机认证茶园面积、有机认证茶产品数量的全国领先地位，并力争实现全产业链产值翻番的目标。[①] 有机认证茶园的建设不仅是有机农业推广的关键环节，而且对当地生态环境、人文环境和消费者健康都具有积极的推动作用。

（二）科技赋能普洱茶，创新升级产业链

科技创新在普洱茶产业中的应用日益广泛，成为推动其持续发展的核心力量。西双版纳州未来将与国内外科研院所紧密合作，为普洱茶产业带来前沿的科技理念和技术支持，推动科技创新平台的建设。这些平台不仅聚焦于茶叶种植、加工技术的改进，更致力于新产品的研发与创新，为消费者带来了口感更加丰富、功能更加多样的普洱茶产品。茶叶的新用途不断被拓展，从传统的饮品逐渐衍生出茶食品、茶饮料、茶用品等多元化深加工产品。同时，功能茶的开发也成为新的趋势，通过科技创新将中药、其他食物与茶进行融合，提升了普洱茶的保健养生功效。这些创新不仅满足了市场的多样化需求，也为普洱茶产业打开了新的增长空间。政府、企业和社会各界对科技创新和普洱茶产业的精深发展给予了高度重视和大力支持。政府出台了一系

---

① 《云南打造"茶业强省"：2025 年云茶全产业链产值实现翻番》，https://baijiahao.baidu.com/s? id=1757724808579612259&wfr=spider&for=pc，最后检索时间：2023 年 12 月 29 日。

列政策措施，鼓励科研院所与企业合作，推动科技成果的转化和应用。企业也积极响应，加大科技研发投入，引进高端人才和技术设备，提升自主创新能力。抓好"茶+互联网"，着力拓展大市场。鼓励茶企创新商业营销模式，加快线上线下交易，促进茶叶电子商务快速发展；加快茶产业供给侧结构性改革，提升品牌影响力，提升西双版纳茶叶在全国茶叶市场的话语权，在"一带一路"建设中，推动西双版纳茶叶走出国门、走向世界。社会各界的关注和推动，为普洱茶产业的科技创新营造了良好的氛围和环境。

在大益普洱茶的制作过程中，原料的多样性和对成品的高标准要求使传统的人工拣剔环节成本高昂且效率低下，长期以来一直是技艺提升的瓶颈。然而，随着勐海茶厂技术的持续进步，普洱茶生产已逐步转向机械化和清洁化，部分手工操作被高效稳定的机械设备所取代，显著提升了生产效率和产品质量，满足了现代市场对高品质茶叶的需求。此外，大益茶的制作工艺也经过深入改进和优化，确保出厂的每一片普洱茶都达到严苛的质量标准。这一系列创新举措不仅为大益茶厂带来了100%的产品合格率，更为其未来迈向智能化、数字化生产打下了坚实的基础。

未来普洱茶产业在科技创新的引领下也可能面临一些挑战。一方面，新技术的不断涌现对从业人员提出了更高的要求，需要加强人才培养和队伍建设；另一方面，市场竞争的加剧也对普洱茶产业的科技创新提出了更高的要求，需要不断提升产品的品质和技术含量。只有持续加强科技创新，不断突破技术瓶颈，普洱茶产业才能在激烈的市场竞争中立于不败之地，迎来更加广阔的发展机遇。

（三）挖掘普洱茶文化，深度融合茶文旅

随着"中国传统制茶技艺及其相关习俗"正式列入联合国教科文组织《人类非物质文化遗产代表作名录》，普洱茶这一承载着悠久历史和深厚文化的饮品，再次吸引了全球的目光。作为普洱茶的发源地和核心产区，西双版纳在茶产业的发展中，不仅注重茶叶的品质和制茶技艺的提升，而且重视茶文化的传承和弘扬。西双版纳的茶文化，是这片土地上多个民族共

同创造和传承的宝贵财富。从曼撒古茶山到攸乐古茶山，从巴达茶山再到南糯山，每一座古茶山都孕育着独特的普洱茶风味和文化故事。这些茶叶在匠人的精心制作下，不仅呈现苦、涩、甘甜的口感变化，更承载着家乡的味道和世代相传的记忆。大益普洱茶作为传统手工制茶的典型代表，其制作技艺和生产历史体现了我国传统制茶技艺的精湛和独特。从茶叶的采摘、初制到发酵、筛分、拼配以及蒸压成型，每一道工序都凝聚着匠人的心血和智慧。这种对制茶技艺的精益求精和对品质的极致追求，正是普洱茶文化的重要组成部分。

为推动茶产业的高质量发展，西双版纳不仅实施了包括古茶树资源保护利用、绿色和有机茶园建设等在内的"八大工程"，还明确提出了到2025年的发展目标。[①] 其中，文旅融合提升工程作为重要的一环，旨在通过挖掘普洱茶文化的内涵和价值，推动茶产业与旅游产业的深度融合，不断丰富茶文化活动，结合边交会、文化艺术节等重大活动，大力展示普洱茶文化内涵，重点突出哈尼族、拉祜族、布朗族等独具特色的民族茶文化，全方位、动态化拓展茶业功能，从过去单纯卖茶产品转变为卖产品和卖服务相结合。目前，勐海七子饼茶文化旅游线路旅游配套设施建成并投入使用，大益庄园被纳入省文旅厅创建国家4A级旅游景区备选名单，独树成林景区晋升为国家3A级旅游景区，勐巴拉雨林小镇荣获"中国森林康养基地示范区"称号，勐景来入选全国森林康养试点建设基地，流沙河·星光夜市开市，勐海记忆非遗文化村建成。

通过文旅融合，西双版纳将打造具有影响力的普洱茶加工交易中心、茶文旅融合发展示范区，吸引更多游客前来寻茶访茶、体验制茶技艺、感受茶文化魅力。这不仅有助于提升普洱茶的品牌影响力和市场竞争力，还能带动当地旅游产业的发展，实现茶产业与旅游产业的双赢。同时，西双版纳还积极推动普洱茶制作技艺（茶俗）文化的保护传承工作，申报世界文化遗产

---

① 《实施"八大工程"打造"西双版纳普洱茶"品牌》，https://baijiahao.baidu.com/s？id=1761236981817316759&wfr=spider&for=pc，最后检索时间：2023年12月29日。

名录等。这些努力将有助于进一步挖掘和保护普洱茶的文化遗产价值，推动其在全球范围内得到更广泛的认知。

（四）规范普洱茶市场秩序，助力产业高质量发展

随着普洱茶产业的快速发展，西双版纳州不仅注重茶叶品质的提升，更将市场秩序规范作为推动产业健康发展的关键。以做大做强龙头企业为重点，大力培育农业新型经营组织，切实提高产业集约化、专业化、组织化、社会化水平。为了构建良好的市场秩序，西双版纳州市场监管部门持续开展普洱茶营销专项整治行动。有力打击普洱茶行业假冒伪劣、虚假宣传、以假充真、以次充好等扰乱市场的违法行为，进一步规范市场秩序，营造公平有序的竞争环境和安全放心的消费环境，维护广大消费者的合法权益，实现普洱茶"原料可溯、产地可查，标识明晰、品质保证，市场规范、消费放心"的工作目标，促进实现全州普洱茶产业健康发展的任务目标。①

在强化质量监管方面，一是抓实投入品源头管控。从源头上把好茶园投入品准入关，推行茶园农资投入品的经营销售备案制度，及时向社会公布茶园专用绿色环保农药产品目录，建立可追溯机制。加强媒体及社会公众监督。二是建立健全茶叶产品追溯体系和防伪体系，实现产品标准化、可追溯、可退赔，努力提升产品品质，巩固和提高品牌的可信度、影响力。开展普洱茶市场违法行为专项整治，完善茶叶经营者诚信体系建设，加大违法失信经营主体惩治力度，及时曝光失信经营者黑名单，塑造规则清晰、公开透明、公平合理、诚信经营的有序市场，维护茶品牌良好形象。三是引导规范达标茶叶初制所建立质量安全追溯体系，预计到2025年，实现初制茶产品来源可查询、去向可追溯。鼓励规范化茶叶初制所采用信息化手段采集、留存生产经营信息，建立质量安全信息化追溯体系。

在市场培育方面，西双版纳州同样不遗余力。通过引进大型普洱茶文旅

---

① 《西双版纳州普洱茶知名品牌合法权益保护成绩斐然》，https：//www.xsbn.gov.cn/zmzj/65087.news.detail.dhtml？news_ id＝2841578，最后检索时间：2023年12月29日。

综合项目等措施，不仅延长了产业链，还扩大了产业圈。这些项目融合了文化旅游元素，为消费者提供了全新的普洱茶体验平台，进一步提升了云茶的品牌影响力和市场占有率。此外，西双版纳州还注重激发市场主体的活力。通过优化营商环境、提供便捷服务等方式，降低企业成本，吸引更多企业投身于云茶产业的发展。同时，建立利益联结机制，促进农民持续增收，实现产业与民生的双赢。未来西双版纳州将通过推进数字化转型，拓展新的市场营销模式，提高产业效率和竞争力，为地区经济的持续增长注入新的动力。

B.4
临沧市普洱茶产业发展报告

江鸿键 李蕊*

摘 要： 临沧市在优越的地理条件、生态条件、人文条件等共同作用下孕育出丰富的茶叶及茶文化资源。近年来，临沧市着力促进茶产业高质量发展，茶叶种植面积稳步扩大，茶叶产量不断提高，茶叶综合产值再创新高，呈现党建引领茶产业高质量发展、茶文旅融合打造发展新模式、科学技术推动产业转型升级等产业发展特点，未来临沧市将持续推动茶产业赋能乡村振兴、持续加强茶品牌打造及推广、继续加大对产业龙头企业培育力度、增强茶产业数字化转型发展、构建茶产业现代发展体系、推动茶产业高质量发展。

关键词： 普洱茶 茶产业 临沧市

　　临沧市以习近平新时代中国特色社会主义思想为指导，树牢"绿水青山就是金山银山"理念，以绿色发展、数字化转型和产业升级为主线，统筹做好茶文化、茶产业、茶科技这篇大文章，推进一、二、三产融合，打造茶叶产业新质生产力，加快茶产业高质量、可持续发展。着力建设凤庆云县滇红茶产业带、双江临翔普洱生茶产业带、永德镇康普洱熟茶产业带、耿马沧源优质绿茶产业带，打造临沧工业园区茶叶仓储新零售深加工区，构建茶产业全产业链，提高茶产业链供应链现代化水平，努力把凤庆建设成为中国红茶第一县，把双江建设成为中国普洱生茶第一县，把永德建设成为中国普

---

* 江鸿键，云南省临沧市农业农村局副局长，农艺师，经济师，主要研究方向为古茶树资源保护与利用，茶叶绿色低碳栽培、普洱茶、滇红茶、蒸酶茶生产加工储存技术，产业经济；李蕊，云南大学民族学与社会学学院在读博士，主要研究方向为文化产业与区域社会发展。

洱熟茶第一县，把临沧建设成为世界一流的茶叶生产中心、加工中心、贸易中心、文化创意中心，成为世界闻名的"红茶之都·天下茶仓"和"天下茶尊"。

一 临沧市普洱茶产业发展现状

（一）临沧市普洱茶产业生产发展情况

从整体上看，2018~2022 年，临沧市普洱茶产业发展稳步向前，茶叶种植面积稳步增长（见表 1）、茶叶产量及产值再创新高（见图 1、图 2），茶产业成为临沧市经济社会发展的有力推手。尤其是 2021~2022 年，临沧市普洱茶生产发展情况呈向好趋势。2021 年全市茶叶产业综合产值 257.91 亿元，其中农业产值 64.8 亿元、工业产值 90.32 亿元、第三产业产值 102.79 亿元。全市 77 个乡（镇、街道）均有茶园分布，拥有万亩以上茶园的乡（镇）有 58 个。栽培型茶园种植面积 173.4 万亩，有野生茶树群落 40 万亩，其中百年以上栽培型古茶园 11 万亩，千年以上古茶树 25517 株，目前按照《临沧市古茶树保护条例》和《临沧市古茶树保护条例实施办法》，临沧市人民政府已认定古茶园 321 个 12.28 万亩，古茶树 11408 株。毛茶产量 15.38 万吨，居云南省首位，是全国最大的普洱茶原料基地。① 截至 2022 年，临沧市共有 77 个乡（镇、街道）835 个行政村（社区）8552 个自然组种植茶叶，有茶农 335975 户 1336364 人。全市茶叶种植面积 209.3 万亩，其中有机认证茶园 49.38 万亩，绿色认证茶园 54.3 万亩，雨林认证茶园 4.51 万亩，全市茶叶种植面积 20 万亩以上的乡（镇、街道）1 个，10 万~20 万亩的乡（镇、街道）2 个，5 万~10 万亩的乡（镇、街道）5 个，3 万~5 万亩的乡（镇、街道）15 个。临沧市茶叶总产量 16.6 万吨，其中精

---

① 《临沧茶·尊天下 | 打造世界一流茶产业》，https://www.lincang.gov.cn/info/1410/68533.htm，最后检索时间：2024 年 1 月 16 日。

制茶产量9.45万吨，茶叶产业综合产值294.62亿元，茶农户均茶叶种植面积6.2亩，人均茶叶面积1.6亩，茶农人均茶叶收入5747.75元，户均收入22854.16元。[①] 茶叶种植面积、茶叶产量均居云南省第一，[②] 茶农生活水平不断提高，茶产业正成为临沧市不可或缺的重要产业之一。

表1 2018~2022年临沧市茶叶种植面积

单位：公顷

年份	种植面积
2018	10.00
2019	10.44
2020	11.01
2021	11.60
2022	12.42

资料来源：根据临沧市历年国民经济和社会发展统计公报整理。

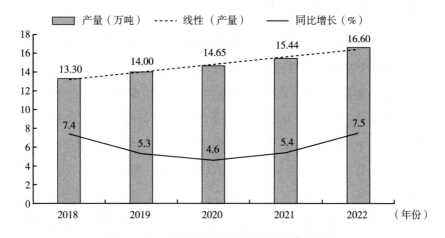

图1 2018~2022年临沧市茶叶产量变化趋势

资料来源：根据临沧市人民政府官方网站相关资料整理。

---

① 《一片叶子尊天下 韵香八方临沧茶》，https://www.lincang.gov.cn/info/1410/413062.htm，最后检索时间：2024年2月7日。

② 《一片叶子尊天下 韵香八方临沧茶》，https://www.lincang.gov.cn/info/1410/413062.htm，最后检索时间：2024年1月16日。

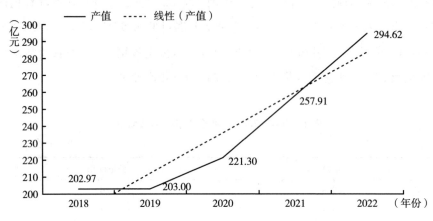

图2 2018~2022 年临沧市茶叶综合产值变化趋势

资料来源：根据临沧市人民政府官方网站相关资料整理。

（二）临沧市普洱茶产业市场培育情况

临沧市主要通过建设茶叶产业园区、强化茶叶市场体系建设、培育龙头企业、打造知名茶叶品牌等工作，构建和完善茶叶产业链、供应链。园区建设方面，重点推进凤庆滇红生态文化产业园转型升级，加快建设双江冰岛茶生态文化产业园、永德普洱熟茶产业园和临沧茶叶产业数字园区，重点建设云县滇西茶城、凤庆国际红茶交易中心、镇康县胞波国际茶城和临沧茶叶产业数字园区。茶叶市场体系建设方面，推进产地交易市场与销区市场融合，线下市场与线上市场融合，新零售、新媒体、新平台与新智造、新种植、新品牌、新 IP 融合，加快茶叶市场营销体系数字化转型。着力发展内贸电商和跨境电商，推进多边贸易，强化产地茶叶交易市场建设，全市共有茶叶产地交易市场 19 个，茶馆、茶楼、茶店 1842 个，茶叶企业市外开店数量 229 个。全市网上开店数量 159 个，其中，在京东开店 18 个，在天猫开店 13 个，在淘宝开店 31 个，在拼多多开店 7 个，在抖音开店 55 个，在其他平台开店 35 个。在龙头企业培育方面，全市有获得食品生产许可证（SC 证）的茶叶企业 410 家，其中农业产业化国家级龙头企业

2家、省级龙头企业20家、规模以上茶叶企业79家。有茶叶初制所3461个、茶叶专业合作社1034户。① 充分发挥龙头企业带动作用，引导企业建立现代企业管理制度，规范内部管理，加大招商引资力度，支持和鼓励市内茶企通过重组、股份合作的方式优化资源配置。同时壮大龙头企业，以税收、产值目标奖励等政策导向，扶持壮大茶叶企业，筛选了20家企业作为重点茶叶企业培育，其中国有独资茶叶企业3家、国资控股茶叶企业1家、民营茶叶企业16家。建立和完善市县领导挂联帮扶机制，重点帮助善于经营、成长性好的企业解决实际困难，畅通融资渠道，使"小企变大，大企变强，强企升规，规上成龙头"。支持重点培育茶叶企业建设标准化原料基地，提升联农带农惠农水平；支持重点培育茶叶企业，提高加工能力和质量安全水平；支持重点培育茶叶企业开拓市场；支持重点培育茶叶企业提升技术创新能力和知识产权水平，② 建立挂帮包长效培育机制，不断强化资源要素保障及发展激励，促进茶产业提质增效。在茶品牌打造方面，着力开展地理标志产品保护、地理标志证明商标、生态原产地产品保护等申报、注册、登记及管理使用工作。持续推进中国及世界重要农业文化遗产、非物质文化遗产、中国特色农产品优势区、"名特优新"产品等申报创建工作。鼓励支持企业、个人争创中国驰名商标、专利权、中国名茶等知识产权及称号。推进临沧茶叶气候品质认证。临沧市不断致力于培育普洱茶品牌，积极开展地理标志产品保护、地理标志商标、农产品地理标志的申报、注册、登记及重要农业文化遗产申报工作。全市确立了"天下茶尊"和"红茶之都"两大公用品牌，被认定命名为"中国红茶之都""临沧普洱茶中国特色农产品优势区""最具茶文化魅力城市"等。双江勐库古茶园与茶文化系统被认定为中国重要农业文化遗产，勐库大叶种茶被认定为地理标志农产品，临沧茶、凤庆滇红茶、镇康马鞍山茶、云县大朝山茶、云县白莺山茶成功注册地理标志证明商标，目前临沧市正在着手申报世界

---

① 数据由临沧市农业农村局提供。
② 《临沧市重点茶叶企业培育工作方案》，https://www.lincang.gov.cn/info/1064/401802.htm，最后检索时间：2024年2月6日。

重要农业文化遗产。截至目前，全市有凤、勐库、龙润、澜沧江、三宁等中国驰名商标 5 件，其中，凤牌滇红茶为中华老字号，临沧茶、凤庆滇红茶、镇康马鞍山茶、云县大朝山茶、云县白莺山茶地理标志证明商标 5 件，云南省著名商标 38 件、云南名牌农产品 19 个，6 家企业 17 个产品在"一部手机游云南"上线销售。[①] 品牌辐射范围不断扩大，茶产品远销西藏、南亚东南亚等国内外市场。

（三）临沧市普洱茶产业政策供给情况

临沧市委、市政府高度重视普洱茶产业发展，按照云南省委、省政府关于打造绿色食品牌和《云南省人民政府关于推动云茶产业绿色发展的意见》《云茶产业发展"八抓"工作推进方案》《云南省茶叶产业高质量发展三年行动工作方案（2023—2025 年）》的部署要求高位推动，成立临沧市茶叶产业发展工作领导小组，出台了《关于加快推进茶叶产业跨越发展的实施意见》《临沧市加快推进茶叶精深加工发展 促进茶叶产业提质增效实施方案》《临沧市重点茶叶企业培育工作方案》等政策，明确临沧茶叶产业发展思路和发展目标。重点推进强化古茶树资源保护利用、着力建设绿色有机茶园基地、规范提升茶叶初制生产、持续提升茶叶产业联农带农惠农水平、着力培育现代加工企业、推进茶叶产业园区建设、提升茶叶精深加工及跨界产品开发水平、加快一二三产融合发展、打造世界茶叶黄金产区、培育知名茶叶品牌、强化茶叶市场体系建设、着力开拓国内外市场、强化产品质量安全控制体系和追溯体系建设、强化产业科技创新、推进茶叶产业资本驱动型发展等 15 项重点工作。

发挥"临沧普洱茶中国特色农产品优势区"优势，实现乡村振兴，促进三产融合，打造临沧城市名片，建设面向南亚东南亚辐射中心的优势产业，为打造临沧普洱茶产业新质生产力提供了强有力的支持。同时临沧市还

---

① 《临沧茶·尊天下 | 打造世界一流茶产业》，https://www.lincang.gov.cn/info/1410/68533.htm，最后检索时间：2024 年 1 月 16 日。

制定发布《临沧市古茶树保护条例》《临沧市古茶树保护条例实施办法》《临沧市锦绣茶尊古茶树保护实施办法》《临沧市古茶园生产技术规程》等政策法规，依法规范古茶树资源保护利用工作，促进普洱茶产业可持续向新发展。

二　临沧市普洱茶产业发展特点

（一）党建引领茶叶产业高质量发展

党建是引领临沧普洱茶产业高质量发展的重要手段之一，能够高效整合茶农、茶资源，成为临沧市普洱茶产业发展的一大特点。临沧市立足于茶资源优势，以推进党建引领茶产业示范片建设为抓手，把发展壮大村级集体经济作为切入点，做大靠茶吃茶文章，助推临沧从"茶叶大市"向"茶叶强市"转变，走出了一条党建引领、以茶兴村强村的发展之路，制定"党建引领冰岛昔归忙肺茶叶产业示范片"建设三年行动方案，以发展壮大村级集体经济为小切口，在冰岛村、邦东村、忙肺村等3个核心村抓示范，在相邻的5个重点村抓突破，辐射带动周边连片的25个村，把3个茶叶品牌区域"串"在一起、连成一片，以点带面，示范带动，整体提升全市茶产业发展组织化程度。[①] 双江、临翔、沧源、永德等地成为党建引领普洱茶产业发展的典型示范区。云南省临沧市永德县按照全市基层党建"一廊一带一片一道"总体布局，充分发挥党建引领作用，采取"党支部+联合社+合作社+初制所+农户"的发展模式，打造在村党组织领导下的"1+4+107"的茶产业发展链条体系下，构建了村党组织抓统筹保发展、村联合社抓调度保市场、4个自然村合作社抓规范保质量、107个初制所抓生产保增收的"四抓四保"机制，在引领忙肺茶产业组织化发展中发挥了积极作用，把忙肺

[①] 《云南临沧全力做好"一杯茶"》，http：//www. brand. zju. edu. cn/2023/1123/c57338a283 0018/page. htm，最后检索时间：2024年2月7日。

茶产业当作绿色生态产业、特色优势产业和乡村振兴主导产业重点打造，推动忙肺茶产业示范片建设"样板化"。[①]

（二）茶文旅融合打造发展新模式

产业融合发展是近年来产业发展的新模式，在促进资源共享、技术创新、市场拓展等层面具有巨大优势。临沧市在文化和旅游融合发展的大背景下，努力打造"茶叶+文化+旅游"新模式，最大限度实现以茶兴产、以茶促旅，茶文旅融合已经成为临沧经济社会发展的一大增长点。在临沧市委、市政府的领导下，临沧市 7 县 1 区不断探索茶文旅融合发展新模式，茶文旅融合发展已经成为临沧市茶产业发展的一大特点。临翔区将茶文化与"茶山观光、茶品购物、茶食餐饮、茶旅住宿"串联起来，引进龙头企业规划推进昔归山水田园度假村建设，设置集公共服务、导游导购、产品展示、代买代办等多种功能于一体的昔归党群服务站，建成以昔归茶文化展示为主线的茶博馆，推动游客服务中心、半山酒店、沿江栈道等基础设施配套不断完善，初步形成"一片茶叶带动一片景区兴旺一个区域"的发展格局。2023 年以来，邦东村累计接待游客 6.5 万人次，带动旅游收入 27.8 万元。[②] 同时利用丰富的茶资源打造北部"茶马文化"文旅聚集区，依托北部片区的云县、凤庆等地茶文化资源，以特色养生体验为开发方向，推动"茶产+旅游""文化+旅游"，开发养生庄园、度假山庄、乡村休闲等多种类型的文旅产品。为进一步促进茶文旅融合发展，临沧市近年来举办以及参与大量茶文化主题活动，如举办 2023 国际茶日暨"共饮一杯中国茶 临沧样本 茶定昔归"活动、首届临沧·百国华侨华人联谊会以及"茶香悠悠·情牵两岸"第 4 届云台茶文化交流活动等，通过这些活动深度挖

---

① 《云南永德党建引领推动茶产业示范片建设"样板化" 打造"大忙肺"高端品牌助力乡村振兴高质量发展》，https：//new.qq.com/rain/a/20230508A01LNH00，最后检索时间：2024 年 2 月 7 日。

② 《临沧临翔：从昔归"一叶"到致富"一业"》，http：//yn.people.com.cn/n2/2023/0427/c372455-40395566.html，最后检索时间：2024 年 2 月 7 日。

掘茶文化和旅游资源，建设差异化、高品质文旅景点，进一步促进临沧茶文旅融合发展。

（三）科学技术推动产业全链条升级

"科学技术是第一生产力"一直是产业发展的重要原则和推动力。临沧市在大力发展茶产业的进程中，深刻认识到科技在产业发展中所发挥的重要作用，近些年，结合临沧国家可持续发展议程创新示范区建设，共组织实施各类茶产业科技创新项目 31 个，累计投入资金 3980 万余元。同时以临沧茶叶产业科技创新为突破口，继续加大对外科技合作与交流力度，继续加大人才、技术、项目等引进工作力度，继续加大力度培育高新技术企业和科技型中小企业，继续加大茶产业技术创新平台建设力度等，为临沧茶产业建链补链延链强链提供了强有力的技术支撑。组织实施了"临茶产业提质增效关键技术研究及装备研发""临沧市台地茶提质增效集成技术体系研究""云南金花普洱茶加工技术研究与示范"等项目，通过项目的实施，建立茶树良种繁育基地，收集保存古茶树 DNA 资源，建立古茶树资源信息数据库，建立有机茶园科技示范基地，开展古茶树嫁接台地茶的技术体系研究及示范，申请发明专利以及实用新型专利，研发普洱茶新产品，不断促进临沧茶产业转型升级发展。仅"有机茶园规范化种植及有机滇红茶加工关键技术集成应用示范与推广"这一项目的发展和推广，在 2023 年，就实现企业新增产值 1100 万元，新增营业收入 1000 万元，新增利润 342 万元，新增税收53 万元。带动茶叶专业合作社 3 个，辐射带动茶农 3000 人以上，其中 60 户以上建档立卡户户均实现收入增加 6000 元以上。临沧市通过项目实施，共建立和认定茶产业方面院士专家工作站 10 个、云南省星创天地 6 个、"云南省红茶工程技术研究中心" 1 个，引进云南省茶产业科技特派团 1 个，为推进全市茶产业创新发展、加快科技成果转化应用发挥了重要作用。[1]

---

[1] 《临沧：茶叶产业科技创新取得新进展》，https://www.lincang.gov.cn/info/1203/421802.htm，最后检索时间：2024 年 2 月 7 日。

三 临沧市普洱茶产业发展趋势

（一）持续推动茶业赋能乡村振兴

"吃的靠茶叶、穿的靠茶叶、用的还是靠茶叶"是临沧茶农从古至今并将持续的生产生活真实写照。临沧市所辖 8 县（区）均属于集中连片特困地区滇西边境片区县，是云南省市辖全部县（区）均属贫困县的 4 个州（市）之一，为充分利用云南第一大茶区的优势，依托产业特色，实现产业脱贫，临沧市政府不断探索走出从"一叶"到"一业"的致富之路，着力促进普洱茶产业发展，实现乡村振兴。临翔区、云县茂兰镇、双江勐库镇等地积极推动传统产业转型升级带动农民增收，茂兰镇采取企业绑定合作社、合作社绑定茶农的方式，以茶产业助力乡村产业振兴驶上高质量发展的"快车道"，全村建有茶叶初加工厂 17 个（党员示范初加工厂 7 个），每年提供临时就业岗位 200 余个，5 年来累计发放务工酬劳 150 余万元，注册了"罗乐大丙山"及"茂兰大石头箐"2 个国家级茶叶商标，2023 年制作成品干茶 30 余吨，带领茶农增收达 180 余万元，茶产业带动茶农脱贫致富效果显著。[①] 预计 2025 年，临沧市茶园面积稳定在 209 万亩，产量达到 19 万吨，精制茶产量达 15.2 万吨以上，精制率达 80%以上，综合产值达到 500 亿元，茶业税费收入达到 3 亿元，茶产业联农带农惠农水平将得以不断提高。[②] 未来临沧市将不断推动茶产业发展，通过茶产业赋能乡村振兴发展。

（二）持续加强茶品牌打造及推广

品牌是产业发展以及对外交流、合作的名片，是打开国内外市场、不

[①] 《云南茂兰：大山茶叶绘就致富"金业"》，https://hs.china.com.cn/zixun/127337.html，最后检索时间：2024 年 2 月 7 日。

[②] 《云南临沧全力做好"一杯茶"》，http://www.brand.zju.edu.cn/2023/1123/c57338a2830018/page.htm，最后检索时间：2024 年 2 月 7 日。

断提高临茶影响力的重要一环。因此，临沧市在未来茶产业发展的过程中应着重于茶品牌的打造及推广，不断扩大临沧茶产业影响力及影响范围。目前，临沧市确立了"天下茶尊"和"红茶之都"两大公用品牌，提升茶叶品牌竞争力，打造了凤、勐库、龙润、澜沧江、三宁5件中国驰名商标，拥有凤牌滇红茶中华老字号1件，凤庆滇红茶、镇康马鞍山茶地理标志证明商标2件，勐库大叶种茶农产品地理标志登记证书1个；还拥有云南省著名商标38件、云南名牌农产品19个；茶产业的市场竞争力和社会知名度不断提升，在全省乃至全国已占据重要地位。[①] 由此可见，品牌的塑造及推广对于临沧茶产业的重要性。未来发展中应按照"科技提高品质、文化提升价值、品牌开拓市场"的发展战略，以及"闯关东、走西口、稳广东、销香港、拓海外"的临茶营销思路，努力开拓茶市场，加强对外交流合作，鼓励和支持临茶地理标志证明商标和地理标志产品保护、地理标志登记，市级相关职能部门按照职能职责协助产地地理标志产品保护和农产品地理标志登记的申报工作。采取"走出去"参加国内外影响力大的茶叶展销和重大茶事活动，"请进来"知名专家学者、权威科研院所开展茶叶品牌论坛、品牌宣传推广学术交流活动的方式加大品牌宣传力度；采用"官方媒体+新媒体+活动推广"三位一体宣传模式，达到"有高度、有深度、多视角、多维度"的高效、精准宣传。[②]

（三）持续加大产业龙头企业培育力度

龙头企业是推动和引领产业发展的重要推动力。临沧市正全面实施龙头企业带动战略，做大做强龙头企业，培育一批茶叶知名品牌、营销团队、茶叶企业联盟等，强势推动茶产业发展。目前，与全球最大茶叶企业联合利华

---

① 《依托茶叶资源优势打造230亿产值　云南临沧实现产业发展与精准脱贫共赢》，https：//new.qq.com/rain/a/20201217A03LBE00，最后检索时间：2024年2月7日。

② 《临沧市政协提案建议：做强"临茶"品牌　助力乡村振兴》，https：//mp.weixin.qq.com/s?__biz=MzI2ODQwMjA1Nw=＝&mid=2247486891&idx=2&sn=4e64e86054677d45f4490a8718148ded&chksm=eaf1614ddd86e85b10591d9281eab90ed59c7619d9b4b69adddf42e63cc3c0e7d15038a12a75&scene=27，最后检索时间：2024年2月7日。

公司的合作稳步推进，沧源碧丽源公司1.5万亩茶园基地率先通过国际雨林联盟农场认证的现场审核，成为中国首家获得国际雨林联盟认证的企业；与云南白药战略合作成效显著，建成云南白药天颐茶品有限公司凤庆茶厂，云南省凤庆茶厂有限公司"五家坡分厂"通过改造已经投产，并推出了"红瑞徕"品牌，云南白药天颐茶庄已开工建设。加快与民生银行、平安银行等金融机构合作，利用现代金融手段及产品推动产业发展。① 在未来的发展中将与印度、斯里兰卡茶叶企业开展相关合作。同时，临沧市出台了《临沧市重点茶叶企业培育工作方案》，明确提出，未来应大力培育龙头企业，2025年，全市获得食品生产许可证的茶叶加工企业达500家，规模以上茶叶企业达70家，其中，销售收入10亿元以上茶叶企业2家，5亿~20亿元茶叶企业5家，1亿~5亿元茶叶企业10家；2030年，全市获得食品生产许可证的茶叶加工企业达2000家，规模以上茶叶企业达200家，其中销售收入50亿元以上茶叶企业1家，30亿~50亿元茶叶企业1家，10亿~30亿元茶叶企业3家，5亿~10亿元茶叶企业5家，1亿~5亿元茶叶企业20家。继续加大产业龙头企业培育力度已经成为临沧市普洱茶产业未来发展的一大趋势。

（四）持续推进茶产业数字化转型

推进茶产业数字化转型发展是临沧市未来茶产业发展的一大重要任务及发展趋向。目前临沧正在利用数字化推进茶产业转型升级，抓住数字经济发展战略窗口期，加快茶叶市场营销体系数字化转型，着力发展内贸电商和跨境电商，推进多边贸易。强化产地茶叶交易市场建设，重点建设云县滇西茶城、凤庆县国际红茶交易体验中心、镇康县胞波国际茶城，用好国内国际两大市场两种资源，完善交易、仓储、鉴定评价、物流、供应链金融等功能，努力建成全国最大的原料茶交易市场和最大的红茶交易市

---

① 《临沧着力打造富民强市茶产业》，https：//www.zgchawenhua.com/chazixun/152631.html，最后检索时间：2024年2月7日。

场。依托临沧高新区和临翔工业园区，加快推进临沧茶叶仓储交易中心和临沧茶叶数字产业中心建设。① 在数字化时代，5G、大数据、云计算等是发展的关键词，临沧茶产业应在未来发展中抓住机遇，加大"线上+线下"发展力度，优化资源配置，促进临沧茶产业高质量转型升级发展。

---

① 《云南临沧全力做好"一杯茶"》，http：//www. brand. zju. edu. cn/2023/1123/c57338a283 0018/page. htm，最后检索时间：2024 年 2 月 7 日。

B.5
保山市普洱茶产业发展报告

范欣蓓*

摘　要： 保山市古茶树资源丰富，茶叶种植面积、产业规模、综合产值和品牌知名度等均位居全省前列。近年来，保山市茶产业提质增效明显，实现四季循环绿色生产；保护开发并重，着力打造古茶名山基地；产业模式创新，持续带动群众增收致富；茶旅有机融合，推动全域茶文化旅游。未来，保山市将实施茶产业绿色发展行动，构建绿色茶产业集群；打造特色区域品牌，促进茶产业价值提升；升级普洱茶产业链，助力茶产业高质量发展。

关键词： 普洱茶　茶产业　保山市

　　2022 年，保山市茶叶种植总面积 67.5 万亩，投采面积 63.7 万亩，排名全省第 4，成为云南省第四大茶区；茶叶总产量 6.53 万吨，茶类品种丰富，成为云南省茶叶品类最全的州市。① 近 5 年来，保山市积极贯彻落实云南省委、省政府关于茶产业发展的决策部署，紧密围绕省打造世界一流"绿色食品牌"工作领导小组提出的云茶产业发展"八抓"要求，全力推进各项任务落实。茶园面积持续扩大，茶叶产量节节攀升，茶叶产值大幅增长，茶农收益不断提高，茶旅融合不断深入，特色茶品牌影响力显著提升。总的来说，保山市茶产业发展稳中有进、潜力无限。

---

　　* 范欣蓓，云南省文化产业研究会助理研究员，云南大学民族学与社会学学院在读硕士，主要研究方向为非物质文化遗产、文化产业、跨文化研究。
　　① 《保山市农业农村局关于保山市五届人大三次会议第 95 号建议答复的函》，https://www.baoshan.gov.cn/info/3643/9890584.htm，最后检索时间：2023 年 12 月 29 日。

一 保山市普洱茶产业发展现状

（一）保山市普洱茶产业生产发展情况

保山市总面积为19637平方公里，下辖龙陵、腾冲、施甸、昌宁四县及保山市本身。其拥有悠久的种茶历史，茶树种质资源十分丰富，被众多专家赞誉为"茶树品种资源的宝库"（见表1）。

表1 保山市普洱茶产业布局

重点州（市）	重点县（市、区）	主要发展品类
保山市	腾冲市	普洱茶、滇红茶、绿茶
	龙陵县	绿茶、滇红茶
	昌宁县	滇红茶、绿茶、普洱茶

资料来源：《中共云南省委农村工作领导小组办公室 云南省农业农村厅 云南省林业和草原局 云南省工业和信息化厅 云南省市场监督管理局关于印发〈云南省茶叶产业高质量发展三年行动工作方案（2023—2025年）〉的通知》。

从整体上看，2018~2022年，保山市普洱茶产业发展稳中向好，茶叶总产量不断增加（见图1），茶叶种植面积虽有减少（见表2），但对茶叶产量影响较小。2022年，全市茶叶种植面积67.5万亩，无公害、绿色、有机茶园面积达24.49万亩。其中，昌宁县31.5万亩，隆阳区5.34万亩，腾冲市15万亩，龙陵县10.98万亩[①]，施甸县4.7万亩。[②] 作为云南省四大茶区之一，茶叶产量常年位居全省前列。据统计，截至2022年，隆阳区茶叶总产量0.25万吨，比上年增加0.22万吨；昌宁县累计完成干茶产量2.95万吨，比上年增加0.01万吨，实现农业产值137377.88万元，比上年增加4781.70万元；施甸县茶叶总产量0.14万吨，较上年增长1.4%；龙陵县茶叶总产量

---

① 资料来源于保山市农业农村局。
② 《保山 | 施甸：首批春茶开采 茶农采收忙》，http：//news.sohu.com/a/657076491_12112 4423，最后检索时间：2023年12月29日。

0.86 万吨，全产业链产值 8.80 亿元，同比增长 11.34%，农业产值 1.99 亿元，同比增长 9.34%；腾冲市共完成茶叶产量 2.17 万吨，茶农收入 7.2 亿元。

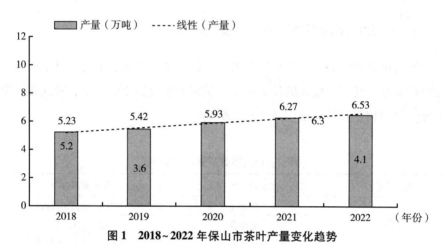

图1 2018~2022 年保山市茶叶产量变化趋势

资料来源：根据保山市人民政府官方网站相关资料整理。

表2 2018~2022 年保山市茶叶种植面积

单位：万亩

年份	种植面积	年份	种植面积
2018	69	2021	67.5
2019	68.3	2022	67.5
2020	66.9		

资料来源：根据保山市人民政府官方网站相关资料整理。

表3 2022 年保山市区县茶叶总产值

单位：亿元

区县	总产值	区县	总产值
昌宁县	59.84	施甸县	—
腾冲市	22	隆阳区	—
龙陵县	8.80		

资料来源：根据保山市人民政府官方网站相关资料整理。

保山市境内茶树品种资源丰富。全市古茶树资源的分布面积约为 9.80 万亩，占全省古茶树资源分布总面积的 2.97%[①]。经过详细勘探，保山市的腾冲市古永、龙陵县镇安、昌宁县苟街、保山市瓦窑及高黎贡山自然保护区均发现有成片的古茶园及散落的野生茶树，特别是在保山市隆阳区，如德昂旧寨、大中寨、摆落塘等地，均有 300~800 年的栽培型大茶树。这些珍贵的野生茶树群落和古茶树主要分布于海拔 1640~2200 米的区域，其中，树龄超过百年的古茶树占地面积达到 1.5 万亩。在栽培古茶园方面，腾冲坝外古茶园、上营文家塘古茶园和昌宁漭水镇黄家寨古茶园是其中的佼佼者，不仅分布集中，而且极具代表性。[②] 昌宁是全国首批四个优质茶叶基地县之一，也是全国唯一注册认定的"千年茶乡"，拥有古茶园 2533.3 公顷，茶树生长海拔平均 1600~2200 米，拥有高标准茶园面积 31 万余亩，古树茶 20 余万株，树龄多在 500 年以上。目前发现最古老的茶树树龄达 3200 年。[③] 腾冲市有古茶园 3480.4 公顷，隆阳区有古茶园 3448 公顷，施甸县有古茶园 5.3563 公顷，龙陵县有古茶园 1145 公顷。龙陵县境内有古树茶 82455 株，树龄达百年以上的古茶树有 2000 余株，树龄达 300 年以上的有 1667 株，树龄达 500 年以上的有 800 多株，树龄达千年以上的有 500 多株，最大古茶树基围 4.6 米、树高 12.6 米。全县全年生产干茶 7533 吨，茶叶综合产值 5.16 亿元，涉茶人均茶叶综合收入 3912 元。[④]

（二）保山市普洱茶产业市场培育情况

保山市重点突出"绿色、有机、生态"的茶品牌特色，利用线上线下融合的方式，通过"直播茶山茶乡"和"茶园云园"等网络平台积极开展茶事活动，充分展示保山普洱茶的独特魅力和深厚文化底蕴。同时，借助县

---

① 《云南古茶树，比你想象的要多得多！》，https：//www.sohu.com/a/571177777_121124457，最后检索时间：2023 年 12 月 29 日。

② 《保山茶山，养在深闺人正识》，https：//www.puercn.com/puerchazs/peczs/23823.html，最后检索时间：2024 年 2 月 8 日。

③ 《云南·昌宁千年古树茶保护采摘》，https：//baijiahao.baidu.com/s？id=16977415663153 43774&wfr=spider&for=pc，最后检索时间：2023 年 12 月 29 日。

④ 《上榜全国"百县·百茶·百人"简介》，https：//www.longling.gov.cn/info/5648/150850. htm，最后检索时间：2024 年 2 月 8 日。

长和网红带货直播等形式，保山普洱茶的声音得以广泛传播，不仅巩固了既有市场，还成功开拓了新市场。这些举措为保山普洱茶产业的持续发展注入新的活力。2022年，全市有134家制茶企业获得食品生产许可证（SC证）；有茶叶初加工厂992座，茶叶专业合作社101个，茶叶种植大户695户，茶叶家庭农场142户；国家级农业龙头企业2家、省级9家、市级21家。从各区县来看，昌宁县共有茶叶生产企业662家（其中获得SC证企业43家），其中，国家级龙头企业1家，省级龙头企业6家，市级龙头企业7家；有茶叶专业合作社65个，市级及以上示范家庭农场5个。① 龙陵县有SC证茶叶企业9家，有茶叶初加工厂158座，全年加工干茶8600吨，总产值达到8.8亿元，茶叶专业合作社7个，茶叶种植大户85户，茶叶家庭农场2户。省级农业龙头企业1家、市级5家。茶企营业收入50万~500万元的小型茶叶企业有9家，500万到2亿元的中型茶叶企业有4家（振兴茶厂、龙眉公司、勐龙茶厂和帕掌河茶厂)②。隆阳区有SC证茶叶企业9家，施甸县有8家，腾冲市有17家。③ 2021年，保山市新增农业产业化市级龙头企业23家，申报了21家省级重点龙头企业，晨光生物科技集团腾冲有限公司进入农业产业化国家重点龙头企业认定名单，截至目前，全市市级以上龙头企业累计达209家。④ 2022年8月，云南省农业农村厅、云南省工业和信息化厅、云南省人力资源和社会保障厅公布了关于2022年云南省"十大名品"拟表彰名单，保山市凭"高黎贡山"获得一席。截至2022年，腾冲市获得"三品一标"认定产品18个，创省部级品牌5个、国家级品牌1个。⑤ 昌宁

---

① 《昌宁：茶产业稳步发展》，https：//baijiahao.baidu.com/s？id＝1750440210948903248&wfr＝spider&for＝pc，最后检索时间：2024年2月8日。

② 《龙陵"茶业"，在坚守与创新中前行》，http：//www.baoshandaily.com/html/20221219/content_1671413319109434.html，最后检索时间：2024年2月8日。

③ 《云南省共1842家企业获得茶叶SC生产许可证（附名单）》，https：//mp.weixin.qq.com/s/vL-CmHtFcL7zMFzoE7xJEA，最后检索时间：2024年2月8日。

④ 《保山市农业产业化龙头企业发展步入快车道》，https：//nync.yn.gov.cn/html/2021/zhoushilianbo-new_1118/381217.html，最后检索时间：2023年12月29日。

⑤ 《非凡十年丨扎根新生代火山区，看腾冲茶产业特色养生茶旅之路》，https：//www.sohu.com/a/592735544_239838，最后检索时间：2023年12月29日。

县通过实施"昌宁茶走出去请进来"战略，组织举办千年茶乡昌宁茶事文化活动节系列活动，组织企业赴昆明、上海、北京、杭州等省内外参展推介，先后培育了"昌宁红""龙润""尼诺"等知名品牌。[①]

（三）保山市普洱茶产业政策供给情况

近5年来，为保障茶产业有效供给、推动茶产业振兴，保山市相继出台一系列扶持政策。制定了《关于茶叶产业提质增效发展五年行动方案》（以下简称《方案》），明确要立足茶资源和茶产业优势，按照"茶区变景区、茶园变公园、茶山变金山"的发展思路，加快构建茶产业、茶经济、茶生态、茶文旅共荣共进、一体化发展的现代产业体系。《方案》具体围绕加大茶叶宣传推介力度、加大标准茶园建设和茶叶初制所改造力度、培育做强龙头企业以及推进茶旅融合等方面为保山市茶产业发展指明道路。同时，保山市委、市政府十分重视古茶树资源保护工作，按照"最严规划、最硬执法、最实举措"的要求，高度重视古茶树资源保护工作，制定出台了《保山市茶叶产业发展"八抓"工作推进方案保山市加强古茶树（园）资源保护实施方案》。各区县也制定《昌宁县古茶树保护技术规程》《云南省腾冲市古茶树保护办法》《腾冲古茶树保护工作实施方案》等有关政策措施，并设立古茶树保护专项资金以更好地促进古茶树资源的有序管理和长效管护。保山市税务部门也充分发挥税收职能作用，聚焦茶产业高质量发展，持续围绕茶企诉求助力当地"茶叶"变"茶业"。

二 保山市普洱茶产业发展特点

（一）提质增效明显，实现四季循环绿色生产

按照"高效、优质、生态"的要求，坚持"集中连片、规模经营、重

---

① 《昌宁：高质量打好茶叶产业牌推进乡村振兴》，https://www.baoshan.gov.cn/info/23056/9656584.htm，最后检索时间：2023年12月29日。

点布局、协调发展"的原则，保山市重点通过加大绿色茶园、有机茶园建设力度，集成推广茶叶绿色生产技术模式，努力夯实了保山茶的基础。昌宁县已建成96个带动示范强、标准化程度高的标准化示范茶所，通过标准化示范茶所的建设运营使茶叶生产加工技术水平不断提升，此外，通过"个转企、企升规"的策略，不断培育和完善茶产业链条。经统计，截至2022年，已培育出662家茶叶生产企业。[①] 同时，保山市加强了对茶叶产品质量的严格监管，定期或不定期地对茶园基地和茶叶产品进行抽检，并鼓励茶叶企业主动进行质量管理体系认证，建立健全食品安全管理制度，以确保茶叶产品的质量和安全。腾冲市稳步推进绿色茶园、有机茶园建设进程。截至2022年，腾冲市高黎贡山、清凉山、绮罗茶业等6个茶叶龙头企业，积极持续推进绿色、有机认证工作，建设院士专家工作站，不断研发和创新清洁化、绿色化、智能化生产技术，提高绿色化水平。通过实施标准化创建工作，提高了古树茶生产企业的生产加工能力，提升了加工工艺水平，古树茶产品质量进一步提高，品牌效应更加明显，市场竞争力得以进一步增强。[②]

（二）保护开发并重，着力打造古茶名山基地

近5年来，保山成立专项工作小组引领全市古茶树资源保护发展。各县区级单位也制定出台保护措施。同时，保山市还利用上级现有奖励政策，积极争取古茶树保护奖励补助资金、健全相关奖励激励机制，2021~2022年共有11家（个）涉茶企业（产品）获得省级茶叶种植、加工方面的奖励和补助。[③] 除此之外，保山市积极开展古茶树挂牌及认养保护工作。以政府为主体，企业、民间组织参与，鼓励企业和个人对古茶树实施挂牌保护和认养保

① 《保山昌宁："五大工程"打造茶业"金名片"》，http://www.yn.xinhuanet.com/20231103/32f97c8717fd47bfa072fe7f0c1ed8f1/c.html，最后检索时间：2023年12月29日。
② 《昌宁县多措并举抓实古树茶保护》，https://www.baoshan.gov.cn/info/1037/8990284.htm，最后检索时间：2023年12月29日。
③ 《保山市农业农村局关于政协保山市五届二次会议第05020084号提案答复的函》，https://www.baoshan.gov.cn/info/3644/9967864.htm，最后检索时间：2023年12月29日。

护，不断加强对现有古茶树资源多种形式的保护，并加大宣传力度，鼓励茶农及企业开展古茶树资源合理开发利用工作。

（三）产业模式创新，持续带动群众增收致富

保山市依托自然生态、古茶树资源、产业基础等优势，不断创新发展思路，探索产业经营发展模式，促进保山市茶产业朝集约化、科学化、标准化方向转变，增加茶叶经济效益，提供采茶、茶园管理、茶叶加工等众多就业岗位，多渠道带动农民致富，促进农村经济加速发展。2021年，腾冲芒棒镇摸索出"党建+企业（合作社）+基地+农户"的发展模式，从日常管理、技术指导到开拓市场等方面充分发挥党组织的战斗堡垒作用。首先，党总支以每年组织茶农参加理论知识培训、加工技术实操、外出参观学习等方式助推茶叶品质升级。其次，企业聚集也是推动芒棒茶叶产业增长、全面提升茶叶经济效益的重要方式。在山水嘎嘎、高黎贡山、迪威大道等龙头企业进驻的同时，芒棒镇还成立了腾冲市大蒿坪茶叶种植专业合作社、腾冲甘露古道茶叶专业合作社等，形成企业（合作社）下连基地、农户，上连市场的茶叶产业化发展模式。进驻企业年加工毛茶合计2400吨。[①] 昌宁县黄家寨春海古树茶专业合作社实行"合作社+基地+农户（脱贫户）+市场"的农业产业经营模式，充分利用了当地资源，实现助农增收。2021年实现经营收入336万元，辐射带动农户560户，年助农增收164万元。在河尾社区，茶叶种植面积6432亩，总产量540.5吨，古茶树28140株。纵深推进"一县一业""一村一品"，大力发展高品质、高附加值、高集约度、高科技农业。[②]

（四）茶旅有机融合，推动全域茶文化旅游

保山市以"基地庄园化、庄园景区化、景区特色化"的发展思路，鼓

---

① 《保山市腾冲芒棒镇：做好"茶文章"念好"茶字经"助力乡村振兴》，https：//credit. baoshan. gov. cn/detail. do？contentId＝808d8ece91064367841ad887c33f5237，最后检索时间：2023年12月29日。

② 《保山昌宁：以茶为媒　共话茶叶变"黄金叶"的致富经》，http：//union. china. com. cn/ txt/2023-03/20/content_42300568. html，最后检索时间：2023年12月29日。

励和支持企业打造一批集种植、加工、展销、休闲、体验和观光于一体的茶叶精品庄园，设计了多条茶叶文旅路线，如腾冲重点打造北部以极边茶庄园为主；中部以司莫拉特色旅游为中心，以高黎贡山茶博园"半山酒店"、大地茶海"帐篷酒店"为支撑；南部以清河茶叶温泉旅游小镇辐射带动团田曼哈茶庄园、新华乡莲花山茶庄园的一条集腾冲茶文化、茶餐饮、茶旅游、茶休闲于一体的"茶产业旅游带"；昌宁县重点打造以古茶园为主的"秋季养生到茶乡——茶乡旅游精品路线"和"探访千年古茶树"亲子研学之旅；隆阳区以"永昌是'西南丝绸之路'在中国境内的最后一段"为亮点，以"茶马古道"重要驿站"青龙文创街"、板桥至瓦窑万亩茶园休闲度假、旅游观光和运动健身为基础，重点打造"西南丝绸之路"茶文化旅游线路；龙陵县结合打造松山抗战文化，建立龙新—镇安—腊勐—勐兴—平达百公里茶产业旅游环线；施甸县结合善洲林场红色旅游基地开辟姚关—摆榔—万兴—酒房茶产业旅游环线。① 昌宁县在旅游领域取得了显著成果，成功打造了黄家寨古茶公园、勐统土司贡茶庄园、善洲茶园研学基地等六大国家 3A 级旅游景区。2022 年，昌宁县共接待游客 369.33 万人次，实现旅游业总收入 43.98 亿元。② 保山市致力于实现茶产业与全域旅游的深度融合，加快推动茶产业与旅游业相互促进、共同发展。

三　保山市普洱茶产业发展趋势

（一）实施茶产业绿色发展行动，构建绿色茶产业集群

为了进一步提升茶叶品质，保山市通过实施"企业+生产基地+农户+标准化"的模式，确保茶叶从生产到加工再到销售的各个环节都符合标准规

① 《关于对保山市政协五届一次会议第 0123 号提案的答复》，https：//www. baoshan. gov. cn/info/3644/4087484. htm，最后检索时间：2023 年 12 月 29 日。
② 《昌宁：以茶促旅　以旅带茶　"茶旅融合"为幸福加码》，https：//www. baoshan. gov. cn/info/1037/9031034. htm，最后检索时间：2023 年 12 月 29 日。

范。同时，注重茶园基础设施建设，打造标准茶园样板，并对低产茶园进行改造。保山市应继续推动实施茶产业绿色发展行动，严格按照《云南省有机茶生产技术规程》，认真实施茶园树冠管理、茶园树冠复壮、土壤肥培管理、病虫草害绿色生态防控等技术措施，力争扩大茶园绿色有机认证面积、打造更多地理标志产品。同时，优化产业布局，以适宜茶叶品质优异、茶树旺盛生长的温热半湿润区、半高寒半湿润区和低热半湿润区的茶园为重点，推动形成隆阳区万亩茶园片区、施甸县大亮山片区、腾冲市高黎贡山片区、龙陵县松山片区、昌宁县天堂山片区和尼诺片区茶叶优势产业带，构建茶产业、茶旅游和茶文化互融共进、协调发展的绿色有机茶叶产业集群。以"茶"为媒，搞好第一产业种植生产，深化第二产业加工生产，发展第三产业文旅融合。未来，随着消费者对健康和生活品质的要求不断提高，茶产业绿色发展劲头足，同其他产业的融合加快。

（二）打造特色区域品牌，促进茶产业价值提升

保山市积极探索独具特色的茶产业发展路径，充分挖掘产区稀缺性价值，不断提升保山茶品牌价值，加速构建国内领先的茶叶品牌建设与使用体系，创建高质量的区域公用品牌。昌宁县积极探索文化品牌建设赋能文化产业发展之路，致力打造"千年茶乡"昌宁茶文化品牌。2023年，在中国地标节组委会联合《品牌观察》杂志社对41个国家地理标志红茶的品牌价值排行中，昌宁红茶以85.69亿元位居全国第四、云南第一。[①] 品牌化是茶产业高质量发展的必经之路。未来，保山市应着力打造"昌宁红茶"和"腾冲茶叶"两个区域品牌，逐步形成"公用品牌+自有品牌"的区域公共品牌矩阵。致力于品牌产品培优提质，逐步建立覆盖种植、采摘、加工、包装的全产业链标准体系，全面提升茶叶品质和质量安全水平，增强茶叶市场竞争力。2023年9月，由云南省茶科所、保山市农业技术推广中心、昌宁县茶

---

① 《「请你喝杯茶」一杯昌宁红茶，冲泡千年茶乡韵味》，https：//baijiahao.baidu.com/s？id=1775548941277590313&wfr=spider&for=pc，最后检索时间：2023年12月29日。

叶站茶叶专家组成的省茶产业科技特派团深入昌宁县对试验示范茶园进行详细调查并确定将在昌宁县实施"智慧茶园"项目,包括建设综合示范基地以承担"茶园绿色/有机生产示范"任务、建设古茶园生态观测点、建设现代茶园生态观测点等。该项目的实施,将推动保山市茶产业朝精细化管理、数字化管理方向发展,助力茶园走好产出高效、产品安全、资源节约、环境友好型的现代化道路,[①] 有力提升茶产业价值。可见,数字赋能将带给保山茶产业发展和茶品牌建设更大的发展空间。

（三）升级普洱茶产业链,助力茶产业高质量发展

保山市茶产业注重产业链的追踪扶持,建立了茶叶基地、加工厂和销售渠道。通过整合茶叶资源和开发绿色茶品牌,保山市茶产业已形成从种植、采摘、加工到销售的完整产业链条。近5年来,保山市致力于构建以茶文化、茶产业、茶科技和茶生态4个要素为核心的现代茶产业体系,推动保山茶产业在全产业链上实现转型升级和持续发展。昌宁县在温泉、漭水等9个古树茶主产茶区积极开展古茶树保护宣传和生产技术指导,巩固提升农户古茶树的经营管理能力和水平,在保护好茶树资源的同时,极大程度地提高农户经济收入,促进古树茶生产可持续健康发展;在田园、漭水等6个乡镇开展有机茶园建设技术培训及指导,巩固拓展9万亩有机茶园转换认证成果,进一步加大有机茶园的创建工作力度;进一步完善茶园基础设施,支持改良低效茶园,推广测土配方施肥、有机肥替代化肥、茶叶病虫害绿色防控等技术,推动6个乡镇的茶园绿色有机化生产,筑牢从茶园到茶杯的安全防线。为提升科技水平、创新产品研发、延伸价值链条、增强发展后劲,昌宁县挂牌建立了"梁名志专家基层科研工作站"。除此之外,高黎贡山茶博园还积极建设了李成云专家工作站、倪德江专家工作站和云南省企业技术中心平台。这些工作站和平台聚焦于茶叶新品种的培育、栽培管理、智能化生产技

---

① 《云南省茶产业科技特派团到保山市开展"智慧茶园"试验示范工作》,https://www.puercn.com/news/145859/,最后检索时间:2023年12月29日。

术以及茶叶新产品的开发等领域，致力于制定茶叶的标准化生产技术规程和产品质量标准，并广泛推广科技成果，为茶产业的持续创新和发展提供了强有力的支持。目前已有以生物多样性茶园构建技术、普洱茶自动化生产线、茶脸识别防伪溯源系统等为主的 10 余项技术成果得到转化与推广，大幅提升了茶叶全产业链科技创新和应用能力，形成了高质量茶园可持续生产模式，提升了茶叶创新加工水平。[①] 在充分考虑区位优势的前提下，未来，保山市可能朝着成为滇西面向南亚重要的茶产品生产、加工、配送中心的方向发展。可见，茶产业链条的升级和延伸在未来促进保山茶产业高质量发展和拓展茶叶内外销售渠道方面将起关键性作用。

---

① 《腾冲市清水镇多措并举打造支柱产业——融合促发展　茶山变"金山"》，https：//mp.weixin. qq. com/s? ＿＿biz＝MzAxMzU4NDU4MA＝＝&mid＝2650032629&idx＝4&sn＝72941317 92a1acd63c5eb2ddac516d96&chksm＝83a0b85eb4d7314829f2b43ddb3b13accd587efc185a7b0211 72143b5666f0a4f029750fc934&scene＝27，最后检索时间：2023 年 12 月 29 日。

B.6

德宏州普洱茶产业发展报告

何声灿 凯迪丽娅·毛拉尼亚孜*

摘　要： 德宏茶叶种植历史悠久，目前，已形成多个知名品牌。经过多年的发展，德宏普洱茶产业无论在技术上还是在规模上都取得了突破性成就。近年来，德宏州加大了古茶树资源的保护与开发应用力度，从提升加工工艺、培育新型主体、培育知名品牌、加大科技投入等方面促进了德宏茶产业的发展。同时，德宏州政府在2023年制定了《德宏州茶叶产业高质量发展三年行动工作方案（2023—2025年）》，出台各项保障措施，提出五个"全力"，致力于促进德宏州普洱茶产业的发展。

关键词： 普洱茶产业　茶产业　德宏州

德宏是茶马古道重要通道之一，处在世界古茶树资源最密集分布三个地区（澜沧江流域、高黎贡山、哀牢山）之一的高黎贡山山脉南端。德宏古茶树群落也是我国普洱茶产业的黄金宝地。德宏属南亚热带季风气候，冬无严寒、夏无酷暑，花开四季、果结终年，素有"植物王国""物种基因库""天然温室"之美称。同时，德宏也是云南普洱原料种植、生产加工、产品销售的重要原产地之一。

目前，茶产业已经成为德宏山区和半山区农村经济的主要支柱产业，德宏的自然资源条件适宜种植茶叶，已被列为云南茶叶生产重点州，是普洱

---

* 何声灿，云南省德宏州茶叶技术推广站研究员，德宏州产业协会会长，主要研究方向为茶产业、古茶树资源保护与开发应用；凯迪丽娅·毛拉尼亚孜，云南大学民族学与社会学学院在读硕士，主要研究方向为文化产业与区域社会发展。

茶、绿茶、红茶等优质原料基地州、优势农产品基地州、优质种苗基地州、茶叶产品出口基地州和高原特色基地州之一。经过多年努力，德宏茶产业特别是普洱茶产业发展取得了阶段性成果，德宏茶产业也形成了许多知名品牌，许多茶叶产品多次在国内的各类名优茶评比中荣获金、银、铜及优秀奖，产品得到广大消费者的青睐。

一 德宏州茶产业发展现状

（一）德宏州普洱茶原料及资源

1. 种植规模及认证认定

2022 年全州茶园面积 344690 亩（见图 1）；农业产值 68753.01 万元（见图 2）；加工产值 96620.78 万元（见图 3）；第三产值 117552.00 万元（见图 4、图 5、图 6）。

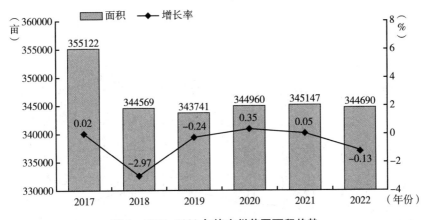

图 1　2017～2022 年德宏州茶园面积趋势

资料来源：行业调度。

茶叶绿色、有机认证保持快速增长。据行业调度，截至 2022 年底，全州有绿色食品茶园面积 6.2357 万亩；认证产品 51 个。有机产品茶园面积 1.11638 万亩；认证产品 17 个。地理标志产品 1 个（梁河回龙茶）（见表 1）。

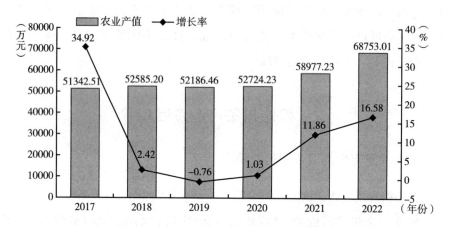

图2 2017~2022年德宏州农业产值趋势

资料来源：行业调度。

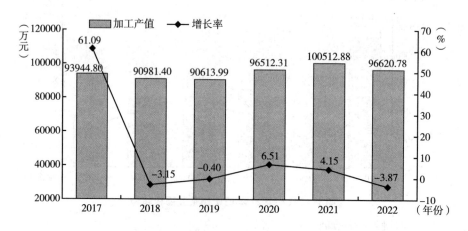

图3 2017~2022年德宏州加工产值趋势

资料来源：行业调度。

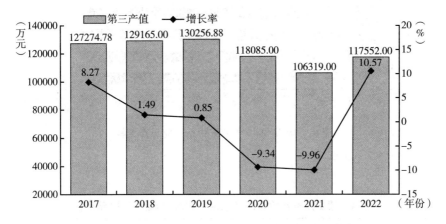

图4　2017~2022年德宏州第三产值趋势

资料来源：行业调度。

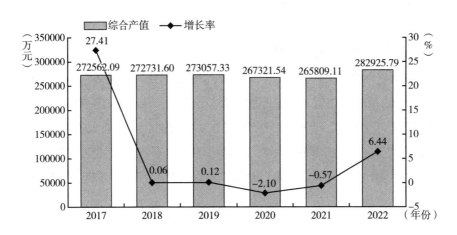

图5　2017~2022年德宏州综合产值趋势

资料来源：行业调度。

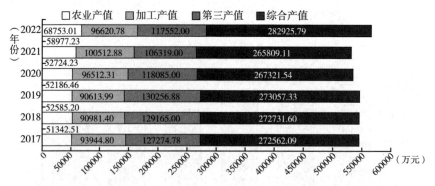

图6 2017～2022年德宏州茶产业三产结构

资料来源：行业调度。

表1 德宏州茶产业认证（认定）情况（截至2022年底）

类型	主体数（家）	同比增长（%）	产品数（个）	同比增长（%）	规模（万亩）	同比增长（%）
绿色食品	9	0	51	0	6.2357	0
有机产品	4	33.33	17	142.85	1.11638	22.04
地理标志			1		5.33	

资料来源：行业调度。

2. 德宏古茶树资源分布情况

全州茶树树龄在百年以上甚至千年的古茶树资源分布面积26.72997万亩，其中：野生型古茶树居群27个，分布面积25.683万亩；栽培型古茶园28片，面积1.04697万亩（见表2）。近年来，德宏围绕"六大茶山"①"九大古茶园"②打造，开发了古树红茶、普洱茶、绿茶、白茶等200余个系列产品，德宏古茶树资源保护与开发应用取得初步成效，形成了以保护促开发，以开发促保护的良性循环发展。

---

① 六大茶山指芒市的中山，梁河县的青龙山、平山，盈江县的红山，陇川县的王子树茶山，瑞丽市的武甸山。https：//www.dh.gov.cn/dhdpc/Web/_F0_0_5T7CRAIT27F301D2B9554AB68B.htm。

② 九大古茶园指芒市的三角岩、营盘山、官寨、仙人洞，梁河县的横梁子，盈江县的木龙河、神户关，陇川县的野油坝，瑞丽市的等嘎。https：//www.dh.gov.cn/dhdpc/Web/_F0_0_5T7CRAIT27F301D2B9554AB68B.htm，《德宏州茶叶产业高质量发展三年行动工作方案（2023—2025年）》政策解读，最后检索时间：2024年9月16日。

表2　2022年德宏古茶树资源分布统计

县市	古茶园面积（万亩）	其中：			
		野生型古茶树居群（个）	面积（万亩）	栽培型古茶园（片）	面积（万亩）
芒市	5.10597	4	5	7	0.10597
梁河	3.325	5	2.935	12	0.39
盈江	13.012	12	12.695	5	0.317
陇川	4.273	4	4.153	2	0.12
瑞丽	1.014	2	0.9	2	0.114
合计	26.72997	27	25.683	28	1.04697

2022年，芒市、梁河、盈江、陇川、瑞丽的古茶树产量总计336.33吨，单价为每公斤287.42元，总产值10696.84万元（见表3）。

表3　2022年德宏州古茶树（园）生产情况

县市	产量（吨）	单价（元/公斤）	产值（万元）
芒市	65.00	300.00	1950.00
梁河	5.60	400.00	224.00
盈江	72.73	63.50	461.84
陇川	157.00	330.00	5181.00
瑞丽	36.00	800.00	2880.00
合计	336.33	287.42	10696.84

3. 产品结构

德宏州除黄茶之外均有生产，毛茶以绿毛茶和红毛茶为主（见图7），成品茶以红茶、普洱茶、绿茶为主（见表4）。

图7　2017~2022年德宏州各类毛茶产量对比

资料来源：行业调度。

表4　2017~2022年德宏州二产各茶类产量

单位：吨

年份	绿茶	红茶	普洱茶	乌龙茶	白茶	其他茶类	合计
2017	8302	5102	3751	3	0	0	17158
2018	7361	9741	4741	3	0	0	21846
2019	8603.2	9269	4016	3.6	1	0	21892.8
2020	7136.8	8412.4	4959	3.2	4	445	20960.4
2021	7054.47	7973	4714	2	13.9	441	20198.37
2022	6121.6	5566	3764	3	24.02	229.34	15707.96

资料来源：行业调度。

（二）德宏州普洱茶产业发展情况

1. 加工规模

2022年，毛茶产量2.18万吨，同比增加400吨；成品茶产量1.57万吨，同比减少4500吨（见图8）。

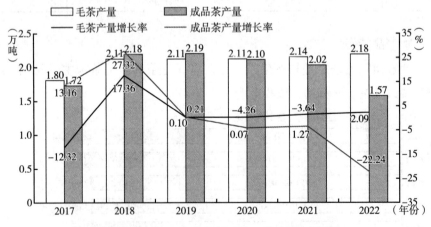

图8　2017~2022年德宏州毛茶、成品茶产量对比

注：增长率为产量未四舍五入前进行测算的数据，故与直接用图中产量测算的数据会有差异，特此说明。其他情况同此。

资料来源：行业调度。

2. 产业基地

为贯彻落实《云南省"绿色食品牌"产业基地建设管理实施方案》，全力推进产业基地建设，德宏州认定了涉及茶叶产业绿色基地13家（见表5）。

表5 "绿色食品牌"茶叶产业基地认定名单

序号	县区	经营主体名称	基地地址
1	芒市	芒市宏跃茶业有限公司	芒市轩岗乡芒广村上邦瓦村民小组
2	芒市	芒市生态茶叶有限公司	江东乡李子坪茶叶基地、中山乡新官城茶叶基地
3	芒市	云南皓鼎轩茶业有限公司	德宏州芒市风平镇上东村古树茶种植基地
4	芒市	云南德凤茶业有限公司	小水井茶业基地、黄家寨茶业基地
5	芒市	芒市四季茶业有限公司	遮放镇帮解茶叶基地、遮放镇拉院茶叶基地
6	芒市	芒市志成茶业有限公司	芒市遮放镇邦达村回黑、拉新；勐戛镇勐稳村、大新寨、芒牛坝、团箐；中山黄家寨、小水井；风平镇上东村
7	梁河	梁河县毛峰茗曲茶业有限公司	大厂乡大生基
8	梁河	云南省梁河县志禾茶业发展有限责任公司	梁河县大厂乡、小厂乡
9	陇川	陇川县纵歌茶厂	护国乡、景罕镇、清平乡、王子树乡
10	陇川	陇川县王子树香芝茶厂	王子树乡王子树村、清平乡新山村
11	盈江	盈江县华康高山生态茶业有限责任公司	芒章乡芒章村龙家寨
12	盈江	盈江县勐弄山茶叶有限公司	勐弄乡勐弄村叁方树基地
13	盈江	盈江县酬道茶叶有限公司	油松岭乡油松岭村椿头塘

资料来源：行业调度。

3. 中国茶业百强县

（1）梁河县

截至2022年底，全县纳入茶叶生产统计茶园面积6.22万亩；有SC证茶企8家及各类茶叶初精制茶厂（所）206个、专业合作社30个、家庭农场42个，其中，获ISO国际质量体系认证企业2家、HACCP体系认证企业1家和省级以上农民专业合作社示范社6个，2022年度全县实现毛茶产量3900吨，实现农业产值1.99亿元。"回龙茶"是梁河县的茶叶区域公共品牌，已先后正式取得了农业部"农产品地理标志保护登记认证"、国家商标总局"地理标志证明商标注册认证"和云南省质量技术监督局《高原特色农产品 回龙茶》等"三标"身份认证。2018年、2019年梁河县连续两年荣登"中国茶业百强县"榜单。2022年,"回龙茶制作技艺"正式列入云南省第五批省级非物质文化遗产代表性项目名录。

（2）芒市

截至2022年底,全市茶园面积14.85万亩,干毛茶产量1.08万吨,实现农业产值2.41亿元,全市茶叶产业总体表现出稳中有升的态势,全市正常运行的茶叶初制所135个、专业合作社26个、精深加工企业13家。其中,有自主出口经营权的企业6家,年均出口总量稳定在3000~5000吨,占云南省出口总量的50%以上;有年产2000吨以上的速溶茶生产线1条;有CTC红碎茶生产线6条,年生产能力达7000吨以上。2019~2021年,芒市连续三年荣登"中国茶业百强县"榜单。2021年芒市同心茶叶专业合作社升级为国家级专业合作社,德凤茶业有限公司卢凤美女士被农业农村部推介为农村创业创新优秀带头人,2022年云南德凤茶业有限公司"德凤"牌茶叶荣获云南省"十大名品"称号。

（3）盈江县

截至2022年底,全县茶园总面积10.02万亩,其中:茶园采摘面积8.2万亩,共涉及全县14个乡镇,全县共有茶叶初制所125个、专业合作社10个。获得省级重点龙头企业1家,取得SC证茶企7家,注册自主产权商标7个,云南省著名商标1个,年加工量5000吨以上。茶叶总产量4918吨,农业总产值1.13亿元。2019年,盈江县荣登"中国茶业百强县"榜单。

（三）德宏州普洱茶产业市场发展情况

1. 加工企业培育

（1）龙头企业培育

各地积极落实政策,培育以龙头企业为主的新型经营主体队伍,带动了茶产业技术水平和竞争力的提升。截至2022年底,全州茶产业州级及以上龙头企业达到23家,其中:省级龙头企业7家,州级龙头企业16家（见表6）。

表6 2022 年德宏州茶产业州级及以上龙头企业情况

序号	企业名称	所属县市	龙头企业级别	主营产品
1	云南德凤茶业有限公司	芒市	省级	精制茶（酸茶、普洱茶）
2	芒市生态茶叶有限公司	芒市	省级	精制茶（普洱茶）
3	芒市四季茶业有限公司	芒市	省级	精制茶
4	芒市志成茶业有限公司	芒市	省级	精制茶（普洱茶、红茶）
5	芒市宏跃茶业有限公司	芒市	省级	精制茶（普洱茶、红茶）
6	云南皓鼎轩茶业有限公司	芒市	省级	精制茶
7	盈江县勐弄山茶叶有限公司	盈江县	省级	茶叶
8	瑞丽市莫里山茶业有限公司	瑞丽市	州级	普洱茶
9	瑞丽芒林坝茶厂	瑞丽市	州级	普洱茶
10	梁河县贵龙茶业有限公司	梁河县	州级	茶叶
11	梁河县圆合茶叶加工厂	梁河县	州级	茶叶
12	云南兆宗茶业有限公司	梁河县	州级	茶叶
13	梁河县毛峰茗曲茶业有限公司	梁河县	州级	茶叶
14	云南省梁河县志禾茶业发展有限责任公司	梁河县	州级	茶叶
15	梁河县红仙茶业有限公司	梁河县	州级	茶叶
16	陇川县金泰茶厂	陇川县	州级	茶叶
17	陇川县纵歌茶厂	陇川县	州级	茶叶
18	陇川县王子树香芝茶厂	陇川县	州级	香芝绿茶
19	芒市五粱茶业有限公司	芒市	州级	精制茶
20	德宏富尧茶业有限公司	芒市	州级	茶叶
21	德宏州云山深处勐目农业发展有限公司	芒市	州级	茶叶、休闲农业
22	芒市孔雀之乡茶业有限责任公司	芒市	州级	精制茶
23	盈江县华康高山生态茶业有限责任公司	盈江县	州级	毛茶（初制茶）

资料来源：行业调度。

（2）茶叶初制所情况

截至 2022 年底，全州有茶叶初制所 501 个。

（3）SC 证企业情况

截至 2022 年底，全州有 SC 证企业 37 家。

（4）规上企业情况

截至 2022 年底，全州有规上企业 8 家（指年产值 2000 万元以上的茶叶企业）（见表7、表8）。

表7 全州茶叶加工企业情况（截至 2022 年底）

县市	茶叶初制所（个）	SC证企业（家）	规上企业（家）	龙头企业（家）		专业合作社（个）	备注
				省级	州级		
芒市	135	13	6	6	4	26	国家级专业合作社 1 个
梁河	199	8	1	0	6	30	
盈江	125	7	1	1	1	10	
陇川	36	5	0	0	3	3	
瑞丽	6	4	0	0	2	2	
合计	501	37	8	7	16	71	

资料来源：行业调度。

表8 2021~2022 年全州主要规模茶叶企业情况

单位：万元

县市	序号	企业名称	2021 年	2022 年
芒市	1	云南德凤茶业有限公司	6900	5853
	2	芒市生态茶叶有限公司	3905.83	3891
	3	芒市四季茶业有限公司	2100	2013
	4	芒市志成茶业有限公司	3699	2829
	5	云南皓鼎轩茶业有限公司	——	2962
	6	芒市宏跃茶业有限公司	2500	2365
梁河	7	梁河县红仙茶业有限公司	——	
盈江	8	盈江县勐弄山茶叶有限公司	2475	2012.16
合计			21579.83	21925.16

注：主要规模茶叶企业指年产值 2000 万元以上的企业。
资料来源：行业调度。

2. 茶叶品牌

梁河回龙茶，2013 年获农业部地理标志保护登记认证，2016 年 12 月中国品牌建设促进会对地理标志产品"回龙茶"品牌评价价值为 5.75 亿元，2017 年回龙茶获国家工商行政管理总局地理标志证明商标。

3. 德昂酸茶发展情况

（1）历史背景

德昂族是一个有着悠久种植茶树和饮茶历史的民族。德昂族的酸茶有

2000 多年历史。德昂族人民的生活离不开茶，有"出生茶""成年茶""建房茶"等茶俗。德宏州有德昂酸茶文化传承场所，如"普洱茶博物馆""德昂族博物馆""德昂族酸茶体验馆"，云南德凤茶业有限公司在昆明开设了"德昂族酸茶体验店"。

德昂酸茶不属于中国六大茶类，是在云南少数民族中被完整保留下来的一种微生物厌氧发酵茶类。

（2）德昂族茶文化的挖掘及传承

"德昂族酸茶制作技艺"于 2017 年入选第四批省级非物质文化遗产代表性项目名录，2021 年入选第五批国家级非物质文化遗产代表性项目名录，2022 年入选联合国教科文组织人类非物质文化遗产代表作名录子项目。德昂酸茶制作技艺传承人杨腊三入选国家级非物质文化遗产代表性传承人。

（3）制定地方标准和团体标准

根据市场需求，起草、制定、出台地方标准《德昂酸茶加工技术规程》、《德昂酸茶审评标准》和《德昂酸茶团体标准》，为德昂酸茶的制作提供了标准。

（4）生产情况

根据行业部门统计，2023 年，德昂酸茶一产产量达 372.04 吨，比 2022 年增加 82.6 吨，增长 28.54%；产值达 1.35 亿元，比 2022 年增加 0.33 亿元，增长 32.35%，平均单价约 360 元/公斤。二产产量达 280.17 吨，比 2022 年增加 50.83 吨，增长 22.16%；产值达 2.24 亿元，比 2022 年增加 1.2 亿元，增长 115.38%，平均单价 800 元/公斤。

4.德宏州普洱茶产业政策供给情况

2023 年 5 月，德宏州人民政府办公室印发了《德宏州茶叶产业高质量发展三年行动工作方案（2023—2025 年）》。从古茶树资源保护利用工程、绿色有机深化工程、茶叶加工提质工程等方面入手，计划到 2025 年，全州茶园面积稳定在 35 万亩以上，茶叶综合产值达到 50 亿元以上。

在保障措施上，德宏州人民政府将强化政策支持、加大舆论宣传。鼓励金融机构积极创新适合全州茶产业发展的金融产品和服务方式，给予信贷支持。充分发挥农业担保机构的杠杆作用，推进"三权三证"抵押贷款，采用"基金+

担保"等金融组合手段，加大金融机构对茶企的信贷投放力度。

同时联合各级各有关部门，充分利用传统媒体、户外媒体、网络媒体和新媒体等，全方位、多角度、多维度宣传德宏茶，重点宣传打造以"回龙茶""德昂酸茶""古树红茶"和"大叶种古树白茶"为代表的"3+1"德茶品牌，为德茶产业健康发展营造良好氛围，提升消费者对"德茶"品牌的信心。①

二 德宏州茶产业特点

（一）茶产品种类多样

德宏州主要茶类有普洱茶、红茶、绿茶、德昂酸茶、白茶等。经过多年发展，德宏茶业已经取得显著成效，茶产业已成为全州农村经济的主要支柱产业，茶产业收入成为广大农民增收致富的重要经济来源，德宏茶业发展初期沿用民国时期的栽培技术，茶种选用梁河大厂回龙茶大叶茶和原潞西县官寨的云南大叶群体种及从州内外引进的云南大叶种等。

（二）资源丰富，开发潜力巨大

德宏州地处横断山脉西南部、高黎贡山西部。州内地形复杂，河川沟谷纵横，山坝交错，海拔高低悬殊，最大的山坝高差 3200 米，气候垂直差异大，形成北热带、南亚热带、中亚热带、北亚热带西部气候类型。这种气候非常适宜于古茶树的繁衍生长，形成了高黎贡山山脉的古茶树群落。德宏的古茶树种质资源主要有大理茶、拟细萼茶、德宏茶等茶树种，其中属秃房茶系的大叶种应属国内独有，地方优良群体品种为芒市中山官寨茶。目前全州获 SC 证茶企及部分茶叶初制所均在生产加工德宏古树红茶、古树普洱茶等系列产品，达 200 余个，如德凤官寨、德凤酸茶、兆宗牌等。

---

① 《未来 3 年，云南以德宏为重点优势区域打造茶产业》，https://www.dh.gov.cn/cjb/Web/_F0_0_5AC6VQANF35AF6FA34EB4C96AD.htm，最后检索时间：2024 年 1 月 9 日。

德宏州茶产品在省内外名优茶评比中多次荣获金、银、铜及优秀奖。德宏古茶树资源保护与开发应用取得初步成效，基本形成了以保护促开发、以开发促保护的良性循环发展道路。

（三）以科技为支撑，茶产业提质增效

农技推广科技团队深入基层大力开展调研，掌握了德宏古茶树资源分布情况，总结出德宏古茶树资源栽培型、过渡型、野生型的分类，摸清了古茶园和野生茶树群落养护规律。普洱茶加工技术及产品开发水平得到逐年提升，产品附加值不断提高；建立起"良种母本茶园基地""良种种质资源圃"，引进和繁育本地良种100余个；研发出"茶叶分解采摘精加工""回龙磨锅茶制作""茶园绿色防控"等新技术；古茶树资源保护与开发应用取得明显成效，全州古树茶产品产值由原来每年不足50万元，提高到2亿元以上，培育了边疆德宏新的经济增长点；绿色食品茶园认证面积及认证产品逐年增加；按照有机农业的方法进行生产和加工，在生产过程中，完全不施用任何人工合成的化肥、农药、植物生长调节剂、化学食品添加剂等物质，有机茶园建设及产品开发取得初步成效，农技推广科技团队以有机茶为主攻方向，开发出德宏古树绿茶、红茶、普洱茶等系列产品100余个，成功申报的梁河"回龙茶"2013年获得当时的农业部中国农产品地理标志认证，树立了德宏"茶名片"的品牌效应。

通过古茶树资源保护与开发应用、推广先进实用技术、开展科技培训，德宏州用科技开辟了一条"以保护促开发、以开发促保护"的良性循环发展道路。梁河、芒市、盈江等县市成为云南省高原特色茶叶优质苗木基地县、优质原料基地县、优质农产品基地县、茶叶生产重点扶持县市、全国茶叶百强县市。

三　德宏普洱茶产业发展趋势

（一）全力推进"基地绿色化"

全州现代栽培茶园面积稳定在35万亩以上。有效解决分散农户茶园的

绿色化认证问题，全州力争五年内茶园实现"全面绿色"，有机茶园面积达到 10 万亩以上。①

（二）全力推进"加工标准化"

培育壮大龙头企业，提升精加工水平。鼓励企业新建、改扩建标准化精深加工生产线，引导企业开发新产品；引导茶行业组建产业发展联盟，鼓励和支持茶叶行业协会积极开展工作，充分发挥行业组织引领作用。巩固德宏在全省CTC红碎茶最大出口州市地位。到 2025 年，力争培育省级以上龙头企业至少 15家，销售收入 1 亿元以上企业 2 家，茶产业综合产值突破 50 亿元。认真落实茶叶初制所标准化建设"三年行动"计划。② 认真筛选需改造的全州 85 个初制茶所，符合条件的全部纳入初制所标准化改造提升的范围，确保三年内完成。

（三）全力推进"市场品牌化"

全州上下一盘棋，以"五个下决心"培育德茶品牌。一是下决心打造"3+1"德茶品牌，即德昂酸茶、回龙茶、野生古树红茶和白茶，进一步推进德宏茶产业发展突破突围。二是下决心开设"德茶飘香"体验馆。采取"以奖代补"方式，鼓励茶企在省会以上大、中城市投资建设"德茶飘香"体验馆，主打"德宏味"。三是下决心推介德茶品牌。以德宏州各种民族节庆及重大活动为载体，树立"凡节必推"意识；同时积极组织企业参与省内外各类展示、展销、名优评比活动，大力提升德宏茶市场认可度、产品知名度和品牌价值影响力。四是下决心营造"茶氛围"。在全州机关事业、企业、学校等积极宣传营造茶氛围，培养一大批问茶、学茶、饮茶、事茶、爱茶之人，让其成为德宏茶的宣传者。五是下决心建设德茶大数据平台。利用区块链赋能，完成茶农有认证，茶树、茶园、茶山有信息，初制所有管理，茶企有统筹的综合智慧德茶大数据平台。

---

① 《"五个全力"促德宏茶产业突破》，https：//www.puercn.com/news/120603，最后检索时间：2024 年 9 月 29 日。

② 《"五个全力"促德宏茶产业突破》，https：//www.puercn.com/news/120603，最后检索时间：2024 年 9 月 29 日。

实现茶树到茶杯的数据统一化、监管可视化、溯源一体化,打造"有品质、有品牌、有认证、有品鉴、有市场"的德宏茶。

(四)全力推进"茶旅融合"

一是确定重点扶一批。着力打造官寨、回龙寨、勐弄山等名茶庄园,抓好芒市德昂酸茶文化园规划建设,将芒市河心场天空之城、瑞丽等嘎茶旅融合项目、梁河大厂回龙寨等列入扶持重点,大力发展观光体验、淘宝创意茶业等新业态,延伸茶产业链条,实现"茶园变公园、茶区变景区、茶山变金山"。二是挖掘"德茶"文化潜力。收集整理及传承弘扬境内与茶有关的人文历史、传说、传奇故事,专题对"德昂酸茶、景颇竹筒茶、阿昌雷响茶、傣族三味茶、傈僳盐巴茶"茶文化进行深入挖掘,丰富德宏"普洱茶博物馆""梁河回龙茶博物馆""德昂酸茶文化园"等内涵,探秘德宏"茶马古道",强化宣传,提升产业竞争软实力。三是突出特色,融合发展。支持和鼓励企业建设以茶为主题的集休闲、度假、体验、观光于一体的茶庄园。依托茶庄园,开展全产业营销,与民族饮食等文化有机结合,形成"茶叶+N"的产业格局,提升附加值,提高品牌形象,逐步实现德宏茶产业一二三产全面深度融合发展。

(五)全力推进"古茶树保护和开发"

继续深入开展古茶树资源普查,全面摸清全州古茶树资源分布情况,建立古茶树资源档案库,达到数字化管理的目的。制定《德宏州古茶树(园)保护与开发利用技术规范》,指导企业、专业合作组织、茶农科学合理地保护和利用古茶树资源。强化古茶树的人工繁育和驯化,推广古茶树扦插技术,扩大面积,开发产品,培育品牌,推向市场。围绕"六大茶山""九大古茶园",保护性开发古茶树资源,把德宏古树红茶打造成云南红茶品系中具有较高知名度和较大影响力的标志性产品。

B.7
云南省其他产区普洱茶产业发展报告

苏芳华　柯尊清　张天梅　段云莎　陈雨果*

摘　要：　云南省其他产区普洱茶产业继续保持稳定发展。各产区坚持科学管理和创新发展模式，实现了产量的增长和产值的逐步提升。本文分析了红河州、大理州、文山州普洱茶产业的发展现状，提出各地区在生态优势、品牌建设、技术创新、市场开拓等方面的特点和成就，特别是在茶旅融合、电商销售、高品质茶叶生产等领域取得了显著进步。强调了普洱茶产业在促进地区经济发展、乡村振兴等方面的重要作用。

关键词：　普洱茶　茶产业　非核心区　云南省

　　2021~2022年，大理、红河、文山等地积极推动普洱茶产业的壮大，不断加强生产、种植、流通和销售环节的规范化管理，并采取科学管理举措，以提高普洱茶的产量和产值，实现了产业的稳健增长。在这一发展过程中，特别强调了科技水平的提升、政策支持的优化、产品质量的严格把控，积极倡导绿色发展，并积极努力打造品牌。同时，还促进了茶产业与其他领域的深度融合，充分发挥了茶产业在促进地区经济发展和乡村振兴方面的重要作用。此外，通过互联网平台，不断创新发展模式和路径，为实现高质量发展目标贡献力量。

---

　*　苏芳华，中国土产畜产云南茶叶进出口公司总经理办公室原主任，正高级工程师，主要研究方向为茶产业、茶马古道；柯尊清，云南大学文化和旅游研究基地助理研究员，硕士生导师，主要研究方向为文化产业与区域社会发展；张天梅，云南大学民族学与社会学学院在读硕士，主要研究方向为文化产业管理、公共文化服务、社会工作；段云莎，云南大学民族学与社会学学院在读硕士，主要研究方向为民族文化产业；陈雨果，云南大学民族学与社会学学院在读硕士，主要研究方向为民族文化产业。

一　红河州普洱茶产业发展概述

（一）红河州普洱茶产业发展现状

1.红河州普洱茶产业生产发展与市场培育现状

红河州坐拥丰富多样的茶树品种，其自然条件优越，堪称茶叶种植的绝佳之地。红河州政府坚定加快推动现代农业持续发展，做好"土特产"文章，打造国家现代农业示范区，全力建设特色农业强州，专注于茶叶产业的培育与发展。通过不断提升产品质量，红河州茶叶品牌形象日益提升，产业规模逐步扩大，同时规范化、标准化、数字化以及品牌化水平亦稳步提升。当前，红河州茶叶产业发展势头强劲，茶叶已逐渐成为推动农民收入增长和地区经济发展的关键支柱产业。

红河州茶叶种植主要集中于元阳、绿春、金平、屏边、红河、蒙自、建水等7县（市）72个乡镇，2022年，行业部门统计数据显示，全州茶园面积40.35万亩、采摘面积37.20万亩、产量2.93万吨。其中，绿春县茶叶种植规模达24.3万亩，茶叶种植户占全县农业户的82.7%，为"中国茶叶百强县"、云南省30个茶叶发展重点县之一。另外，全州有茶叶产业省级龙头企业3家、州级龙头企业10家，专业合作社118个，茶叶初制加工厂79个，大部分集中在绿春县。茶产业带动红河州南部地区茶农超过4.5万户25.13万人，总收入4.63亿元，茶农来自茶产业的人均纯收入达到1843.47元。红河县垤玛乡茶叶种植面积达11560亩，其中可采摘面积11000多亩，年总产量120吨，净产值达450余万元，规范化连片种植3980亩。①

"春牌"普洱茶、绿春玛玉茶、"王国牌"梯田秀峰、真香茶、云雾茶

---

① 《红河县垤玛乡：凝聚发展合力，唱响"绿美垤玛"》，https://mp.weixin.qq.com/s/dlINCWWthKUEF5TmWVVGlw，最后检索时间：2024年2月7日。

获农业农村部有机食品认证,红河州茶叶企业的规模化、规范化不断加强及其品牌效应的不断扩大,使茶叶产品从传统的毛茶原料向名优绿茶、袋泡茶、茶保健产品等拓展,销售区域已从省内的普洱、版纳、大理等传统的销售地向东北、西北地区拓展,并远销韩国。①2023年,绿春县有效绿色有机茶园认证面积4.58万亩,其中绿色茶园1.58万亩,有机茶园3万亩,全县43家茶企通过绿色食品、有机产品认证76个。

绿春县紧密结合各个乡镇和村寨的特点,充分整合资源,采取因地制宜的方式,积极推动村级集体经济的发展,致力于多元化增加农民收入、推进乡村振兴。

2. 红河州普洱茶产业政策供给现状

红河州的主要茶叶产区包括绿春县和红河县。绿春县积极响应省、州政策,将茶叶产业视为"一县一业"的支柱产业,从茶叶的种植、生产到消费的各个环节进行合理布局,以此促进茶农增收、推动乡村振兴。2021年3月,红河州制定出台《红河州高原特色现代农业抓有机创名牌育龙头三年行动计划》,对2021~2023年符合红河高原特色现代农业抓有机创名牌育龙头奖补条件的企业,按年度分别给予一次性奖补。2022年州级财政预算安排高原特色现代农业抓有机创名牌育龙头奖补资金3293万元,对2021年获得有机农产品认证、绿色食品认证、国家级和省级龙头企业认证的企业给予奖励。

绿春县制定《绿春县打造茶叶产业高质量跨越式发展五年规划(2021—2025年)》《绿春县茶产业发展行动方案》《绿春县茶产业发展十条奖补措施》等系列政策文件。绿春县牛孔镇新培育一家茶企——鑫普茶厂,立足当地茶叶种植的自然优势,采取"村委会+企业+基地+农户"的经营管理模式,与农户订立统一的毛茶收购合同,降低农户制售成本。同时,为当地茶农提供就地加工服务,提升产品品质,减少生产费用,以此增加茶农收入。

---

① 《云南省红河州茶业概况简述(上集)》,http://www.chazhong.cn/138931.html,最后检索时间:2024年2月7日。

据鑫普茶厂厂长王元富介绍，该厂搭上了绿春县"一县一业"政策的"快车"，2022 年已覆盖牛孔镇 4 个村委会，预计每年可加工鲜茶 1500 吨。绿春县积极探索发展村级集体经济新路径、新模式，共实施扶持壮大村级集体经济项目 20 个，覆盖全县 4 镇 5 乡。①

除绿春县外，全州各县乡均有不同程度的发展，2024 年，红河县构建"3+N"（茶叶产业带、"稻渔鸭共作+冬种蔬菜"产业带、中草药产业带+焖锅酒、大红菌、滇南小耳朵猪等）农业产业发展体系，推动绿色产业发展转型升级。推行"党组织+企业+合作社+茶农"合作模式，村总支领办村集体合作社，将茶农组织起来，制定茶叶销售服务协议，负责鲜茶干茶收集管理、售卖和日常管护业务，做强茶叶产业。②

（二）红河州普洱茶产业发展特点

1. 普洱茶产业生态化与品牌化发展

红河州绿春县把茶叶作为"一县一业"来抓，出台茶产业发展奖补政策，加强茶园标准化改造提升，支持茶企改进茶叶精深加工生产线，到"十四五"末实现茶产业综合产值达 20 亿元以上，把"绿叶子"变为"金叶子"。围绕特色产业，加大外引内培力度，积极引进行业领军企业。不断建立健全利益联结机制，带动规模化、标准化农业基地建设。打造"绿春茶""绿春梯田红米""绿春胡椒"等区域公用品牌，力争"绿春玛玉茶"等品牌入选云南"十大名品"，新增"三品一标"认证产品 125 个以上。③

绿春县在 2021 年被列入云南省 30 个茶叶发展重点县之一，在 2022 年被列为云南省茶产业示范创建县，走绿色、有机、品牌化发展之路。2021

---

① 《绿春县：盘活村级集体经济助农增收》，http：//www.hh.cn/xw/szyw/202206/t20220618_1067893.html，最后检索时间：2024 年 2 月 7 日。

② 《红河县垤玛乡：凝聚发展合力，唱响"绿美垤玛"》，https：//mp.weixin.qq.com/s/dlINCWWthKUEF5TmWVVGlw，最后检索时间：2024 年 2 月 7 日。

③ 《红河州"起飞质变——怎么看怎么办"系列新闻发布会·绿春专场新闻发布会》，http：//www.hh.gov.cn/zfxxgk/fdzdgknr/zdlyxxgk 1/xwfb/zxwbxwfb/202110/t20211009 546570.html，最后检索时间：2024 年 2 月 7 日。

年以来，全县茶叶面积达 25.25 万亩，占红河州茶叶种植总面积的 61%；受益农户 3.7 万户 16.65 万人，占全县农业户的 80.66%，占全县农业总人口的 81.38%，其中 65% 的种植户以茶叶作为第一收入来源；产量 2.45 万吨，产值 4.76 亿元，注册茶叶企业数 269 家，54 家茶企认证 90 个产品，认证绿色有机面积 4.58 万亩，其中有 5 家茶企认证绿色食品 17 个、认证面积 1.58 万亩，38 家茶企认证有机产品 59 个、认证面积 3 万亩，获得食品生产许可证（SC 证）15 家。省级龙头企业 6 家，州级龙头企业 3 家，以联农带农方式带动当地村民 40 余户 300 余人增收致富，实现资源整合、互利共赢，助力乡村振兴。① 茶产业成为群众致富增收名副其实的第一产业，为该县乡村振兴提供了坚强的保障。②

绿春县成功举办了首届全县斗茶大赛，同时举办了区域公用品牌"绿春四季"茶叶品鉴会、绿春县早春玛玉茶开采节，以及区域公用品牌"东仰云海"和"绿春四季"的发布会。绿春县将立足绿春生态底色、气候资源等优势，持续促进县域内的 130 万亩绿色产业发展，提升绿春优质绿色农特产品的知名度和影响力，增加产品附加值，以绿色生态资源促进经济社会全面发展。③

2023 年，红河县积极推动茶产业链延伸茶产品研发暨小型现代化茶饮料生产综合项目，该项目的规划实施以建设区为导体，加快项目区基础设施和生产性服务区功能建设，支撑茶产业更好、更快发展。项目建成后，提高了茶产品质量，扩大了销售来源，不断做大、做强茶品牌。④

---

① 《红河州绿春县：茶香四溢　幸福满城》，https://nync.yn.gov.cn/html/2023/zhoushilianbo-new_0619/398104.html？cid=3012，最后检索时间：2024 年 2 月 7 日。
② 《专题片：〈绿春〉》，https://mp.weixin.qq.com/s/HwBcXKCA81B0pvDpa5spVw，最后检索时间：2024 年 2 月 7 日。
③ 《"强信心　重质量　快发展——贯彻落实党的二十大精神"系列新闻发布会（绿春县专场）》，http://www.hh.gov.cn/zfxxgk/fdzdgknr/zdlyxxgk_1/xwfb/zxwbxwfb/202310/t20231030_662409.html，最后检索时间：2024 年 2 月 7 日。
④ 《红河县茶产业链延伸茶产品研发暨小型现代化茶饮料生产综合项目》，http://www.hh.gov.cn/fljxzthz/tzhhx/zsxm/202310/t20231023_661249.html，最后检索时间：2024 年 2 月 18 日。

2. 普洱茶产业市场多元化发展模式

绿春县在茶产业方面坚持以产招商，外引内培，壮大主体，引入了国家级龙头企业昌宁红集团入驻绿春，共同成立了云南哈尼高原生物茶产业有限公司。2022 年已启动实施一期合作项目，建设面积 8500 平方米，总投资 4740 万元，培养了大水沟生态茶业有限公司、绿鑫生态茶业有限公司、玛玉茶厂 3 家省级龙头企业，森泉茶叶厂、双财茶业有限公司等 5 家州级龙头企业。积极引导县茶协、茶企、家庭农场、种植大户整合资源抱团发展，成立了 99 家茶叶专业合作社，其中省级 1 家、州级 2 家，牛巩、习比东等茶叶专业合作社通过"示范基地+合作社+贫困户+茶叶企业"的模式，搭建企业与农户之间的利益联结机制。① 扶持省级、州级的茶叶产业龙头企业，在项目资金、品牌打造、市场开拓等方面给予重点扶持，全力打造了绿春"绿春茶""东仰云海""绿知春""玛玉茶"；元阳"云雾茶""茗皓普洱茶""梯田故事"；金平"马鞍底""蝶谷瑶乡"；红河"红河滇红茶""阿波红"等以系列产品为主的"哈尼生态茶"品牌。

项目投产后，企业预计可实现年产干茶 50 万斤，预计可实现年销售额 3200 万元，创造税收 200 万元，带动建档立卡户 400 户。尽管受疫情影响，茶产业仍带动红河州南部地区茶农超过 4.5 万户 25.13 万人，总收入 4.63 亿元，茶农来自茶产业的人均纯收入达到 1843.47 元。除获得古树茶主产品外，每年还可稳定提供 50 个就业岗位，提高群众就业率，增加群众收入。除去种植成本、管护成本及采摘成本后，种植古树茶平均每亩毛利润为 2500 元。基地建成、产量稳定后，每年可实现利润 3750 万元，投资回收期 20 年。经济效益好，抗风险能力力强。②

金平县马鞍底乡推进蝴蝶谷古树茶保护与利用项目，2023 年该乡已完

---

① 《红河州人民政府关于红河州十三届人民代表大会第一次会议第 310 号重点建议的答复》，http://www.hh.gov.cn/zmhd/jytabljg/2022njytabldf/2022nrdjybljg/202212/t20221202_617233.html，最后检索时间：2024 年 2 月 7 日。

② 《红河州人民政府关于红河州十三届人民代表大会第一次会议第 310 号重点建议的答复》，http://www.hh.gov.cn/zmhd/jytabljg/2022njytabldf/2022nrdjybljg/202212/t20221202_617233.html，最后检索时间：2024 年 2 月 7 日。

成古树茶种植面积 7980 亩，计划到 2025 年全面完成古树茶种植面积并优化 1500 亩，总投资 1.347 亿元。①

3.科技引领农民致富增收

红河州聘请云南省农业大学茶学院、云南省农业科学院茶叶研究所、普洱市普洱茶研究院等省内外专家为绿春茶产业特聘专家，组建绿春茶科技小院，为绿春茶产业科技创新、产品研发、标准研究、质量管理提供技术支撑。共开展茶叶类培训 51 期，培训人数 5620 人，印发资料 2.5 万份。②

绿春县茶业发展中心与云南省农业科学院经济作物研究所合作，针对茶叶加工及茶园管理粗放、病虫害严重、品牌化程度低等突出问题，研发茶园高产安全管理、省力化栽培、高值化加工与品质提升等关键技术，为绿春县茶产业高质量发展提供技术支撑。实施"龙头企业+合作社（基地）+农户"的经营模式，实现农业产业的规模化种植、市场化运作、标准化管理。健全龙头企业绑定合作社、合作社绑定农户的"双绑"利益联结机制，让脱贫群众积极融入产业链，不断拓宽增收渠道。全县共培育、扶持和发展农民专业合作社 277 家、家庭农场 38 家，33 家农业龙头企业与 86 家农村合作社建立利益联结关系，有效绑定并带动 2.1 万户脱贫家庭实现稳定增收。③

4.新媒体发展助力普洱茶产业

为促进农村电子商务发展，加快推动农村流通现代化，助力乡村振兴，绿春县作为 2019 年示范县之一，结合当地经济发展情况，制定《绿春县 2019 年电子商务进农村综合示范项目实施方案》，获得国家电子商务进农村综合示范项目资金 1670 万元，已建成 1 个县级电子商务公共服务中心并于

① 《金平县蝴蝶谷古树茶保护与利用项目》，http：//www.hh.gov.cn/fljxzthz/tzhhx/zsxm/ 202306/t20230612_643589.html，最后检索时间：2024 年 2 月 18 日。

② 《红河州人民政府关于红河州十三届人民代表大会第一次会议第 310 号重点建议的答复》， http：//www.hh.gov.cn/zmhd/jytabljg/2022njytabldf/2022nrdjybljg/202212/t20221202_617233. html，最后检索时间：2024 年 2 月 18 日。

③ 《利益联结、土地轮作、消费帮扶……绿春县以多元模式促增收》，https：// ynxczx.yn.gov.cn/html/2023/zhoushizaixian_1116/10238.html，最后检索时间：2024 年 2 月 7 日。

2020 年 8 月投入运营，建成 1 个农产品网红直播销售中心，组建 1 个以绿春县本地电商人才为主的运营团队，为绿春县有意愿开展电商有关业务的企业和个人提供电商店铺代运营、网店装修、产品拍摄等"一站式"服务；完成 9 个乡镇级电子商务公共服务站及 55 个电子商务公共服务点的设施改造和运营提升工作，拓展乡镇村级服务站点的代买代卖、代收代发、代缴代办、农资下乡、金融及便民生活服务等功能。以电子商务进农村综合示范县建设为抓手，拓宽农产品网络营销渠道。2022 年绿春县热销产品前五的产品茶叶销售额达 70.78 万元。[①]

（三）红河州普洱茶产业发展趋势

1.持续推进茶文旅深度融合发展

红河州大力推动文旅融合，发展生态旅游经济。绿春旅游的关键词是康养体验，核心灵魂是民族文化，因此将"一山一林一座城，一戏一歌一桌宴，一水一田一杯茶"作为特色元素，谋划一批民族文化旅游产品，持续深化以长街古宴为重点的文化旅游品牌建设。

2022 年，红河州在茶+民族文化、茶+医药（康体）、茶+旅游、茶+茶具等产业链延伸上进行了积极探索，2022 年 6 月 9～10 日，"窑想千年·陶醉建水"紫陶文旅产业链招商引资暨产品发布活动在建水举行。活动以"紫陶+"为切入点，邀请全国各地的茶企、咖企以及本地的紫陶企业、文旅企业，共同探讨紫陶文旅产业链的发展前景。通过对陶茶融合、陶咖融合、陶旅融合发展新模式的深入研讨，提出"产品全方位融合、产业全链条贯通"的合作发展理念，成为茶叶紫陶文旅产业链建设延链、补链、强链的主要支撑，为红河茶叶文旅产业链发展提供了新思路、注入了新动能。绿春县正重点打造以"游百年玛玉茶园，品千年长街古宴"为主题的"绿

---

① 《红河州人民政府关于红河州十三届人民代表大会第一次会议第 310 号重点建议的答复》，http://www.hh.gov.cn/zmhd/jytabljg/2022njytabldf/2022nrdjybljg/202212/t20221202_617233.html，最后检索时间：2024 年 2 月 7 日。

春哈尼古茶生态公园"，积极探索现代茶旅融合发展的投融资机制。①

2. 持续发展互联网电商平台

红河州电子商务进农村综合示范项目取得明显成效。到 2022 年底，电子商务进农村综合示范项目进一步提质增效，全州网商规模突破 3000 家，电子商务交易额同比增长 30% 以上，跨境电商进出口交易额增长 40% 以上。并且聚焦乡土特色农产品，开展了一系列"线上+线下"销售推广活动，线上通过直播带货消费平台，线下通过产品"进社区""进企业""进机关"等活动全方位、多渠道推销紫皮核桃、江边西瓜芒果、葡萄等土产品，提升关注度和本土知名度。针对规模小、布局散的品种，采取"合作社+公司+农户"模式，实行分散种植、集中销售，破解农户销售难题。2022 年电子商务农产品交易总额为 1.25 亿元。②

3. 持续推动高质量绿色发展，助推乡村振兴

普洱茶不仅是一种物质实体，围绕它的一系列经济链条涵盖了茶农、茶商、茶叶爱好者等多方主体，其带来的经济效应有助于巩固拓展脱贫攻坚成果，并与乡村振兴有机融合。首先，普洱茶产业的核心在于茶树种植，充分发挥红河州的生态优势，打造绿色、有机的生态环境是其成功的基石，保护茶树的生态环境有助于促进乡村生态振兴。其次，普洱茶的生产、加工、销售等领域需要大量的参与，庞大的人才队伍有助于推动产业发展和创造更多就业机会，从而支持乡村的产业、人才和组织振兴。最后，红河州是多民族聚居地，各民族与普洱茶有着悠久的联系，普洱茶被视为该地区的特色农产品。在产品包装中融入哈尼族、彝族等民族的符号和元素，将普洱茶与民族文化巧妙结合，不仅美化了产品外观，还提升了茶叶的文化价值，为乡村文化振兴作出了贡献。在乡村振兴战略的关键时刻，以生态优

---

① 《红河州农业农村局对政协红河州十三届一次会议第 168 号提案的答复》，http：//www.hh.gov.cn/zmhd/jytabljg/2022njytabldf/2022zxtabldf/202210/t20221010 _ 608195.html，最后检索时间：2024 年 2 月 7 日。

② 《红河州人民政府办公室关于印发红河州大抓电商三年行动方案（2020—2022 年）的通知》，http：//www.hh.gov.cn/zfxxgk/fdzdgknr/zfwj/zfwj/hzbf/202011/t20201102 _ 478484.html，最后检索时间：2024 年 2 月 7 日。

先和绿色发展为导向的高质量发展道路对于红河州普洱茶产业的健康可持续发展至关重要。

二 大理州普洱茶产业发展概述

（一）大理州普洱茶产业发展现状

1.大理州普洱茶产业生产发展与市场培育现状

大理州茶叶历史悠久，是云南最早种茶和饮茶的地区之一，古往今来一直是滇西著名的茶叶加工流通中心和茶文化传播中心。茶树种植呈区域化、标准化、规模化特征，茶叶加工生产实现品牌化发展态势，高山生态茶产业已逐步形成茶叶种植、茶产品加工、分销物流、品牌推广和销售等环节的全产业链。[①] 截至 2022 年 11 月底，大理全州共有茶园面积 26.3 万亩，其中采摘茶园面积 23.6 万亩，茶叶产量 1.3 万吨，增长 7.5%，[②] 全州茶农人数为15 万人左右。[③]

南涧县是大理州一个重要的茶叶生产基地，2021~2022 年，南涧县茶产业发展势头猛、速度快。截至 2022 年，全县通过绿色有机认证的茶园面积达 11.84 万亩，占茶园总面积的 97.93%。在提升茶叶加工能力方面，以项目撬动民间投资，提升茶叶加工能力，项目投资奖补资金 800 万元，撬动民间自主投入资金 1 亿多元，新建标准化茶叶初制所 19 个、微型茶叶初制所42 个，改造提升标准化茶叶初制所 12 个，实现茶叶总产量 8538 吨、综合产值 18.04 亿元；在茶旅融合发展方面，不断创新茶产业发展模式，深挖茶

---

① 《大理白族自治州 2021 年国民经济和社会发展统计公报》，http://yndali.gov.cn/dlrmzf/
  c100640/202202/708c31d0937541b89ff62a54c0372c56.shtml，最后检索时间：2023 年 12 月
  23 日。

② 《大理白族自治州 2022 年国民经济和社会发展统计公报》，https://www.dalidaily.com/
  content/2023-02/01/content_ 42370.html，最后检索时间：2023 年 12 月 23 日。

③ 《大理州茶产业现状，如何做好转型工作？》，https://new.qq.com/rain/a/20230518A08
  XX100，最后检索时间：2024 年 2 月 18 日。

产业附加值，无量山樱花谷被中国农业国际合作促进会茶产业分会评定为"中国大理无量山樱花谷茶叶公园"（云南省首个区域特色茶叶公园），中国大理无量山樱花谷茶叶公园在第四届茶乡旅游发展大会上入选2023年全国茶乡旅游精品线路，大理无量山大景区·藏茶谷景区被评为国家3A级旅游景区，"茶区变景区、茶园变公园、茶山变金山"的美好愿景逐步实现。在厚植茶文化底蕴方面，通过举办中国·大理沱茶文化旅游节，以及"沱茶之乡"的命名授牌、世界上最大的沱茶——"云沱之巅"的认证等，为品牌推广奠定了坚实基础。① 2023年，南涧县全力推动无量山樱花谷、无量山藏茶谷两个景区的4A级创建。在2023年，无量山樱花谷被中国农业国际合作促进会认定为"中国茶叶公园"，且持续深化区域协调发展战略，联合普洱市景东彝族自治县，临沧市凤庆县、云县，启动百万亩"云南绿美茶区、有机茶园"示范区共创活动，不断壮大资源经济，坚持多方发力，全力打造"无量山樱花谷经济带"。② 大理州在促进普洱茶市场发展的进程中主要集中于龙头企业的培育以及茶叶品牌的打造。2022年，利用公用品牌和企业品牌双驱动效应，南涧县全面实施品牌带动战略，整合茶叶品牌资源，鼓励和支持企业创建自主品牌，全力打造"无量山高山茶""凤凰沱茶""南涧绿茶"3个区域品牌，积极融入"云茶"大品牌。截至2023年12月，大理南涧县共有茶农2.6万户、涉茶行政村54个、茶企92家、专业合作社106个，且南涧绿茶、土林、鑫凤凰、罗伯克进入云南省绿色食品品牌目录。③

云龙县作为大理州茶产业主产区之一，立足"高山、净土、生态"资源禀赋，做强绿色产业，做优绿色产品，按照"茶区变景区、茶园变庄园、

① 《南涧精准施策　推动茶产业高质量发展》，https：//www.dalidaily.com/content/2023 - 06/29/content_ 49970.html，最后检索时间：2023 年 12 月 24 日。

② 《大理南涧：做优茶文旅　茶山变金山》，http：//www.yn.xinhuanet.com/20231218/7a762464801c4deaa72147f12c0b435c/c.html，最后检索时间：2024 年 2 月 7 日。

③ 《南涧县探索以绿为底富民强县新路——做优茶文旅　茶山变金山》，https：//nync.yn.gov.cn/html/2023/zhoushilianbo-new_ 1218/402956.html，最后检索时间：2024 年 2 月 19 日。

茶山变金山"的发展思路，主动融入云龙县"一区一县"发展定位，党建引领，打造团结乡佬伾精品茶叶，加大绿色有机茶园和"三品一标"认证力度。加强品牌宣传推介，提升团结乡茶业知名度，做大做强有机茶产业，有效引领当地茶农走上增收致富路，擦亮以绿色为底色的有机茶品牌，全面推广"党支部+公司+基地+合作社+农户"的产业发展模式，合作社社员168户，带动周边群众发展种植茶叶4000多亩。在品牌建设方面，坚持品牌盛则产业盛、品牌强则产业强，打造一批"走得出、叫得响、立得住"的佬伾茶品牌。① 在2022年，茶叶产量0.1万吨，增长3.8%，② 其中佬伾茶叶种植面积达到1.26万亩。③

另外，云南下关沱茶（集团）股份有限公司位于云南省大理白族自治州，成立于1995年，是一家集茶产品的研发、生产、销售与茶文化传播于一体的茶业企业。截至2023年3月，公司生产以沱茶、饼茶、砖茶、紧茶等紧压茶（普洱茶）为主的五大茶类200多个品种，年产量2000~5000吨，产量名列全省茶企第一，产值6亿元，有员工500余人，目前产品实行全国连锁专卖，在全国分布着1000余家专卖店（专柜），并出口欧盟、俄罗斯、日本、韩国和马来西亚等18个国家和地区，现已发展成为全国唯一同时拥有10项国家级桂冠的茶业企业，"下关沱茶制作技艺"更是成为人类非物质文化遗产"中国传统制茶技艺及其相关习俗"的重要组成部分。④

2. 大理州普洱茶产业政策供给现状

为进一步统筹大理州普洱茶产业发展，大理州着力促进普洱茶产业政策

---

① 《云龙县团结乡鹿龙塘茶厂：佬伾茶　香飘飘》，https://www.sohu.com/a/571549165_120814185，最后检索时间：2023年12月24日。

② 《云龙县2022年国民经济和社会发展统计公报》，http://ylx.gov.cn/ylxrmzf/c106971/202304/924d794f25bf4a12889eaf8514c54244.shtml，最后检索时间：2023年12月24日。

③ 《云龙县团结乡鹿龙塘茶厂：佬伾茶　香飘飘》，https://www.sohu.com/a/571549165_120814185，最后检索时间：2023年12月24日。

④ 《公司概况》，https://baike.sogou.com/appeal/snapshot? link = pox8WhpD97g5RmnV4LO6bC_KUlkRZ-CvEkREa-_pMqRfkPNR-ObEakRQU-4bbAR9bAhMewBp&originRef = http%3A%2F%2Fwww.xgtea.com%2Fzjxg.asp%3Finfid%3D11&lid = 341298&title =%5Bobject%20HTMLHeadingElement%5D，最后检索时间：2024年6月21日。

101

供给。2022年，南涧县制定了《打造绿色食品助推"一县一业"茶产业发展的实施意见及方案》，以标准茶园、现代农业庄园、有机茶基地和出口茶叶基地建设为突破口，提升基地管理水平和茶叶原料品质。① 同年，为有效保护古茶树、规范古茶树管理和利用，促进可持续发展，州人民政府提出《关于加强大理州古茶树保护的决定（草案）》，② 同时把茶产业纳入《大理白族自治州国民经济和社会发展第十四个五年规划和二〇三五年远景目标纲要》，明确未来大理州普洱茶产业发展的总体方向，确保茶产业在大理州经济社会发展中的地位。2023年，大理白族自治州十四届委员会第二次会议提出的《关于打造大理区域红茶品牌，助力乡村振兴的提案》，大理州农业农村局以"三茶"统筹为引领，聚焦文化赋魂、科技赋能、产业增效，并通过多方面持续发力，不断推动全州茶叶产业高质量发展。③ 政府和相关部门积极为普洱茶产业的保护与发展提供指导和支持，大力促进普洱茶产业的转型升级和高质量发展。

（二）大理州茶产业的特点

1. 秉持可持续发展理念，培育优质茶叶

大理州坚持走绿色生态发展之路，积极推广绿色种植技术，建立绿色生产标准，加强茶园生态建设，强化绿色认证和品牌建设，以及推动茶旅融合发展。以主产区南涧县为例，2022年4月初，南涧县被列为2022年度云南省茶叶产业重点帮扶县和云南省"一县一业"示范县，且立足无量山"高山、生态、净土"的优势，其中改造低产茶园3.6万亩，实施古茶树保护

---

① 《大理州南涧县：山高茶好产业兴》，https：//nync.yn.gov.cn/html/2022/zhoushilianbo-new_ 0427/385905.html，最后检索时间：2023年12月25日。
② 《关于对〈关于加强大理州古茶树保护的决定（草案）〉（征求意见稿）公开征求意见的公告》，https：//www.dali.gov.cn/dlrmzf/xxgkml/202309/94b441ad19d14889b70c5edd75320c 7c.shtml，最后检索时间：2023年12月25日。
③ 《大理白族自治州农业农村局关于政协大理州委员会十四届二次会议第142333号提案的答复》，https：//www.dali.gov.cn/dlrmzf/xxgkml/202309/df4d814d09134c109caa1a4e6a7f5827. shtml，最后检索时间：2023年12月25日。

项目，新建龙平、凤岭、金山、小古德等 36 个初制所，提升茶叶加工能力和水平。同时推进基地绿色有机认证，目前全县共有 10.2 万亩茶园通过绿色有机认证，占全县茶园总面积的 85%。①

2. 走产业融合发展之路，提高普洱茶产业"附加值"

云南南涧茶厂是云南省农业产业化经营州级重点龙头企业，2022 年 3 月，董事长周红海聘请专业的直播带货团队进行网上销售，开播半个月来销售额已突破 40 万元。在县城安定工业园区，2017 年依托沪滇帮扶力量，通过招商引资引进的上海奥若拉南涧茶企云南天上人间茶业有限公司借助国内先进的茶制造管控体系，打造了以品、礼、易、藏、享为内涵的五大核心茶全产业链，实现年产 500 吨小罐茶、500 吨普洱茶和 100 吨绿茶。公司还利用区块链技术研发茶溯源系统，该系统可以对茶叶的源头、工艺、加工、销售和仓储等信息进行全程记录，以文档和影像记录每款茶饼从原料到完成消费的每个阶段。2021 年 10 月，云南天上人间茶业有限公司通过大理白族自治州区块链溯源系统的备案，成为全省为数不多的数字茶企。2022 年，南涧县正统筹推进产业数字化，推动企业"上云上平台"，加快推进数字经济与茶产业融合发展，推广茶产业+互联网+金融+现代物流的创新运营模式，推动茶产品连锁经营、直供直销、电子商务等新型流通业态和现代交易方式。

另外，在一二三产融合发展上，南涧县抢抓云南省打造"健康生活目的地牌"的重大机遇，将绿色有机茶基地建设、茶叶加工、茶山旅游等有机结合起来，发展无量山樱花谷、无量药谷和无量藏茶谷"三谷"经济，创建省级现代农业庄园 2 个、州级现代农业庄园 3 个，无量山樱花谷、罗伯克生态茶园两条茶旅融合精品旅游线路被评为全国茶乡之旅特色路线。② 且在现有茶叶初制所的基础上，拓展展示、品鉴、食宿、体验、茶农培训等综

---

① 《大理州南涧县：山高茶好产业兴》，https：//nync. yn. gov. cn/html/2022/zhoushilianbo-ne w_0427/385905. html，最后检索时间：2023 年 12 月 25 日。

② 《闻香识茶好 寻味赏景美——南涧县公郎镇罗伯克茶场茶旅融合闯新路》，https：//jjrbpaper. yunnan. cn/content/202205/10/content_ 66810. html，最后检索时间：2024 年 2 月 7 日。

合功能，建设三产融合的初制所，在全县 8 个乡镇茶园面积 1000 亩以上的行政村或具有产业发展优势的自然村中，创建一批"一村一品"专业化茶村，助推南涧县文旅产业发展与茶文化品牌传播。①

3. 推动茶旅融合发展，充分发挥茶产业的综合效益

大理州将茶产业与旅游业紧密结合，通过建设茶园观光景区、开发茶文化旅游产品等方式，推动茶旅融合发展，吸引游客前来体验采茶、制茶等茶文化活动，促进茶产业的多元化发展。2023 年，云南省大理白族自治州南涧县聚焦产业发展瓶颈，将茶文旅深度融合，持续打造新消费场景，发展壮大资源经济，围绕"茶区变景区、茶园变公园、茶山变金山"，积极探索以绿色为底色的富民强县新路子。南涧县借力全长 40 公里的"美丽公路"，串联起无量山藏茶谷核心区的罗伯克茶场、北纬 25 度茶庄园等茶场及初制所，连接起美丽村庄、特色村寨，通过内外相融、茶文旅互融，持续增强景区引流能力。

另外，南涧县借力"中国茶叶公园"成功认定的热度，推出"南涧土林、茶马古道驿站—虎街、无量山樱花谷、无量山国家森林公园—灵宝山"旅游线路，拓展发展空间，通过樱花谷的带动，以打包宣传、推介方式，持续带火县内其他旅游资源。同时，以"走出去谋发展"为思路，联合多个县（市）启动百万亩"云南绿美茶区、有机茶园"示范区共创活动，共抓大保护、共谋大产业，不断壮大资源经济。在中国·大理沱茶文化旅游节、无量山藏茶谷半程马拉松赛已有热度的基础上，南涧县持续加大活动策划力度，于 2023 年 11 月成功举办"藏茶谷村 BA"，燃起户外新生活、消费新动能。同时，在无量山藏茶谷沿线布设"五好两宜和美乡村"，与乡村旅游融合。②

4. 秉持品牌发展之路，增强品牌影响势能

大理州鼓励茶叶企业和茶农申请绿色、有机等认证，提升茶叶产品的附

---

① 《大理州南涧县：山高茶好产业兴》，https：//nync. yn. gov. cn/html/2022/zhoushilianbo-new_0427/385905. html，最后检索时间：2023 年 12 月 25 日。

② 《大理南涧茶文旅融合推动茶山变金山》，http：//www. yn. xinhuanet. com/20231130/9d4ae325380644f8b51f362b1fd6aba5/c. html，最后检索时间：2023 年 12 月 25 日。

加值和市场竞争力。同时，加强品牌建设，培育一批具有地域特色和影响力的茶叶品牌。南涧县持续加强对龙头企业、专业合作社等茶业经营主体的培育，积极组织茶企参加国内外茶叶博览会、大型展会，在各大城市建设品牌店，扩建营销网络，南涧茶叶产品已经走出云南、走向全国各地，部分出口到韩国、马来西亚等国家。利用公用品牌和企业品牌双驱动效应，南涧县全面实施品牌带动战略，整合茶叶品牌资源，鼓励和支持企业创建自主品牌，全力打造"无量山高山茶""凤凰沱茶""南涧绿茶"3个区域品牌，积极融入"云茶"大品牌。到 2022 年已有省级龙头企业 2 家、州级龙头企业 6 家，创建中国驰名商标 1 个、云南省著名商标 5 个、云南名牌 2 个、云南名牌农产品 2 个。在云南省农业农村厅公布的 2021 年云南省"绿色食品牌"品牌目录中，"南涧绿茶"区域公用品牌以及"鑫凤凰""罗伯克""土林"3 个企业品牌入选，可使用云南省"绿色食品牌"统一形象标识，进入云南省"绿色食品牌"官方授权渠道进行产品展示和销售。同时，推进无公害农产品、绿色食品、有机农产品和农产品地理标志"三品一标"认证，引导高原特色现代农业向绿色有机高质量发展转变。有 2 家企业 8 个产品通过国家"绿色食品"认证，5 家企业 9 个产品通过有机产品认证，南涧绿茶、无量山红茶通过地理标志证明商标。[①]

（三）大理州普洱茶产业的发展趋势

1. 强化政府规划引领，不断促进普洱茶产业发展

茶产业是大理州的特色优势产业，是关乎山区茶农实现富民增收的支柱产业，政府在产业发展中发挥其引导作用，通过制订规划、完善市场体系、加强品牌建设、强化政策支持和推动产业融合发展等措施，推动普洱茶产业实现高质量发展。其中在对南涧县的规划中强调要打响以跳菜文化为重点的民族文化品牌，做优花谷、茶谷、药谷，促进茶旅融合、文旅融合、农旅融

---

① 《大理州南涧县：山高茶好产业兴》，https://nync.yn.gov.cn/html/2022/zhoushilianbo-ne w_0427/385905.html，最后检索时间：2023 年 12 月 25 日。

合，形成三产融合、优势突出、特色鲜明的发展局面。①《大理白族自治州国民经济和社会发展第十四个五年规划和二〇三五年远景目标纲要》中明确要做强高原特色现代农业产业，发挥古茶树资源优势，必须依托重点建设项目，实施南涧、永平、弥渡古茶树资源保护和开发利用工程；打造文化旅游产业重点建设项目，加快推进大理茶博院、大理书院、剑川木雕艺术小镇区域文旅融合发展；构建大健康产业优势项目，如南涧县无量山藏茶谷综合开发项目。②

2. 利用重点项目积极推动普洱茶产业发展

项目的启动将助力大理茶文化传承和茶产业复兴，成为引领全省普洱茶产业和洱海流域产业转型发展的沪滇合作示范项目及大滇西旅游环线上的精品项目，于2020年9月正式启动建设，并入选云南省2021年"四个一百"重点建设项目清单。项目位于大理州湾桥镇大沙坝片区，规划建设用地3000亩，总投资100亿元，并引入丽思卡尔顿、威斯汀双品牌奢华酒店。此外，大理那山那海还将规划建设白族医药康疗项目、白族文化艺术展示园区、白族文化创意艺术街区、智慧花园等相关配套产业。作为与白族文化紧密结合打造大理文化旅游项目的超级IP，项目的落地将助力大理突破传统民俗文化旅游发展瓶颈、云南旅游文化产业转型升级。2020年9月25日，览海集团投资的大理茶博院项目开工，项目总体涵盖茶产业、酒店产业、康养产业几大业态，具体包含大理茶博物馆、茶马古道文化展示馆、高端精品茶加工厂、六善酒店、康养中心等建设内容，是大理州着力打造的"一带三道"中茶马古道子项目之一，也是大理州的重点文化旅游项目。③ 可见项

① 《大理白族自治州人民政府关于印发大理州国民经济和社会发展第十四个五年规划和二〇三五年远景目标纲要的通知》，https://www.dali.gov.cn/dlrmzf/xxgkml/202103/d5bc4e675ed54a07926f5d14975d73b4.shtml，最后检索时间：2023年12月25日。
② 《大理白族自治州人民政府关于印发大理州国民经济和社会发展第十四个五年规划和二〇三五年远景目标纲要的通知》，https://www.dali.gov.cn/dlrmzf/xxgkml/202103/d5bc4e675ed54a07926f5d14975d73b4.shtml，最后检索时间：2023年12月25日。
③ 《大理茶博院、理想小镇……大理州一批新项目即将亮相！》，https://weibo.com/ttarticle/p/show?id=2309404751958614605952，最后检索时间：2023年12月25日。

目建设对普洱茶产业发展的带动作用，且未来将努力开发更多优质项目促进普洱茶产业的发展。①

3.科技助推茶产业规范化发展

提高科技水平是推动大理州普洱茶产业转型升级的关键。通过引入先进的科技手段，可以推动茶叶生产的现代化、集约化、规模化发展，提升整个产业的附加值和竞争力。对此，大理州加大科技研发力度，促进茶产业提质增效。以加强科技研发为重点，加速科技成果转化，开展技术攻关研究，实现技术和产业链的深度融合。加强关键工艺技术、基础性研究等重大项目攻关，鼓励支持龙头企业建立研发中心，推动信息资源、仪器设备共享。② 南涧县人民政府为三千茶农茶业集团股份有限公司颁发"2023 年招商引资重点企业"的奖牌，三千茶农茶业集团股份有限公司与国家茶叶产业技术体系西双版纳综合实验站农科院茶叶研究所达成战略合作，立足于无量山古树茶庄园，设立"无量山古茶树保护与可持续利用研究基地"。③ 2023 年 12 月南涧无量山白茶研究中心的成立，标志着南涧白茶产业发展进入新的阶段、迈向新的高度、实现更高质量的发展。

另外，充分发挥云南省农业科学院茶叶研究所科技创新和技术服务优势，整合行业优势技术力量和创新要素资源，推动茶叶科技成果转化与运用，提升南涧县茶产业科技发展能力和水平，推进"一县一业"茶产业提质增效、转型升级，打造全域基地、全省茶产业产学研合作典范。同时，南涧县聚焦"绿美茶区、农旅融合发展示范县"的发展定位，紧紧围绕"一县一业"茶产业发展需求，实施茶产业发展"茶韵茗人"精准聚才计划，

---

① 《大理白族自治州人民政府关于印发大理州国民经济和社会发展第十四个五年规划和二〇三五年远景目标纲要的通知》，https://www.dali.gov.cn/dlrmzf/xxgkml/202103/d5bc4e675ed54a07926f5d14975d73b4.shtml，最后检索时间：2023 年 12 月 25 日。

② 《做好茶文化茶产业茶科技大文章》，https://www.dali.gov.cn/dlrmzf/c101679/202208/679d6a774e88437da852a42cc067dc26.shtml，最后检索时间：2023 年 12 月 25 日。

③ 《南涧县举行首届三千茶业茶庄园文化节暨无量山古树茶庄园落成典礼》，http://www.zgnj.gov.cn/njxrmzf/c102086/202305/4da0192b8c484d7c9783142fb986ef07.shtml，最后检索时间：2023 年 12 月 25 日。

主要包括"茶韵青苗""茗匠引智""匠心培育""茶才茗品"4个专项计划，以茶为媒，聚焦"以用为本""引育并用"的茶产业人才培育机制，为服务南涧县茶产业高质量发展提供坚实智力支持，实现"茶""才"双提升。①

4. 以"绿色食品"牌打造为先导，持续推进品牌建设

南涧县以创新、协调、绿色、开放、共享的新发展理念，充分带动本土茶商、茶企、茶农协同发展，持续做优茶品质、做强茶品牌、拓展茶市场、分享茶红利，把面积做成产量，把产量做成产值，把产值做成效益，奋力推动南涧茶产业全面振兴。当前，大理凤凰沱茶集团旗下"鑫凤凰"系列品牌获得了"云南省著名商标""云南省名牌农产品"等荣誉称号，产品深受茶爱好者青睐，远销北上广深和韩国、马来西亚、新加坡等地。为进一步完成南涧茶产业融合，由南涧凤凰沱茶有限公司和云南南涧凤凰沱茶厂发起、经县人民政府批准，成立大理凤凰沱茶集团有限责任公司，按照"政府主导，企业主体，市场运作"的原则，统筹整合南涧县茶产业资源，扬优势、补短板，紧紧围绕"稳茶源、提质量、创品牌、活营销、聚合力"来开展工作，主要开发生产普洱茶、绿茶、红茶等，通过"做标准、做品牌、做市场"，将凤凰沱茶集团培育成为引领南涧茶产业高质量发展的国有龙头企业，全面提升南涧茶在全国市场的占有率、品牌影响力和综合发展实力，真正推进南涧茶产业成为富民兴县的支柱产业。力争到2024年底，通过"公司+合作社+农户"模式，建设5万亩以上优质"凤凰沱茶"核心原料基地；到2030年将公司打造成普洱茶产业界一流品牌企业，实现产值10亿元。南涧县入围全国十大生态产茶县、中国茶业百强县、中国茶旅融合竞争力十强县，获云南省"一县一业"茶产业示范创建县等诸多殊荣，孕育了"凤凰沱茶""无量山高山茶""罗伯克"等知名品牌。②

---

① 《南涧无量山白茶研究中心成立》，http://www.zgnj.gov.cn/njxrmzf/c102086/202312/6e838ec79fe746a3bc24f3650099408e.shtml，最后检索时间：2023年12月25日。
② 《南涧"凤凰沱茶"涅槃再启航!》，http://www.zgnj.gov.cn/njxrmzf/c102086/202304/dc22c424bc874644a1fe73a712d973e4.shtml，最后检索时间：2023年12月25日。

5. 利用互联网电商平台，积极探索普洱茶产业的创新发展途径

依托互联网电商平台，为普洱茶产业带来更多的发展机遇和市场空间，同时也为消费者提供方便、快捷的购茶渠道。南涧县根据自身优势特色产业的整体发展情况开拓创新农产品经营模式，包括加强知识产权保护意识，不断提升区域品牌和企业品牌的知名度与市场影响力，借助省内外有公众影响力的农产品展销会、商洽会、电商平台、网红主播等新电商创新营销模式，提升品牌知名度，拓宽市场销售渠道，增加产品的销售量，促进绿色加工产能提升，推动形成线上线下同步销售融合共赢新模式；且积极为企业搭建商业互动平台，引入先进商业培训团队，大力培养管理和营销队伍，加强校企合作互动，与清华大学、云南农业大学、中国茶科所、云南省茶科所等高等院校及科研机构合作，以举办产业论坛、成果交流等形式，寻求外智支持，帮助企业培养技术人才，为全县打造绿色食品牌、推进优势特色产业快速发展提供技术保障，充分发挥专家工作站的作用，加强县乡两级农业科技队伍的培养，强化本土人才队伍建设；鼓励数字农业发展，加强农业信息化工作。大力实施农业信息网络延伸工程，积极推进电子农务、农信通信息服务，尝试建立农村信息服务终端，为企业提供快捷有效的信息服务。鼓励龙头企业和农民专业合作社推广连锁经营、建立电子商务、开展线上线下服务、不断开拓农产品市场。①

三 文山州普洱茶产业发展概述

（一）文山州普洱茶产业发展现状

1. 文山州普洱茶产业发展与市场培育现状

文山州具有海拔相对高、纬度相对低、降雨相对多"三个相对"的独

---

① 《南涧彝族自治县农业农村局关于对政协南涧彝族自治县第十届委员会第二次会议第10号提案的答复》，http://www.zgnj.gov.cn/njxrmzf/c106439/202309/0d2555b5c0224729a705cc376885ef97.shtml，最后检索时间：2023年12月25日。

特生态环境。田园山清水秀，生态保护良好，一年四季常绿，良好的资源禀赋为错季生产优质农产品提供了良好产地环境。2022年，全州栽培型古茶树（园）面积2.19万亩，古树茶毛茶产量305吨，产值4106万元，其中，西畴县古树茶毛茶产量30吨，产值450万元。[①] 2022年底，文山州茶叶种植面积44.44万亩，居全省第五位；茶叶总产量8300吨，居全省第八位。

2020年以来，在广南县凯鑫生态茶业开发有限公司、文山隆利春茶叶销售有限公司、麻栗坡家茗茶叶种植专业合作社等茶叶经营主体的带动下，古树茶产品开发与市场开拓取得了一定成效。麻栗坡县举办的首届"老山国际春茶节"也在一定程度上提升了古树茶产品知名度、拓展了茶叶市场营销渠道。2021年文山州获得省级"绿色食品牌"重点产业基地认定共98个，其中，茶产业基地8个（省级产业基地1个、州级产业基地1个、县级产业基地6个），获认定面积3.1516万亩。[②]

2.文山州普洱茶产业政策供给现状

文山州依托得天独厚的地理环境和生态条件大力发展绿色茶产业，种植面积、采摘面积、茶叶总产量、茶叶综合产值等方面在报告期内均持续提升，同时有关茶叶产业的政策与措施不断完善。一是积极出台有利于茶产业发展的相关政策文件。例如，2022年，文山州人民政府印发了《文山州农业现代化三年行动方案（2022—2024年）》，明确了包括茶产业的14个重点产业发展目标任务与重点工程。2023年，中共云南省委农村工作领导小组办公室、云南省农业农村厅、云南省林业和草原局、云南省工业和信息化厅、云南省市场监督管理局联合印发了《云南省茶叶产业高质量发展三年行动工作方案（2023—2025年）》，为推进云茶产业提质增效和转型升级，全面提升产业化发展水平，实现富民增收，明确了三年发展目标与8项重点工程任务及保障措施。二是进行项目扶持，提供帮扶资金。2022年云南省

---

① 《激发产业新活力，开辟云茶新蓝海》，https：//mp. weixin. qq. com/s/u294_ zGmpBTLE5km_ LBQNQ，最后检索时间：2024年2月7日。
② 《对文山州十五届人大三次会议第58号建议的答复》，https：//www. ynws. gov. cn/info/ 1302/311170. htm，最后检索时间：2024年2月7日。

农业农村厅实施了第一批"绿色食品牌"省级基地相关项目扶持。截至2022年底,全州累计有9家茶叶新型经营主体与单位获得省级云茶产业绿色发展扶持政策奖补资金295.23万元。广南县底圩茶叶农民专业合作社获批省科技扶贫项目扶持建设1个、资金10万元。①

(1)广南县

广南县已有300多年的种茶历史,是云南省重点产茶县之一,是文山州茶叶种植面积最大、产值最大的代表茶区。境内分布有丰富的野生型茶树资源。广南底圩茶,因产地而得名,是云南省地方茶树良种、省内独有品种,其独特的茶树品种和良好的自然环境条件促使底圩茶形成了独特的优良品质。② 2021年,依托"姑娘茶"绿色有机品牌,探索"党支部+龙头企业+合作社+农户"模式,带动群众建设绿色生态有机茶园,引进节能高效制茶装备和信息化、智能化、工程化的茶叶加工设备,带动全乡7000余户茶农,在茶产业方面平均年收入达2.52万元,通过系列推广活动共销售茶叶23.5吨,销售额达288.34万元。③ 2023年栽培茶园38.34万亩,采摘面积20.3万亩,产业产量达7500吨。

(2)富宁县

富宁县茶叶生产始于20世纪60年代。2021年,富宁县积极采取"龙头企业+农户"的模式,对里达镇的鸟王山茶园进行升级改造,利用其得天独厚的优势申请并获批国家3A级旅游景区,并采取"以茶促旅、以旅带茶"的产业战略,成立了富宁边关茶业有限公司、富宁百川种植/养殖农民专业合作社,带动415户群众发展茶叶种植3000余亩,产值1500万元,群

---

① 《对文山州十五届人大三次会议第58号建议的答复》,https://www.ynws.gov.cn/info/1302/311170.htm,最后检索时间:2024年2月7日。

② 《广南县底圩乡打造"姑娘茶"绿色有机品牌拓宽乡村振兴路》,https://www.ynws.gov.cn/info/1122/293884.htm,最后检索时间:2024年2月8日。

③ 《广南县底圩乡打造"姑娘茶"绿色有机品牌拓宽乡村振兴路》,https://www.ynws.gov.cn/info/1122/293884.htm,最后检索时间:2024年2月8日。

众户均增收 3000 元以上。① 2022 年茶籽产量 7330 吨，茶油产量 2052 吨，实现产值 2 亿余元。2023 年全县油茶保存面积为 37.7 万余亩。②

（3）马关县

茶叶是马关县的传统产业，同时是该县的六大支柱产业之一。2021 年，马关县以打造乡村振兴品牌为战略依托，培育野生古茶树 6.8 万株，所售卖的"老君茶"当家品牌系列销往北京、上海等城市。同时，基地规模为 0.1 万亩的马关县古林箐古（野）茶专业合作社获"绿色食品牌"重点产业基地。截至 2024 年，全县共有古茶树 6.8 万株，③ 种植茶叶 1.22 万亩，年茶叶产量 54 吨，产值 1100 万元。④

（4）西畴县

西畴县位于北回归线境内，为古茶树的生长提供了良好的地理位置和气候条件。2024 年，西畴全县古茶树分布面积达 9600 余亩，茶山范围内有坪寨、老寨、小湾、石鹅、脱皮树、法斗村 6 个村委会 100 个村民小组，有古茶树 31 万余株，是云南古茶树资源分布较多的地区。⑤ 其中，西畴县坪寨村分布有世界白毛茶王、千年古树普洱（大叶种）的茶树群，拥有自然留存的秃房茶、厚轴茶、广西茶、白毛茶、普洱茶 5 个种。世界上共有 35 个茶种，西畴茶山上拥有 5 个原生种，占世界茶种的 1/7。⑥ 2021 年法斗乡古

---

① 《富宁田蓬：执"乡村振兴"之笔，绘就新时代"富春山居图"》，https：// www. ynws. gov. cn/info/1122/314789. htm，最后检索时间：2024 年 2 月 8 日。

② 《绿叶变"金叶"，广南茶产业成为促农增收重要支柱》，https：//mp. weixin. qq. com/s/ xoutVgmwZiB8ca8TA3wH5Q，最后检索时间：2024 年 6 月 22 日。

③ 《马关县写好干部规划家乡"四篇文章"助力乡村振兴》，https：//www. ynws. gov. cn/info/ 1122/293624. htm，最后检索时间：2024 年 2 月 8 日。

④ 《文山马关：以林长制为引领 奋力绘就"绿美马关"新画卷》，https：// mp. weixin. qq. com/s/Ts2zPhMe1Vwx_ rCbLPWFUg，最后检索时间：2024 年 6 月 22 日。

⑤ 《西畴县：一叶茶促一业旺》，https：//mp. weixin. qq. com/s/vTi5INowQUNqajVOYHuFdw，最后检索时间：2024 年 6 月 22 日。

⑥ 《文山特色产业十年巨变》，https：//mp. weixin. qq. com/s/IK8SQdZfG5nkfnj-ZK52Pw，最后检索时间：2024 年 2 月 8 日。

茶树分布面积约 9000 亩，总数 3 万余株。[①]

（5）麻栗坡县

茶叶是麻栗坡县重点发展的绿色产业。境内现尚存大量野生种和栽培种古茶树，古茶树资源主要分布在下金厂乡、猛硐乡、天保乡、八布乡、大坪镇、麻栗镇、董干镇等 7 个乡（镇），古茶树资源以树龄 200~500 年为多，也有上千年的野生种古茶树，其中"茶王"树龄已超 3700 岁，树围 2.13 米，高 15.7 米。[②]茶产业作为麻栗坡县高原特色农业重要支柱产业，一直以来被当地政府视为重点产业大力推动，以期进一步提升县域茶产业发展整体水平。2021 年，麻栗坡县茶产业发展初具规模，共有茶叶加工企业和初制所 10 余个，4 个乡镇被列入普洱茶地理标志产品保护区域，形成了以老山、高朋、瑶君山等品牌为中心的系列茶产品。"老山"古树茶成为县域农特精品进入"国礼目录"。2021 年，全县茶叶（春茶）总产量 199 吨，年均产值约 4000 万元。[③]

（6）丘北县

丘北县的茶产业主要集中在温浏乡和官寨乡，2023 年温浏乡全乡种植茶叶 2500 亩。官寨乡盛产"白马茶"，白马茶的种植有 200 多年历史，依托现有 2150 亩老树茶园，争取招商引资 500 万元扩种茶叶 2500 亩，[④]同时更新茶叶基地管护，规划专业化、标准化茶叶加工场地，全力打造白马茶品牌。"白马茶" 2021 年 4 月获得"有机茶"认证证书，截至 2021 年，官寨乡茶叶种植面积达 3500 余亩。[⑤]

---

① 《世界最大白毛茶王树开采！见证自然与时光的馈赠》，https：//www.ynws.gov.cn/info/1121/280256.htm，最后检索时间：2024 年 2 月 8 日。

② 《首届麻栗坡古树茶产业发展研讨会在京举办》，https：//www.ynws.gov.cn/info/1122/316075.htm，最后检索时间：2024 年 2 月 8 日。

③ 《"茶"亮世界——外交部帮扶麻栗坡县发展茶产业全面助力乡村振兴》，https：//www.ynws.gov.cn/info/4796/307254.htm，最后检索时间：2024 年 2 月 8 日。

④ 《官寨乡"3＋1"模式助力乡村产业振兴》，https：//mp.weixin.qq.com/s/SXAPbOCEi1ZX131W39m_ng，最后检索时间：2024 年 2 月 8 日。

⑤ 《拼经济 丘北在行动丨今年，官寨"白马茶"预计可实现产值 40 余万元》，https：//mp.weixin.qq.com/s/UGTzXB7tyQ672Ryujze6ig，最后检索时间：2024 年 2 月 8 日。

（二）文山州普洱茶产业特点

1. 民族茶文化多元

文山州境内居住着 11 个世居民族。多样的民族形成了多姿多彩的民族茶俗，由茶衍生出多种多样的婚俗。例如，壮族和瑶族有"以茶定亲"的习俗，壮族是男方去女方家里相亲时，姑娘必须敬他一杯茶。如果茶中有糖，表示姑娘同意这门亲事，小伙子自然喜出望外；否则，这门亲事就此告吹。

2. 茶树种质资源丰富多样

据不完全统计，文山州野生茶树种质资源共计 24 个居群，分布总面积约 12000 公顷，株数约 46 万株。[①] 主要分布在麻栗坡、西畴、马关、广南 4 个县，分布总面积约 2500 公顷，株数约 57 万株，[②] 最具代表性的古茶山有麻栗坡者山、西畴坪寨、马关古林箐、广南九龙山等。麻栗坡县海拔高差大，立体气候明显，境内现尚存大量野生种和栽培种古茶树，古茶树资源主要分布在下金厂乡、猛硐乡、天保乡、八布乡、大坪镇、麻栗镇、董干镇等，分布面积为 3 万余亩，共计 40 余万株。[③] 在坪寨古茶区的密林里有高 12.3 米、树幅 9.6 米×9.5 米、树围 2.36 米，树龄超过 800 年的白毛茶王树。[④] 文山的茶树种质资源非常丰富，野生大茶树种类比较多，有厚轴茶、白毛茶、阿萨姆茶、广西茶、大厂茶、马关茶、广南茶等共 7 个种 2 个变种。

3. 推动科技赋能茶产业发展

文山州茶产业在"以茶普技、以技兴茶"的理念下，致力于通过科技

---

① 《文山州茶区》，https：//mp. weixin. qq. com/s/CQKH－mIBfHaKjXK－BdaPVg，最后检索时间：2024 年 2 月 8 日。

② 《文山州茶产业概况》，https：//mp. weixin. qq. com/s/yyEPfdyDnbcNC8DJWG9GEg，最后检索时间：2024 年 2 月 8 日。

③ 《有一种叫云南的生活·畅享文山｜深山古树茶飘香——带你探寻文山古树茶》，https：//mp. weixin. qq. com/s/Y6hPhxCwjoCXvfZXAOg5DA，最后检索时间：2024 年 2 月 8 日。

④ 《茶山相册｜（第 75 期）坪寨——全国乃至全世界最大的白毛茶王树发现地》，https：//mp. weixin. qq. com/s/75RdOTFqB8T9gNCkk5wZVQ，最后检索时间：2024 年 2 月 8 日。

手段推动茶产业的全面升级和可持续发展。一是科技引领茶叶种植与生产。注重引入现代科技手段，对茶叶的立地条件、种植规模、品种和种植密度等进行科学化管理和优化。通过推广新品种、新技术，实现茶叶的无性繁殖和现代品种全覆盖，提高茶叶单产和品质。同时，强化茶园管理和养护能力，提升土壤肥力，推动绿色标准化生产，实现茶叶精深加工。二是以科技促品牌建设与市场拓展。在品牌建设方面，文山州积极引进茶产业龙头企业，加大对茶产业的投资力度，通过升级设备、提升工艺、打造品牌等方式，提高茶叶市场竞争力。同时，整合茶农和茶企资源，成立"文山州茶产业发展促进会"，利用促进会平台进行茶叶知识普及和技能培训，提升涉茶从业人员的综合素质，提升茶叶品牌的知名度和影响力。三是科技助力茶旅融合与生物科技发展。文山州积极推动茶产业与文旅产业的融合发展，利用科技手段打造茶乡旅游精品线路，吸引游客体验普洱茶文化，推动茶旅经济的繁荣。同时，注重生物科技在茶产业中的应用，探索茶叶的生物科技价值，开发茶叶新功能和新产品，丰富茶叶市场的多样性。四是数字化创新助力茶农增收与乡村振兴。文山州通过数字化创新项目如"茶农码"数字化身份证等，应用云计算、大数据、区块链等先进信息技术，帮助茶农实现数字化管理和增收。

4. 茶树资源开发面临挑战，市场竞争力不足

文山州茶产业虽然种植规模位列全省第五，但产量排名仅为第八，这主要是由于茶叶经营主体普遍规模较小、实力较弱，导致茶产业影响力有限。同时，绿色有机化起步晚，符合政策扶持的主体较少，进一步削弱了文山州在争取省级茶产业政策与项目方面的竞争力。目前，全州获得省级扶持的项目与资金总体较少，茶叶主产县也未能被纳入省级重大项目盘子，且无产品获得省级"十大名茶"称号。此外，由于州级财政困难，茶产业相关政策较少且扶持力度有限，茶叶主产县的资金投入也明显不足。在茶产业的具体问题方面，文山州存在茶园栽培管理水平不高、低产茶园和荒芜茶园占比大、龙头企业少且带动力不强、品牌意识薄弱、产品知名度不高以及科技支撑不足等问题。这些问题导致茶产业"小、散、弱"的现状。

尽管文山州政府已出台相关政策措施推动茶产业发展，但在争取省级政策扶持、组织茶企参与品牌目录评选、绿色有机化发展等方面仍明显落后于其他茶叶主产区。在古树茶资源方面，文山州拥有广阔的古树资源面积和巨大的数量。然而，大部分古树茶加工企业位于偏远山区，初级加工和粗加工阶段普遍规模小，多数以初级产品的形式进入市场，发展形式单一。这使整个区域的茶叶产品缺乏市场竞争力。尽管政府正在推出盘活利用边境茶山中被遗落的古茶园作为带动边民共同致富的新思路，但实施过程仍面临诸多困难。

（三）文山州普洱茶产业发展趋势

1. 改善政策环境，推进产业升级

自 2017 年起，文山州相继推出了针对茶产业的实施意见和评选活动方案等政策，加大对高原特色产业的扶持力度。文山州政府在争取相关产业政策扶持方面也取得了显著成效。首先，在"绿色食品牌"重点产业基地方面，2021 年全州共有 98 个基地获得省级认定，其中茶产业基地 8 个。2022 年完成了更多基地的州级审核工作，等待省级认定。部分茶企已获得省级相关项目的资金扶持。其次，云茶产业绿色发展扶持政策方面，全州已有 9 家茶叶经营主体获得省级奖补资金。最后，品牌培育方面，文山州持续组织茶企参加各种评选活动，并对获奖企业进行奖励和扶持，推动品牌建设。

2. 协同整合资源，探索创新发展路径

油茶产业发展，种苗是基础。云南省文山壮族苗族自治州广南县采取"新主体+新平台"的发展思路，引进有实力、有情怀的企业，共同打造广南独有的特色农业品牌，从高、中、低端多渠道发展抹茶产业。通过"抹茶+旅游""抹茶+康养""抹茶+文化"等模式，不断延伸和丰富"抹茶+"产业链，打造世界一流"绿色食品牌"，实现云品出滇。一是打造古树茶品牌。重点打造古树茶产品——麻栗坡"老山有机古树茶"、马关"古林箐有机古树茶"、西畴"坪寨有机古树茶"等。二是打造茶旅一体化项目。例

如，配合老山爱国主义教育基地建设，建立老山古茶园观光景点，集爱国主义教育与休闲观光于一体。也可以结合当地的名山古树资源和民族风情特色，与云南旅游名录一起打造一批集茶产业、茶文化和康养休闲于一体的特色小镇、美丽乡村和茶叶庄园。三是进行育种创新。充分利用古茶树种质资源进行选育，加快培育茶多酚含量超过35%、氨基酸含量超过4%的高产高抗新品种，以及在国际市场颇具竞争力的低咖啡碱茶新品种，为茶叶精深加工产品提供原料，提高文山茶叶产品的市场竞争力，推动茶产业的发展。依托丰富的茶树种质资源，文山州已探索出"公司+基地+农民茶叶合作社+市场"的发展模式，龙头企业带动格局已初步形成。

3. 提升品牌影响力，增强市场地位

文山州在茶产业的发展中，始终致力于打造品牌效应，以提升市场影响力。为此，州政府积极引导茶叶经营主体推行绿色、有机化生产方式，并鼓励其进行设施设备的升级改造，推广清洁化生产，旨在提高茶叶加工工艺水平、产品品质及产业竞争力。同时，加大了对"三品一标"申报认证和"绿色云品"品牌目录申报认定工作的力度，集中力量打造和推广如"西畴坪寨古树茶"这样的区域公用品牌。在品牌培育方面，文山州持续组织茶企参加各种评选活动，并对获奖企业进行奖励和扶持。广南县在打造有机茶品牌的过程中取得了显著成效，他们不仅通过龙头企业和合作社引导茶农进行标准化、规范化、无公害生产，还积极兴办规模化茶叶加工厂，成功打造出多个有机茶品牌，如"源升""滇壮花街""底圩姑娘茶"等；全县共有茶叶基地38.34万亩，其中绿色有机茶叶基地认证面积6108亩，产品认证23个，各类茶产业经营主体162家。①

4. 茶树种质资源科学化保护

科学保护茶树种质资源对于茶产业的可持续发展具有重要意义。需要加强古茶树保护，规范市场秩序，打击假冒伪劣产品，提高消费者对古茶树和

---

① 《广南县小茶叶"链"动大产业》，https://www.ynws.gov.cn/info/1122/313650.htm，最后检索时间：2024年2月18日。

古树茶文化的认知。划定古茶树保护范围、设立保护标志、建立古茶树资源档案、实行挂牌保护等措施，有效保护了古茶树资源。同时，兴建古茶树种质资源圃、开展古茶树信息数字化建设、加强宣传和技术培训等，也为科学保护茶树种质资源提供了有力支持。

专题篇

B.8
广东普洱茶产业发展概述

罗瑞玉*

摘　要： 作为中国的经济大省，广东省在许多领域占据重要地位，普洱茶产业便是其一。广东经济发达、人口众多、人流量大，茶叶贸易影响广泛，与普洱茶交集不浅。在茶文化繁荣的背景下，国内外知名茶人和茶商纷纷涌入，品茶、藏茶、斗茶等活动已成为粤港澳大湾区普洱茶消费文化和经济的主流。作为普洱茶集散中心，广东基本不事生产，主要对云南的普洱茶进行仓储、销售和消费等。普洱茶风行全国时，广东普洱茶市场如火如荼。电商发展和疫情影响使广东市场面临新的挑战，但其雄厚的经济基础和极强的适应能力正积极为普洱茶产业开辟新的发展道路。

关键词： 普洱茶　广东市场　粤港澳大湾区

---

* 罗瑞玉，云南省文化产业研究会助理研究员，云南大学民族学与社会学学院在读硕士，主要研究方向为文化产业理论与实践、非物质文化遗产保护与利用、粤文化。

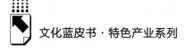

广东作为中国茶叶主要的市场，在茶叶生产、集散、消费和出口等环节占据举足轻重的位置。广东与普洱茶结缘深厚，普洱茶因广东而闻名世界。20世纪五六十年代，普洱茶主要销往西藏和东南亚，其中销往东南亚的普洱茶均从广东口岸集中出口。随着区域内茶叶数量的增加，加上广东和港澳台地区居民喜爱喝茶，普洱茶渐渐流行。50年代老茶兴起，消费者已经开始喜欢喝有陈香味、褐底红汤的普洱老茶。粤港澳大湾区茶风盛行，谈及茶必定绕不开普洱茶。港澳回归20余年以来，粤港澳大湾区和谐发展、交流融合，来自全国的茶品、茶文化、茶生活汇聚于此，形成以广州芳村为核心、全球最集中的茶叶交易集中区，以东莞藏茶之都为特色、全球最专业的茶叶收藏集中区，以深圳为示范的全球新消费茶品牌孵化集中区。普洱茶文化、茶产业、茶科技与市场无缝对接，充分发挥了大湾区对普洱茶产业的示范带动作用，体现了大湾区普洱茶从业者的商业智慧和长远眼光。

一 广东茶文化与普洱茶消费

广东茶有多个"第一"，分别体现在如下方面。当地人饮茶事茶、喜茶乐茶，每年消耗茶叶量高达25万吨，约为全国总量的1/10，茶叶年消耗量全国第一。年流通额近600亿元，占据了全国茶叶流通总额的1/5，其中广州芳村交易额达每年13亿元，茶叶流通额全国第一。东莞一地茶叶仓储数量就达50万吨，藏茶量位居全国第一。珠三角地区每年举办的茶博会超过20场，茶博会数量全国第一。

（一）茶类消费庞大

广东作为茶类消费大省、全国茶叶集散中心，除上述提到的"茶叶第一"外，其他茶类统计指标同样瞩目。数据显示，广东人年均茶叶消费量达到1000克。每年珠三角地区人均茶叶消费量更是达到2000克，大约是全国人均消费量的3.5倍。和英国（1942克）、日本（968克）等爱喝茶的国家相比，珠三角地区毫不逊色，甚至更胜一筹（见图1）。

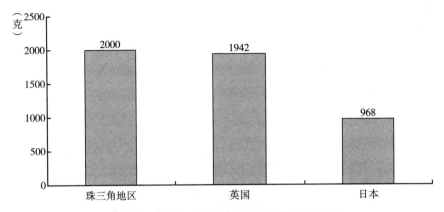

图 1 部分国家和地区年人均茶叶消费量对比

资料来源：根据《南方都市报》茶叶消费统计数据整理。

京东消费及产业发展研究院发布的《2022 春季饮茶消费趋势报告》显示，广东是茗茶成交额占比第一的省份，茶消费占比达 18.9%。总体来说，广东人几乎什么茶都喝。最喜欢喝的是味道比较香浓醇厚的茶，云南产的茶如滇红、普洱、沱茶、砖茶等特别受广东人的喜爱。爽口甘涩的柠檬茶等复合茶饮几乎遍布粤港澳地区的餐厅酒楼，复合茶在广东人的喝茶消费中也非常普遍。据企查查 App 数据统计，广东 2023 年拥有奶茶相关企业 6.11 万家，位居全国第一。人均拥有奶茶店数量排名全国前三的是东莞、广州、深圳，广东因此被称为"全国最爱喝奶茶的省份"。

（二）出口贸易频繁

茶叶出口贸易得益于广东茶产业的发展和广州的贸易地位。

2022 年，中国香港以 5156.65 万美元的数据成为广东茶叶出口额第一名的贸易伙伴，这一数据符合东莞茶商所描述的销售现状和藏茶习惯。名列出口额前五的贸易伙伴还有日本、马来西亚、美国、德国，出口额分别为 326.05 万美元、302.23 万美元、245.12 万美元、159.70 万美元（见图 2）。而据统计，2022 年出口到中国香港的茶叶出口额地区排名中，广东位居第三，出口额同比增长 10.61%。

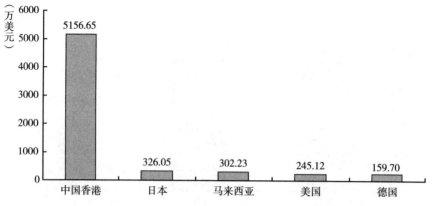

图 2　广东省茶叶出口额排名前五地区和国家

资料来源：根据中国农业国际合作促进会茶产业分会和"一带一路"国际茶贸易产业科技创新院发布的《2022 中国茶叶进出口贸易分析报告》资料整理。

（三）饮茶文化盛行

粤港澳地区茶文化氛围浓厚，许多茶习俗获得官方认可，如广府饮茶习俗入选广东省级非物质文化遗产代表性项目名录（第八批），除茶产业发展和茶叶贸易繁荣等外部原因，还源于茶叶具备以下几个主要功能。

1. 社交休闲

"以茶相待"在广东地区代表体面的礼节。八方来客，首先会给客人斟上一杯热茶，表达主人的欢迎和尊敬。同时，逢年过节、探亲访友等重要社交场合都以赠送"茶、烟、酒"为主，体现客人的诚意、品位和身份地位。其中以赠送茶叶最为保险，因为并不是所有人都喜欢抽烟、喝酒，在实用性、健康程度、同档次价格等方面，茶叶比烟和酒更有优势，受众范围更广。不同品种、品牌、价位的茶叶潜在代表着主人或者客人的热情程度和经济地位，此时的茶叶成为一种隐性的测量工具。特别是某种茶叶爆火、身价倍增以后，如曾经的普洱茶，便成为一种价值符号。

在广东，茶是广府街坊雷打不动的"一盅两件慢慢叹"，是潮汕人刻在基因里的"一瓯三杯关公巡城"，是客家人待人接物的"无（擂）茶不成客"。广府地区因为喜好喝茶形成了独特的风俗习惯——饮早茶，影响了整个粤港澳地区。虽然饮早茶不是字面意思的"喝茶",但是喝茶畅聊是其中的重要组成部分,是广府人精细饮食、家庭亲情、社交休闲的重要体现,特别是在招待客人、老友聚会时,一起饮早茶成为不可或缺的内容。

2. 养生保健

广东省位于我国的东亚季风区,是全国光、热和水资源较丰富的地区,而且具备季风区雨热同季的特点。这使当地人形成了极易上火、亟须降火、饮食清淡的体质。在如此气候环境和生活习惯下,饮水成为绝佳的降温方式,各种味道的饮品广受欢迎。茶水清新但不寡淡、回味甘甜,符合广东人的口味。对于普洱茶,当地人认为其能起到降火解腻的功效。因此,广东人在餐后有细品几杯普洱茶的雅俗,这一习惯不仅有助于饭后消化,而且有助于维护肠胃健康。由于这种生活方式特别受到老年人的喜爱,普洱茶又被称为"寿星茶""伯公茶"。

3. 收藏投资

广东在工商业领域独领风骚,在文化、艺术和美食等方面也有深厚底蕴。普洱茶作为中国茶的瑰宝,在广东地区有着悠久的历史和广泛的群众基础。改革开放以来,随着人民生活水平的提高和投资方式的多样,普洱茶"醇化生香,保值增值"的类金融属性引起广东商人和投资者的关注。在广东,一些具有远见的收藏家和投资者开始将资金投向普洱茶市场。他们不仅是为了满足自己的品饮需求,更重要的是看中普洱茶的升值潜力。珍稀的古树茶、特殊制作工艺或限量版普洱茶的价格逐年攀升,成为投资者的新宠。对广东人而言,普洱茶除了是一种饮品,更是一种文化、一种生活方式、一种财富的象征。在收藏与投资的过程中,他们不仅能够享受到品饮的乐趣,还能够与志同道合的茶友交流、分享,拓展人际圈。

二 广东普洱茶市场的现状

(一)市场规模

在经济实力、饮茶文化、商贸地位等多重因素作用下,广东成为全国普洱茶消费最多的地区、全国最大的普洱茶销售市场。广东基本上每年消化普洱茶总产量的七成左右，聚集了 100 多万普洱茶收藏者。广东作为中国茶叶进出口的重要枢纽，其普洱茶的进出口量也具有代表性。《2022 中国茶叶进出口贸易分析报告》显示：2022 年，广东普洱熟茶的出口量占各茶类出口量的 11.45%，出口额占比 4.94%。

自 20 世纪 90 年代末期开始，喝普洱茶主要在华南地区盛行，特别是以广州芳村为主，后来拓展至深圳、东莞、珠海等经济发达地区。普洱茶有两大集散地（交易中心）——广州和东莞。整个广东普洱茶市场呈现以广州为中心、辐射四周城市和港澳地区的局面。广州被誉为千年茶都，东莞被誉为藏茶之都，最新统计中，深圳被誉为新茶饮之都。除仓储量惊人外，东莞的茶叶交易也非常活跃。目前，东莞有大小茶叶市场 10 余个，门店超过10000 家。于 2003 年开业的万江石美茶叶市场最具代表性，占地 10 万平方米，商铺 800 余家，年交易额达 5 亿元以上，是国内仅次于广州芳村南方茶叶市场的第二大茶叶市场。

（二）发展历程

广东人喜欢喝普洱茶这一兴盛的茶文化背后有着深厚的历史影响。普洱茶在未开拓广东市场前，主要销往海外或民族地区。新中国成立后，茶叶出口只有广东、上海和福建 3 个口岸，每个口岸负责不同的茶类产品，后两者是绿茶、乌龙茶口岸，广东则是红茶、普洱茶口岸。这个时期从广东出口供给港澳的主要是普洱茶加工的原料，俗称青毛茶，有滇青、桂青、粤青、川青、黔青等。20 世纪 50 年代中期，在普洱茶消费者的口味转为"做旧"后，港澳地区及东南亚地区的普洱茶供应紧张，加上广州晒青毛茶的大量积压，广东茶叶进出口公司被要求直接加工生产普洱茶以出口。1955 年，广东茶叶进出口公司组织技术精英，通过一系列新工艺试验，缩短普洱茶的熟化醇化时间。产品出口港澳台及东南亚市场，颇受资深茶人的推崇及青睐。20 世纪 50 年代至 1973 年，云南未能享有茶叶出口的自主权，仅能将其晒青茶原料调拨给广东进行海外销售。因此，其间普洱茶的国际市场运作和销售网络主要由拥有官方出口权的广东茶叶进出口公司和拥有销区话语权的中国香港商人掌控。广东由于地处岭南，接壤港澳、东南亚等经济先发地区，更容易受华人华侨的饮茶文化影响。20 世纪 90 年代，外来资本的介入带来普洱茶的全面产业化、商业化的变化，以广东为大本营的推广炒作阵营也在一定程度上为广东人饮用普洱茶奠定基础。在 2002 年的广州茶博会上，产自思茅古普洱茶厂的 100 克宫廷熟普以 16 万元天价创下茶叶拍卖新纪录。但当时信息传播不发达，鲜有人知。广东普洱茶发展以 2004 年为转折点，2005 年为过渡点，2006 年开始，广东如雨后春笋般出现很多茶企和品牌。普洱茶市场热度达到顶峰，茶品价格飙升。尽管 2007 年普洱茶炒作崩盘，但众多的茶人茶商还在坚持普洱茶的经营与推广，渐成风气的普洱茶品饮也终于在广东站稳脚跟。自 2011 年开始，普洱茶行业电商火爆，普洱茶在该年成为淘宝网除花草茶外茶叶销量最大的。2019 年，普洱茶市场开始对仓储和健康趋势高度关注。有机、绿色和高品质的普洱茶获得了消费者的广泛认可。部分茶企甚至将精心策划的仓储方案纳入其企业发展战略，确保普洱茶品质的持久稳定。

（三）消费群体

广东普洱茶的消费者广泛分布在广东珠三角、港澳台和东南亚地区。普洱茶主要用于品饮、赠礼、收藏、金融属性的投资，后两者对应的人群分别被称为藏家和炒家。

广东地域广阔、人口众多，各地的喜好不完全相同。潮汕一带的人多以本地的凤凰单枞、福建的铁观音等半发酵类乌龙茶为主。珠三角地区则偏好西南地区产的工夫红茶、普洱茶以及本地产的英德红茶等全发酵类茶。粤西一带以本地或是广西产的红茶和不发酵类绿茶为主。在 20 世纪 50 年代中期，普洱茶的消费群体将喜好转向为陈香、茶汤红、滋味醇和，香港地区的茶楼消费也大多以此类"做旧"普洱茶为主。广东地区喜爱喝普洱茶的人群主要是中老年人，他们在普洱茶盛行火热的年代受到过普洱茶的文化熏陶和习惯养成。中老年人尤其是男性中老年人是早茶、工夫茶等茶类文化活动的坚实传承者，日常接触和饮用普洱茶的机会很多。消费者群体的简单刻画以东莞为例，东莞茶市的未来无疑是充满活力的，茶叶消耗只会更多，而且两个趋势非常明显，一是消费者越来越专业，高端茶广受欢迎。二是消费者的年轻化，茶展会上出现很多"80后""90后"年轻人。

当前收藏群体主要有三种。一是追求存量、稀缺性的群体，主要收藏存世量极其稀缺的年份老茶，远如宋聘号、同庆号等，近如大红印、八八青饼、真淳雅号。二是追求原料稀缺性的群体，主要收藏知名度高、具备明显识别性的山头茶，如老班章、薄荷塘、冰岛等，这类产品虽好，但年产量少，价格相比同年份的其他产品高得多。三是追求价格平民化的群体，主要收藏性价比高的普洱茶。在茶叶爱好界，普洱茶是许多茶人的最后一站。

（四）销往地区

普洱茶的流通链条大概为云南生产，广东消费和销售，再以"广东—香港—台湾—广东、广东—香港—马来西亚（东南亚）—台湾"等主要链条进行流转，突出了普洱茶可以多次流入市场的独特属性。因此，广东除了具有巨大的消费群体和消费需求外，还因商贸条件、普洱茶的金融属性而成为庞大的销售中心。之前，普洱茶主要销往境外经济发达地区，到近年广东经济水平提升，广东才出现庞大的本地消费市场。2011年前后开始"南茶北调"，即销往北方、开拓市场，这顺应了广东藏茶量日益增长的销售趋势。广东的普洱茶企业主要在普洱茶产业链的下游发挥作用，但不乏部分大企业从源头做起，即在云南自主建立或者合作建立普洱茶茶厂，如双陈普洱、佰年尚普等。

（五）衍生产品

普洱茶在广东最出名的衍生品莫过于柑普茶。其前身为柚普茶，早期广东茶商将普洱沱茶放在柚子里面，期待后期转化。放置一段时间后，虽然柚子皮发霉了，但是普洱沱茶安然无恙，并悄然转化。普洱沱茶冲泡后口感清甜，颇受喜爱。于是，广东茶商继续创新，将普洱熟茶与新会柑结合，陈皮越陈越香，同黑茶等茶类的品性相吻合。挖去新鲜的新会柑柑肉后，把云南普洱茶装进去，放在阳台晾晒接近一年，再拿出来喝时，口感令人非常惊喜。柑普茶系列产品一经推出，立刻受到广大消费者青睐。2014~2015年属萌芽发展期，2015年，柑普茶市场迅速扩展，名企、品牌纷纷加入柑普茶阵营，诸如澜沧古茶、润元昌等茶企均在柑普茶市场占据了一席之地。柑普茶的品牌推广力度得到加大，消费者的品牌意识也显著提升。短时间内柑普茶迅速流行，成为人们畅谈和喜爱的茶品。这一年的柑普茶无论从工艺、原料、口感、品质、包装到品牌的推广水平都显著提高，从而更好地满足消费者需求。这一年是柑普茶产业爆发式增长年份，销售额高达8亿元。2016年，广东新会柑普茶加工产量达4000吨，按目前每斤400~500元核算，达到16亿元的规模，比2015年同期市场翻了一番，柑普茶销售一度断货。受上年影响，2017年新会增加300家小青柑加工厂，足以说明小青柑市场的火热程度。该年产品鱼目混珠，市场达到高度饱和，产业步入重新洗牌阶段。普洱茶与新会陈皮的巧妙融合，成功地扭转了广东新会陈皮产业长达十年的低迷局面，推动该行业实现从不足10亿元到超过190亿元产值规模的惊人飞跃。

三 供应链与渠道分析

普洱茶在广东的供应链过程大致为：原料采购、加工与生产、包装与品牌建设、配送、仓储。一般只有大型茶企拥有完整供应链，与云南茶区合作或建立原料和加工基地。多数体量较小的经销商没有最初两个环节，直接销售成品。广东的茶叶企业注重品牌建设和包装设计，以吸引消费者。包装形式多样，有散装、罐装、礼盒装等。众多茶叶市场上除了主产品普洱茶外还有不少主营茶类包装的店铺企业。电商兴起后，普洱茶产品除了采购配送外还增加了销售配送，满足终端顾客远程消费。不同于其他快速周转产品的空间需求，普洱茶的存放兼备时空需求。因"越陈越香"的特点，其在广东的气候环境和仓库设备作用下进行品质变化，保持或提升产品质量。

广东普洱茶的销售渠道主要分为线下、线上渠道。线下是普洱茶的传统销售渠道，广东的茶叶企业在各地拥有自己的品牌门店、专柜和加盟店，为消费者提供线下购买渠道。广东的茶叶批发市场是普洱茶销售的重要渠道之一。茶叶批发市场聚集了大量茶叶商户，为普洱茶的流通提供了平台。茶叶企业也会通过参加茶博会的形式展示产品、拓展销售渠道。广东的部分茶叶企业会开展团购和定制业务，通过与企事业单位合作提供定制的礼品茶、商务茶等。

总体而言，广东普洱茶市场的供应链和销售渠道呈现多元化、线上线下相结合的特点。茶叶企业通过不断完善供应链管理和渠道布局，提升自身竞争力，满足消费者多样化的需求。

（一）原料产地

广东地区消费和销售的普洱茶主要来自云南省。根据行业数据，广东每年从云南采购大量普洱茶，占据了该省普洱茶市场的绝大部分份额。普洱茶的产区主要包括西双版纳州、普洱市、临沧市、保山市四大产区。由于云南拥有得天独厚的自然条件和丰富的茶叶资源，其普洱茶品质优良、口感独特，深受广东消费者的喜爱。

两地政府加强合作，云南普洱茶生产企业也积极开拓市场，加强品牌建设和宣传，不断提升产品知名度和美誉度，进一步巩固了云南普洱茶在广东的市场地位。比如，西双版纳勐海县积极融入"千亿云茶产业"战略，致力于发挥其绿色生态的独特优势。该县正全力争取成为云南普洱茶的核心产区，以品质卓越、布局合理、特色鲜明和竞争优势明显为建设目标，推动普洱茶产业的高质量发展。随着"勐海茶+""勐海味+"产业品牌体系建设加快推进，茶产业已经成为拉动该县经济增长的强大引擎和经济社会发展中最重要的支柱产业。普洱茶在不到20年的时间里成为粤港澳茶圈的主流，这离不开勐海县及周边的自然气候、西双版纳热带雨林的生物多样性、几十年来勐海茶厂几代制茶人与粤港澳大湾区的茶人茶商共同用时间沉淀出的经典配方、制作技艺,尤其是在长达近 50 年的特殊环境和条件下专业的酵池培育出更利于熟茶发酵的微生物菌群。2018~2020 年,主产普洱茶衍生品普柑茶的新会陈皮企业采购云南普洱茶达 5000 多吨,主要来自勐海茶区。2019 年,新会普柑茶产量近 1 万吨,产值达 32 亿元,品牌价值高达 126 亿元,新会陈皮和云南普洱茶实现了紧密联姻、融合发展。

(二)交易市场

广东目前影响力广泛的茶城包括广州芳村茶叶市场、东莞万江石美茶叶市场、深圳东方国际茶城等,这些茶叶交易市场汇集了众多优质茶叶品类和产品,全国知名。

"虽然是茶都,但广州不产茶",受到集聚效应影响,几乎所有的茶叶产品都会在芳村建立档口,故素有茶叶(普洱)华尔街之称。芳村并非一个单纯的村落,而是一个充满活力的商业区域。它所拥有的批发市场不止一个,而是由 20 余个市场集群紧密聚集构成,汇集了数以万计的商铺和档口。庞大的从业人员规模堪比内地的一座小城市,形成了一个独特且繁忙的经济生态圈。芳村市场的绝大部分档口都经营普洱茶,拥有庞大的普洱茶仓库,存茶过亿元的商家不在少数。

芳村茶叶市场辖区内有南方茶叶市场、广东芳村茶业城、启秀茶城等20 余个茶叶专业市场,占地面积 22 万平方米,建筑面积 35 万平方米。其中南方茶叶市场被农业农村部授予"国家定点"市场,是国家"菜篮子"工程信息报价茶叶类价格信息提供单位。芳村茶叶市场目前共有 26 个主要经营主体,近 4000 家商户,从业人员过万。2021 年交易额约 50 亿元,年税收约 4900 万元。在鼎盛时期,芳村茶叶市场的普洱茶年交易额曾达到750 亿元(含二次交易)。市场汇集了国内各产地绿茶、红茶等六大系列1000 多个品种,占据芳村茶叶市场最大份额的茶叶品类是普洱茶,交易量占全国 80%,广州芳村行情被称为普洱茶价格的"风向标"。买家在此可以找到各类普洱茶,从传统普洱到创新口味普洱,应有尽有。茶叶经销商和茶室专营普洱茶,确保茶叶的品质和种类的丰富性。

（三）广东仓储

作为发酵茶，普洱的存储至关重要。我国普洱茶的销区四大仓包括广东仓、香港仓、北方仓、大马仓。广东仓主要分布在广州和东莞，属于亚热带季风气候，高温高湿，多为规模化藏茶，控温、控湿严格。广东仓存储普洱茶最大的特点是转化快、口感醇厚、喉韵很好。同气候的香港仓茶品的氧化和发酵同样活跃，普洱茶入口醇滑明显，茶香气有樟香和参香两种，茶汤呈酒红色，透亮、不卡喉。

芳村茶叶市场周边的石围塘片区毗邻珠江，又靠近广三铁路起点石围塘火车站，优越的交通条件、气候条件和仓库基础让这里成为茶仓集中地。

普洱产于云南，藏于东莞。作为"藏茶之都""爱茶之都"，东莞茶界拥有三个第一：藏茶量全国第一，老茶保有量全国第一，老茶交易量全国第一。据东莞市统计局负责人介绍，该市拥有10余家茶城，目前工商注册登记的从事与茶相关生意的商家有4500余家，近年东莞茶叶的年均交易金额高达50亿元，民间藏茶量超过40万吨。全市有万余家大小茶馆，覆盖了90%的主要街道。既有以茶仓为概念的本土品牌，如双陈茶仓、昌兴存茶、名轩茶仓，亦有将东莞作为陈化仓储基地的茶界名企，例如大益茶叶集团在东莞设立袋装泡茶生产基地，七彩云南建立普洱茶工厂酝化中心。

东莞历史最悠久、市场最旺、规模最大的茶叶市场是万江石美茶叶市场。占地面积达10万平方米，茶叶商铺超1000家。2000年，石美社区斥资逾2000万元打造了万江茶叶交易市场。随后一年，社区精心地重新规划，建设东福商业街，巧妙地将曾经的断头路打通，在道路两侧空地兴建楼房，定位其为物流运输的核心区域。到2003年，该市场盛大开业，吸引全国各地近200家茶商入驻。热门商铺迅速抢购一空，成为东莞及邻近地区众多茶商采购和商务洽谈的热点，整个市场呈现繁荣兴旺的景象。早期入驻的商家大多来自广州芳村茶叶市场，家族世代从事茶叶生意，到此开拓市场，其中不乏"金鼎""隆溪""田园"等实力老品牌。东莞藏茶以生活茶起步，再到收藏、投资等，其卖点营销、品牌塑造方式成为其他地区、品类如白茶等的效仿模板，为普洱茶的产业发展作出了很大贡献。

当前，万江规模最庞大的茶叶仓储——莞万茶仓覆盖面积达 3.5 万平方米，精心打造了约 1 万平方米的专业陈皮仓储和交易平台，未来该茶仓将扩张至 4.6 万平方米。至于存量最大的鸿鑫隆普洱茶仓，仓储空间达 1 万平方米，珍藏各时期高品质普洱茶，总量高达 2.2 万吨，赢得业界仓储典范的美誉。专注仓储的企业有"双陈普洱"等，"双陈"创自 1995 年，2006 年正式进入市场，为东莞仓储标准作出贡献。

（四）网络销售

随着电子商务的发展，线上渠道已成为普洱茶销售的重要途径。广东的茶叶企业通过自建电商平台、在第三方电商平台开设网店等方式，拓展线上销售渠道。线上渠道具有便捷、覆盖面广的优势，方便消费者选择。广东普洱茶的销售额主要通过网络销售实现，网络销售主要是平台销售和直播带货销售。2011 年普洱茶电商爆发，东莞万江茶叶市场许多传统茶企、小茶企现身线上，进军电商，形成线上线下双线销售局面。除淘宝、京东等静态销售平台，不少企业主都在下午或晚上进行产品的动态直播，主要直播平台为抖音、微信视频号等。目前在抖音平台，专注于直播的茶商基本上有 1 万~20 万的粉丝基础。直播内容为介绍普洱茶知识、到货普洱茶、名贵普洱藏品等。

四　市场竞争格局分析

（一）竞争格局概述

在广东省内，普洱茶品牌众多，竞争激烈。一方面，知名品牌通过品牌建设、品质控制、营销推广等手段不断提升市场影响力、争夺市场份额；另一方面，一些新兴品牌通过创新产品、拓展渠道、优化服务等方式迅速崛起，对老品牌形成冲击。此外，随着电商平台的兴起，线上市场竞争也愈发

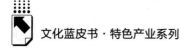

激烈，各大品牌纷纷加大线上投入，以争夺更多消费者。目前竞争格局主要体现在品牌、品质、营销策略等方面。

1. 品牌竞争

知名品牌：如大益茶、下关沱茶、澜沧古茶等历史悠久的普洱茶品牌，凭借其深厚的文化底蕴和卓越的品质积淀，在广东普洱茶市场中占据了重要地位。这些品牌通过持续的品牌建设和营销推广，不断巩固其市场地位。

新兴品牌或产品：随着市场的发展，一些新兴品牌或已有品牌的新开发产品如雨后春笋般涌现，如广东江门的冈州陈、大益茶的南山雪印等。这些品牌通过创新产品、优化服务、拓展渠道等方式迅速崛起，对老品牌形成一定威胁。

2. 品质竞争

品质（包括年份、气味、色泽等）是普洱茶产业的核心竞争力。一些品牌通过严格把控原料采购、生产工艺、品质检测等环节，确保产品的品质和口感。普洱茶品质与所处的仓储地密不可分，而仓储和变现的资金多少息息相关，因此大型品牌的仓储不仅是成本控制的需要，也是品质提升的需要。部分大型茶企还会通过数字化技术保持普洱茶的品质，比如大益茶通过数字化技术，实现了茶叶生产全流程的自动化控制和信息化管理，包括茶叶原料的采摘、制作、加工、储存等各个环节，从而保证茶叶品质的稳定性和优良性[1]。这些注重品质的茶品牌在市场上获得了良好的口碑和消费者认可，从而占据了较高的市场份额。

3. 营销策略竞争

营销策略也是普洱茶产业竞争的重要手段之一。一些品牌通过线上线下的宣传推广、文化营销、跨界合作等方式，提升品牌知名度和美誉度。同时，一些品牌还通过举办品鉴会、茶艺表演等活动，与消费者进行互动和沟通，增强消费者的品牌忠诚度和黏性。其中，数字营销得到各大茶商的踊跃尝试。如大益茶积极拥抱智慧零售，与微盟合作上线超2000家云店商城，运用微盟企微助手赋能导购能力升级，并在线上直播带货、数字精准营销、

---

① 勐海茶业有限责任公司执委会委员邵爱菊，2023。

企微私域运营等方面精耕细作；茶企老板纷纷出镜普及普洱茶知识和直播带货。

（二）市场挑战

广东普洱茶市场目前面临的主要挑战是疫情的负面影响。疫情复市后整个普洱茶市场比较低迷。大多数普洱茶是高端消费品，但是各地消费保守，导致行业低迷。

2013 年以后，各个产茶地的品牌化企业出现，不少茶叶品牌在当地集散，或在全国进行招商，芳村茶叶批发市场的地位开始弱化①。疫情使芳村茶叶市场挑战升级。广州深宝门道茶业有限公司副总经理张先生透露，疫情前逢年过节的芳村茶叶市场都人满为患，人们把逛茶叶市场当成日常休闲。三年疫情让不少档口难挨关门。从交易来看，2023 年春茶产量下滑 15%，但价格并未上升。还有进军直播的普洱茶企业主表示，目前该行业的直播带货场域比较杂乱，编故事、忽悠新人等不良现象层出不穷，品质差的茶品也被投入市场，让注重长久发展的其他商家颇为恼怒。

（三）发展新方向

以广州芳村为代表的广东普洱茶市场受到一定挑战，但广东作为商业基础雄厚的国际性茶产业集散中心，其良好的市场环境和几十年培育的普洱茶现代服务体系，为普洱茶未来的发展奠定了基础。

1. 开发新型销售渠道

中国的茶叶消费还处于初级阶段，品牌相对较弱，还需要中间经销商进行分销，大部分品牌的营销中心都会设在广州，按照行业说法，普洱茶、黑茶、白茶等茶叶如果能把广州市场甚至广东市场搞定，那基本上全国也就搞定了。所以很多茶叶品牌都是双总部的模式，一个总部在产地，另一个总部在广州。事实上，已经有不少芳村茶叶市场培育出的茶叶从业者开始尝试新

---

① 广州茶文化促进会会长黄波，2023。

的销售渠道和消费模式。

2. 关联产业的兴起：广东新茶饮产业的兴起

新茶饮已成为近年来消费增长最快速的行业之一。新茶饮选用上等普洱茶生茶、绿茶、红茶和乌龙茶作为茶底，辅以不同萃取方式提取的浓缩液作为原料，并加入各类新鲜水果、新鲜牛奶、奶油等新鲜食材调制组合而成。新茶饮品牌店认真审视年轻消费者的审美和社交需求，构建兼具更多设计属性的茶饮空间，打造属于新世代消费者的中国新式茶馆。

从用户年龄结构特征来看，"90后"是新茶饮市场消费的"主力军"，2022年占消费者的50.96%。而"00后"是新茶饮市场消费逐渐崛起的另一股"新势力"，是唯一连续三年增长的年龄层，占消费者的比重从2020年的9.6%增长至2022年的13.42%。而从男女比例来看，女性对新茶饮产品的消费比例普遍高于男性，2022年占比达65.09%。

从消费单价来看，超过五成的受访者最常消费的新茶饮单价区间为11~20元，属于中端茶饮品牌；其次为10元以内的品牌，有22.2%的受访者选择。由此可见，中低端产品仍是年轻人群消费主要产品。另外，从消费频次来看，约33.3%的受访者每月消费新茶饮1~2次，26.8%的受访者每月消费新茶饮3~4次。

广东茶产业链条延长，催生了以喜茶、奈雪的茶等为代表的大批本土茶饮品牌，成为新茶饮产业重要的发源地之一。《茶与城：喜茶·城市消费报告》显示，每百万人口拥有的喜茶门店数居全国前七的城市中有3座城市属于广东省，即深圳、广州、佛山。这些茶饮离不开原材料茶叶，新零售冲泡茶饮品牌CHALI（茶里），以及纯茶消费的新零售品牌tea'stone，其创立都与芳村茶叶市场有千丝万缕的关系。天眼查数据显示，截至2023年底，全国与新茶饮相关企业33.7万余家；其中，2023年1~12月，新增注册相关企业5.4万余家，同比增长2.6%；从地域分布来看，广东以4.7万余家位列区域首位；江苏、广西分别拥有3.1万余家、3万余家，居第二、三位，企业的数量方面，广东遥遥领先；从投融资分析看，深圳、广州以及杭州新茶饮融资事件占据领先地位。从融资事件的行业分布来看，食品饮料、餐饮业和健康保健位居前列，分别有 173 起、59 起以及 2 起。从融资事件的区域分布来看，上海、广东和北京三地融资事件位居前列，分别拥有 61 起、47 起以及 44 起；而从城市分布来看，深圳、广州和杭州占据领先地位，分别拥有 23 起、20 起和 17 起。广东新茶饮融资事件也居领先地位。新茶饮头部品牌企业也以广东居多，喜茶——新茶饮行业的开创者，是深圳美西西餐饮管理有限公司创立的品牌，总部就位于广东深圳。可见，广东是新茶饮产业的"领头羊"。

从广东普洱茶市场的角度来看，新茶饮产业的兴起对普洱茶产业既是机遇又是挑战。机遇在于市场拓展，以普洱茶为基础的新兴产品的火热可以吸引更大范围的合作商户和更多年轻客户群体，但新茶饮并非只关注普洱茶，对其他茶类的运用会相对压缩普洱茶的应用份额，这对普洱茶的营销、原料供应链等方面提出了更高的要求。

3. 通过资本扶持实现市场份额的提升

2023 年 12 月，普洱茶 IPO 第一股——澜沧古茶在香港证券交易所主板成功挂牌上市。以每股 10.70 港元的发行价，共发售了 2100 万股。在香港的公开发售中，澜沧古茶获得超额认购，有效申请量达到初步可供认购股份总数的 13.23 倍，国际发售部分也获得了 1.32 倍的超额认购。澜沧古茶股份有限公司的上市突破了产品类别和地域界限，成功"破圈"进入香港资本市场。在业内看来，澜沧古茶的成功上市，宣告着中国茶行业正式迈入品牌化、资本化、规模化的时代，未来可通过资本扶持实现市场份额的提升。

五　普洱茶广东市场的营商环境

探究广东普洱茶市场，需要审视其营商环境。广东拥有成熟的消费文化与开放的市场环境，为普洱茶的流通和创新提供了肥沃土壤。

（一）法规政策

2019 年 9 月，云南省发展和改革委员会印发《云南省融入粤港澳大湾区建设若干措施》，鼓励云南农产品企业在粤港澳市场设立分支机构和销售网点，建设面向粤港澳大湾区市场产、供、销一体化绿色有机农产品供应链。

2020年8月，广东省江门市新会区与云南省西双版纳傣族自治州勐海县两地党委、政府及相关部门领导、行业协会和企业代表联合举办广东新会陈皮·云南勐海普洱茶产业协同发展洽谈会。新会陈皮、云南普洱跨省"联姻"，两地签署战略合作及系列购销协议，推动两地特色产业合作共赢，打造富民兴村产业"共建样板"。两地不少茶企签约，达成合作。

（二）营商环境

广东普洱茶经营者十分认可广东的营商环境。政府鼓励茶产业经济发展并实际联系商家，促进茶叶协会的产生和发展，协调茶叶市场。东莞茶商表示广东茶商非常现实的好处是租金较低、行政手续不烦琐，特别是在信息技术发展后很多证件实现远程办理。政府不会阻挠商户发展，对于商户来说是极大的便利和自由。经商氛围十分浓厚。疫情防控期间，广东在保证病毒截流的情况下并未完全封闭市场，茶叶生意仍然顺利开展，给商户赢得持续生存的机会。粤港澳大湾区常住人口近7000万，经济总量达到1.5万亿美元，购买力和消费力十分强劲。云南自然环境"好"、生产要素"绿"、农产品"优"，产地和销地具有良好的互相需求基础，能够在普洱茶产业方面助力两地经济发展、居民生活水平提高。

结　语

普洱茶经济在广东具有重要地位和发展韧性。广东省经济发达、茶类消费群体庞大、出口贸易频繁、饮茶文化盛行，具有普洱茶营销发展的良好条件，能够发挥出普洱茶的品质、收藏、投资价值。广东普洱茶市场规模庞大，普洱茶年消费量、出口额等名列前茅，地区茶叶市场繁荣，茶商汇聚，规模效应显著。广东在普洱茶的流通链条上主要扮演消费和销售的角色，拥有庞大的有钱有闲消费群体和稳定的境内外销区路线。广东不少茶叶交易市场全国知名，规模庞大、商铺云集、品种齐全、辐射面广、交易量大、成交额高，囊括许多传统的普洱茶企业，还有不少产品创新企业。除消费量和销售量惊人外，广东茶叶仓储也是一大特色，经济条件和气候条件为广东藏茶的全国首要地位奠定了基础，促进了普洱茶的存储、转化、增值。电商发展、疫情等给广东普洱茶市场带来不小挑战，其正依靠深厚的资源优势努力突破困境，促进普洱茶经济进一步发展。

广东普洱茶市场对云南普洱茶产业具有重要支撑、带动作用。云南普洱茶品质优越，符合广东饮茶口味，颇受广东茶商的欢迎。广东省每年从云南省采购大量普洱茶，是云南普洱茶的主要销区。广东良好的法规政策和营商环境为普洱茶企业扫除多重障碍，促进产业链协同发展。销地广东和产地云南实现资金与产品交换、资源共享、优势互补，共同推动普洱茶质量和销量提高。

B.9
普洱茶包装设计应用发展报告

苏婉婷*

摘　要： 普洱茶包装设计是普洱茶产品在营销背景下最直观有效的视觉呈现方式，也是体现产品文化、构建品牌形象的重要途径和手段。本文通过分析普洱茶产业与普洱茶包装设计之间的双向互动关系，梳理普洱茶包装设计的发展流变，从包装形式、包装材质、包装图案、包装色彩四个方面解析现代普洱茶包装设计的发展趋势。伴随着市场转型升级，本土设计创新力不足、市场适应性能力不强和文化性与商业性不平衡的问题逐渐凸显，基于此，政府的宏观把控与企业自主意识的提升，对于推进普洱茶包装设计高质量发展发挥了一定作用。

关键词： 普洱茶　包装设计　文化符号

我国茶文化历史悠久，被尊崇为"国饮"。长久的饮茶习惯中脱胎出饮茶习俗与艺术表现相结合的活动——茶艺，成为茶文化的重要构成因子。而普洱茶，作为中国传统茶文化的重要组成部分，不仅因其独特的历史背景和文化底蕴在全球茶叶市场上占有重要地位，而且因其独特的生产过程和陈化潜力在众多茶类中独树一帜。普洱茶的历史可追溯至数千年前，其独特的发酵过程赋予其独特的口感，陈化过程使普洱茶的口感和香气随时间变化展现出丰富的味道层次。正因这些独特性，普洱茶不仅是一种深受追捧的生活饮品，更成为中国传统文化中一个复杂且深邃的文化象征。

---

* 苏婉婷，云南省文化产业研究会助理研究员，云南大学民族学与社会学学院在读博士，研究方向为文化产业与区域社会发展。

普洱茶的发展历程呈现从传统农业产品到文化商品的转变。普洱茶的历史、生产过程、品饮方式以及在中国种类繁多的茶文化中的地位，都意味着普洱茶已不是简单的云南高原特色农副产品，而是承载着丰富内涵的文化符号。在大众文化消费时代，普洱茶与现代包装设计相互赋能，已成为具有文化意义的大众文化消费品。普洱茶特有的文化属性不仅彰显了普洱茶自身的文化价值，也为地方经济的多元化发展提供了动力，展示出卓越的商业价值，成为推动地方经济和社会进步的重要产业，为地方经济社会发展带来了持续而深远的影响。

一 普洱茶产业与普洱茶包装设计

伴随普洱茶市场的扩展，普洱茶产业的外延也不断扩大，包装设计形式愈加丰富，体现出普洱茶产业与包装设计强劲的双向互动关系。当下的包装设计不仅具有方便储存的使用功能，更是普洱茶文化最直观的物质表现形式，是传递文化、促进销售的重要媒介，在提升产品附加值、吸引消费者、扩大市场影响力等方面发挥着越来越重要的作用。普洱茶产业的发展不断推动包装设计的更新，使其不仅作为产品的"外衣"，更是成为传递品牌价值、文化内涵和市场定位的重要手段。以普洱茶产业发展趋势为指导，包装设计也在不断适应市场的过程中发展演化，不断与社会消费发展特征相适应，在竞争激烈的市场中有效帮助普洱茶凸显其独特性、构建品牌文化。

（一）普洱茶产业发展推动包装设计的创新

随着文化产业的持续发展和全球化的深入，普洱茶产业不仅在茶叶生产技术和质量上取得了显著成就，在包装设计方面也展现出独到的艺术和商业价值，成为文化传播、市场营销以及品牌建构的重要载体。

在当前的市场环境下，包装已成为品牌故事讲述的关键媒介，它不仅反映着普洱茶的品质和特性，更体现了品牌的核心价值和文化内涵。在普洱茶市场扩展和消费者审美提升趋势的引导下，普洱茶包装设计也作出相应改变。普洱茶包装从最初仅限于基本的封装保护、避免茶叶损坏的单一功能性价值层面，扩展到增强外观吸引力、建立品牌认同、表达消费者独特品位等多元文化价值层面，实现从以功能为导向转为以个性化和精神文化价值为导向的重大跨越，从色彩选择、材料使用、图案设计到包装形式都传递着普洱茶的文化价值和品牌理念。茶企通过普洱茶包装的创新设计，达到建立品牌独特性、实现市场差异化竞争的目的，包装设计愈加成为一种行之有效的品牌构建手段。

受文化消费影响，包装不仅要快速吸引消费者的视觉注意力，更要传递品牌的独特性和文化深度。云南普洱茶产业得益于得天独厚的地域优势，一些产品在包装设计上体现出深刻的地域文化内涵。比如，山韵江城茶业有限公司的江城印象，包装图案以少数民族传统纹样为基底，展示出独特的民族文化与地域特征，这些元素不仅使普洱茶的包装成为一种民族文化的展示载体，还增强了产品的市场吸引力和文化价值。通过这种方式，包装设计不再是单纯的商品保护手段，而变成传达品牌故事和传统文化的媒介，吸引更多寻求原生态和文化体验的消费者，从而为云南特色产品打开更广阔的市场。

随着普洱茶市场逐渐扩大，普洱茶逐渐走进国际视野，包装设计为适应不同国家和地区消费者的文化差异和审美偏好，呈现全球化发展趋势。普洱茶包装设计在适应国际市场发展的过程中，融入多元文化元素，满足不同文化背景消费者的审美需求，改变包装形式，适应国际饮用习惯，提高了普洱茶在全球市场的影响力和认可度。

在年轻群体中盛行的"国潮养生"风，也进一步促进包装与当代需求的有机结合，催生一轮新消费风尚和意识形态上的新认知。根据《消费者洞察》相关报告，"90后"和"00后"饮用普洱茶的比例逐年提高，表明年轻人对普洱茶兴趣度的提升，年轻人成为普洱茶市场需要争夺的重要消费人群。不少茶商抓住该流量密码，推出养生与联名系列，打破传统强仪式性的茶文化，推出快捷方便、轻仪式的养生茶品，引导健康生活方式。包装设计上更显年轻化、个性化。比如，帝泊洱普洱茶携手坚果品牌臻味，推出联名产品"茶遇臻礼"和"御茶臻礼"，就是以新中式的设计风格，打造"轻享佳节无负担"的产品理念，产品一经推出，备受年轻人喜爱，成为佳节送礼的必备单品。又如，山韵江城茶业有限公司的如意礼盒，色彩使用更加夺目的红色，以此烘托喜庆吉祥的氛围，并将卡通化的众神像通过满铺的方式绘制在包装上，中间以扇形为底，书"如意"二字，提手的皮质材料与包装盒整体的硬纸板材质进行拼接，整体具有层次感，轻松卡通的设计手法更贴合年轻化的消费审美。

全球对可持续发展的迫切需求引导现代消费者越来越关注产品的环保性，促使普洱茶企业在包装设计上做减法，避免过度设计，采取更加绿色的材料体现生态环保理念，加之印刷技术和材料科学领域的发展，也为普洱茶包装设计提供了更多可能性。新技术的应用不仅使包装设计更加多样化，提供了更大的创新空间，还使包装更加环保和实用。如西双版纳的凡物象印古树茶，外包装采用木屑压缩板的环保材料，贯彻绿色生态理念，封面插画巧妙地将茶园、茶树、采茶人等元素用类似大象头部的造型结合而成，呼应茶叶产地，展现生态和谐的画面，不仅展示了企业的社会责任感，也与现代消费者的环保意识相契合。

（二）普洱茶包装设计带动地方经济社会的发展

普洱茶包装设计作为文化产业的关键组成部分，对促进地方经济社会发展具有深远影响。这种影响在增强品牌价值和市场竞争力到促进文化传播和旅游业发展，再到创造就业机会以及推动环保意识和可持续发展等多个层面得以体现。

在当今竞争激烈的市场环境中，普洱茶包装设计的创新性与吸引力对于品牌形象的塑造至关重要，包装设计不仅是文化传播的重要工具，也是品牌理念的具体表现。通过将文化内涵和品牌特性深度融合，普洱茶创造出独特的视觉感知，从而直接塑造消费者对产品的感官体验，有效提升品牌的独特性和识别度，增强市场吸引力，进而开拓新的市场领域。高质量、创新性和视觉吸引力强的包装设计，使普洱茶有效地区别于其他茶叶品类，构建品牌形象和市场认知，带动地方普洱茶市场的发展。

有效地包装设计是文化传播的重要途径，其独特性在于其与地方文化元素的深度融合，这一过程涉及对民族特色和传统工艺的提炼与重构。这种设计不仅是视觉艺术的体现，更是一种文化传达和价值提升的策略，通过将地方文化元素融入包装设计中，使普洱茶的文化价值显著提升，为当地传统文化的传播和保护提供了一个有效的平台，带动民族工艺的发展，成为地方文化传承和展示的重要载体。以包装设计为介质的文化传播，通过故事性、互动性等方式利用视觉元素传达出地方特色和文化精神，吸引游客对产地文化的好奇心与兴趣，从而带动体验型经济的发展，为地方旅游业带来了新的发展机遇，进而优化地方产业结构、带动地方经济发展。

普洱茶包装设计行业的兴盛不仅代表了一种文化和艺术的发展，还通过普洱茶包装设计行业的发展带动了就业市场的多元化发展。设计业和印刷业在包装设计中发挥着直接作用，而销售业和物流业则为行业发展带来间接就业效应，增强地方对不同技能和背景人才的吸纳能力。普洱茶包装设计行业的发展在创造大量就业机会的同时，对地方经济增长和产业链发展产生深远影响，不仅可以通过税收的方式有效增加地方财政收入，还可以完善地方产业结构，延长产业链，增强地方经济韧性和抗风险能力，促进形成良性经济增长循环。

为响应全球环境保护和可持续发展的号召，普洱茶包装设计行业向可持续、废弃物再利用和生物降解材料的应用转变，这种转变降低了普洱茶包装成本，减少了能耗，还有效促进了绿色环保的地方经济模式的形成。

二 普洱茶包装设计的发展脉络及趋势

在从农产品到商品再到文化象征品的演化过程中，普洱茶的属性改变，其文化属性与经济属性被逐渐释放，在这种变化中，普洱茶的包装设计必然也随之改变。

（一）普洱茶包装设计的发展脉络

综观普洱茶包装设计的变化，大概经历了号级茶—印级茶—七子饼—特种茶四个阶段，从简单的包裹密封到如今的设计美学，普洱茶的包装形式和价值正在发生变革，形式愈加丰富多元，设计更加细化个性。

1949 年前，私人茶庄生产的普洱茶被称为号级茶，这一时期的普洱茶包装设计较为简约朴素，主要聚焦于包装的功能性，而非审美设计。号级茶包装方法为"七片一筒"，每片普洱茶饼叠放在一起，整筒用笋壳外包，以竹篾捆扎。例如，百年古董宋聘号圆茶，整个茶饼是裸露的状态，并没有单独以棉纸进行包装，但其茶饼表面附有一张内飞标签，用作识别茶品的标志，体现出早期古董茶包装的极简主义特征。

20 世纪 50~70 年代，随着茶业由私营茶庄向国有茶厂的转型以及小型平压印刷机的普及，茶叶生产进入所谓的"印级茶"时期。在此阶段，包装上开始采用印刷技术，茶业诞生了红印系列、蓝印系列产品，茶饼包装正面上印刷如"中茶牌圆茶"和"中国茶叶公司云南省公司"的文字，以及显著的八中茶商标。此时的包装仍保持"七片一筒"的包装形式，但在每片茶饼外覆一层棉纸。此时期的变化标志着普洱茶包装在技术和设计上有了一定发展，但仍以功能性包装为主。

在后续的七子饼茶生产中，包装风格延续了印级茶的传统，包装保留了先前使用的笋壳材质，此外增加了竹壳或铁丝作为捆绑材料。在包装封顶上印制显眼茶饼名称成为七子饼茶主要装饰元素。在这一时期，茶商主要集中精力于强调各自产品的优越口感和品质，因此，普洱茶的包装设计仍旧以功能性为主，美学元素并不突出，装饰主要依赖印刷的茶品信息文字。

自 2007 年以来，普洱茶市场从卖方主导转向买方主导，并经历了市场细分，导致普洱茶包装从注重功能性转向注重形式美。为了提升产品在竞争中的吸引力和市场份额，茶商开始着重考虑包装的美学设计、文化内涵、品牌形象以及消费者体验。在这个时期，普洱茶的包装设计特点突出，内包装延续了传统手工制作的棉纸，而外包装根据消费者需求采用多样化的风格。

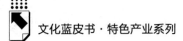

这种变化在一定程度上提升了普洱茶的文化和商品价值。

伴随常换常新的消费心理，小巧精致的包装逐渐成为市场趋势，普洱茶的包装设计也从大型盒装向小型盒装转变，趋向于更加精致和小型化的设计。此外，快节奏的生活方式简化了饮茶仪式，导致普洱茶的形式从压实的茶饼向散茶转变，包装设计不再局限于传统的茶饼形式，而是走向袋装茶、罐装茶、茶包等形式多样化的发展路径。

（二）普洱茶包装设计的发展趋势

包装设计赋予了普洱茶以商品功能，在现代茶产业发展中，包装设计不再以功能性为唯一目的，更多的是作为品牌形象和消费场景的构建。包装设计从功能性上升到艺术性层面，呈现形式更加丰富、材料使用更加多元、图案设计凸显地域文化、色彩选择贴合市场定位的发展趋势。

1. 形式更加丰富

普洱茶的包装根据其结构和形态的差异，主要分为两大类：散茶和紧压茶。紧压茶因其压缩后出现饼茶、砖茶、沱茶等独特外观，便于储存和运输，这也是普洱茶包装的主要形式。但受市场年轻化、消费个性化现象的影响，散茶、袋泡茶等形式也在包装设计中崭露头角并呈现迅猛发展势头，包装设计也逐渐走向个性化、定制化的发展道路。

普洱茶的传统包装形式承载了深厚的历史文化和茶艺传统，对于许多消费者来说，选择传统包装形式的普洱茶，不仅是品味一种茶，更是体验一种文化和历史。对于普洱茶这种越陈越香的茶类来说，传统包装形式，如饼茶、砖茶、沱茶等，其紧凑的形状便于长期保存和运输，且有利于茶叶的陈化过程，因此，传统的包装形式对于普洱茶的特殊性来说是遵循产品特性的最佳选择，现代消费者对于普洱茶的传统包装形式仍有着较高的认可度和接受度。

袋泡茶为快节奏的生活提供了更为便捷的饮茶体验，这是一种采用薄型滤纸材质进行包装的茶叶产品，具有小巧轻便、便于携带的特点，省去了茶叶分量调控和过滤过程，大幅提高了茶饮的便捷性和效率，深受年轻人喜爱。此外,对应袋泡茶小巧、便捷、便于携带的特点,随着材料、技术的发展以及市场需求和环保的要求,袋泡茶包装形式不断升级,从有绳设计逐渐演变为无绳设计,以减少材料使用、降低对环境的影响,并通过个性化的表达展现出时尚和创新的设计理念。这不仅反映了消费者对美观和实用性的双重需求,也体现了茶文化在现代社会的新演绎,形塑出一种新的饮茶方式。

当下,已有部分茶商推出个性化定制服务,根据消费者的个人喜好和需求,打造独一无二的包装形式,使消费者在购买产品的过程中,满足差异化、个性化的消费心理。个性化定制的包装设计融入互动元素,如常见的刻字服务,增添产品的趣味性,加强消费者与产品之间的情感联系,从而增强消费者对产品的喜爱和忠诚度。

2. 材料使用更加多元

普洱茶包装设计领域所采用的材料类型丰富多样,主要可归纳为纸质材料、天然材料、纺织品以及陶瓷四大类别。随着现代交通的发展,普洱茶的运输周期问题已不再成为包装材质选择的主要考虑依据,对包装材料的选择大多以产品的储存特性为考量核心。比如,棉纸作为最传统的普洱茶包装材料,因其广泛的可用性和适宜性,同时兼具造价较低、可印刷性强的特点,成为普洱茶包装的首选,棉纸优良的延展性和吸水性能够很好地满足茶饼和沱茶需要避光、避风和避潮的储存需求,成为包装材料的理想选择,沿用至今。

但也有部分设计师尝试将传统材料与现代材料融合,在保持传统文化元素的同时,融入现代材料,使包装设计更具创新性,满足现代消费者的审美需求同时还巧妙地融入地域文化元素,增强普洱茶的地域辨识度,有效传递地域文化信息。在现代防腐技术和印刷工艺的支持下,传统上被认为功能性较低的布类和陶瓷类材料,如今也能在普洱茶包装中得到更加灵活的运用。例如,布料包装能够提供一种亲肤的质感体验,而陶瓷包装则能够展示更高端的视觉效果,同时体现出普洱茶深厚的文化背景。

普洱茶包装材料也逐渐融入可持续性和生态环保的理念。环保材料在普洱茶包装设计中的应用，不仅体现了消费者的环保理念，更蕴含着丰富的绿色经济效益，也能带动本土资源的回收再利用。部分包装设计采用可生物降解的包装材料，如纸质、竹质、笋壳等，通过回收再利用，减少对新资源的开采，减轻环境压力。

3. 图案设计凸显地域特色

在普洱茶包装设计中，地域文化元素的融入对于凸显普洱茶的独特文化价值至关重要，这种设计不仅体现了品牌的个性，还反映了目标消费群体的多样化需求。普洱茶品牌的视觉标识与其文化背景紧密相关，通过对云南地区丰富的自然生态和社会文化特色的提炼和转化，将这些特色以视觉化和符号化的形式呈现出来，使图形元素不仅具有鲜明和独特的云南生态文化特色，而且成为普洱茶品牌形象设计的有机组成部分。普洱茶包装设计中常见的图案类型可以归纳为四个主要方面：民族文字、特色建筑、地方景观和民族文化。

普洱茶品牌形象设计中的文字应用旨在传达茶叶的原产地文化、历史沿革、饮茶习俗以及茶叶的质量特征等，从而突出普洱茶品牌的文化特色。例如，大益集团的logo巧妙地融合了"大"和"益"两个字的元素，将其进行叠加，进行艺术化处理，具有较强的标识性。其产品包装设计以金色为底，中央突出大益茶的标识，整体呈现简洁而高端的设计风格。

具有民族文化特色的建筑也是设计师常使用的文化素材，通过提取重组讲述地方文化。例如，山韵江城茶业有限公司意境礼盒的包装设计巧妙地将传统村落的建筑特色融入其礼盒包装中心图案中，木质盒体搭配烧制而成的陶瓷水墨绘画，向消费者展示了云南民居建筑文化与普洱茶的生长环境，充满意境。

自然景观能够生动地展示普洱茶的产地和生长环境，因此设计师常常将茶山、古茶林、热带雨林等景观元素通过绘画的方式进行艺术提炼，以此展现普洱茶地区的特色景观。例如，"合和昌·勐海源味"的包装设计中，勐海的生态景观被极简的线条形式表现，中间搭配书法文字，展现了勐海优越的自然生态环境。

云南省丰富的自然资源和多样的少数民族文化为设计师提供了丰富的灵感来源。通过提取民族特色元素，包装设计可以展现独特的文化背景。例如，鑫乾茗茶系列产品通过手绘插画的方式，展示了当地民族的生活风情和自然环境，如穿着民族服饰的人物与茶山的结合，以及他们对茶叶的热爱，展示了当地特有的少数民族风情和和谐的生态环境。

4. 色彩选择贴合市场定位

综观市面上普洱茶的包装设计，以白色或棕色为主色调，这些颜色的选择不仅凸显了普洱茶的自然与厚重特性（低调且稳重的色彩更加符合普洱茶自然醇厚的产品特性），而且巧妙地利用颜色与其他茶品进行了区分。普洱茶包装设计也常以对比较为强烈的辅助色彩对整体画面感受加以点缀，如使用中国传统色彩金色，从云南独特的地域文化中提取色彩等，都为其提供了更多选择和灵感。

茶叶的品类也是普洱茶包的色彩选择依据。熟茶的特点是红褐色的外观和独特的陈香，茶汤色浓、滋味醇厚，因此，其包装设计适宜采用饱和度和纯度适中的暖色调或中性色调，如棕色、深红色、暖灰色等。这些色调不仅反映了普洱茶的地域文化内涵，还与熟茶的自身特质相符合。而普洱生茶则显示出墨绿色的色泽和清亮的茶汤，其包装设计更适合使用低饱和度和低纯度的中性色调或冷色调，如中灰色、浅咖啡色、橄榄绿色或浅黄色等，这些色调更能凸显生茶的特点。通过这种精细的色彩管理，包装设计不仅能够区分不同种类的普洱茶，还能提升消费者的视觉体验和品牌认知。

普洱茶包的多样化形态不仅是其历史演变的结果，也是丰富的地域文化特色的体现。从传统的饼茶到现代的包装创新，普洱茶的包装设计逐渐融合了功能性和美学价值，体现了茶文化的深厚底蕴和时代发展的趋势。这些包装形式不仅为普洱茶提供了保护和便利，还成为传播其独特文化和历史的重要媒介。随着市场的发展和消费者需求的变化，普洱茶包装在保持传统特色的同时，也在不断创新和适应新的市场趋势。

三 普洱茶包装设计现存的问题及解决路径

伴随普洱茶市场知名度的逐渐提高，新的普洱茶品牌不断涌现，普洱茶产品形态更趋多元，茶商为适应市场积极谋求转型发展，整体呈现欣欣向荣的发展态势。虽云南普洱茶产业发展迅猛，但包装印刷主要依赖省外市场供应，本土包装印刷产业发展相对滞后，传统标准化的包装设计难以满足消费者多元化、个性化的消费需求。面对庞大的普洱茶市场，包装设计在云南有着巨大的产业发展空间，若能激活本土包装设计产业的发展活力，不仅能够提升本地产品的市场竞争力，还能够促进相关产业链的全面发展，进而催生一个可持续的文化产业和创意经济业态。

（一）普洱茶包装设计的现存问题

当前普洱茶包装设计未能与普洱茶产业发展适配，云南本土包装印刷行业相对滞后，在一定程度上限制了包装设计的创新和发展，市场尚未形成统一的包装设计规范，导致同质化产品大量涌入市场、竞争激烈。并且，包装设计存在文化性与商业性失衡的问题，影响消费者对产品的接受度。优化普洱茶的包装设计，实现普洱茶品牌升级和产业升级，推动现代文化产业的发展是普洱茶发展亟须解决的课题。

1.云南本土包装印刷产业发展滞后

云南是重要的产茶大省，普洱茶包装费用占产品销售总额的 10%～15%，但包装设计大多依赖省外制作工艺，本土包装印刷生产基础相对薄弱，普洱茶包装设计服务体系尚未完全建立，资源较为分散，未能形成完整的产业链。本土设计公司大多难以摆脱传统设计思维的桎梏，过度依赖传统和陈规的文化符号及材料选择，而忽略了在文化表达和品牌差异化方面的创新。普洱茶作为一个拥有深厚文化底蕴的传统产品，其包装设计不仅是产品的直接视觉展示，更是文化传播的重要载体，设计固化容易导致品牌同质化现象的加剧，限制普洱茶品牌展现其独特性及个性化。

普洱茶包装设计的固化忽视了文化产业中跨界融合的趋势，如融合当代艺术、设计创新、科技元素等，通过多元化的视角和方法来重新诠释和表达产品理念。这种跨界融合不仅能激发新的设计思路，提高设计的创新性和艺术性；而且能增强普洱茶品牌在市场上的竞争力、提高吸引力，为普洱茶品牌带来新的市场机遇，从而推动文化产业与地方经济的共同发展。

2. 市场适应性能力不强

普洱茶历史悠久，不仅是一种饮品，更是中华文化的重要组成部分。传统上，主要消费群体为中老年人，这一群体对普洱茶的文化和历史价值有着深刻的认识和尊重，通常更注重饮茶的仪式感和文化内涵，这在传统普洱茶的包装设计中得到了体现，强调传统风格和文化厚重感。然而，随着"国潮养生"的兴起，年轻消费者群体开始更加关注健康养生，普洱茶市场也逐渐向年轻化发展。相较于中老年群体，年轻消费者通常寻求更加现代化、时尚化和便捷化的产品，对传统文化的接受方式也与中老年人存在显著差异。因此，普洱茶的包装设计需要适应这种变化、迎合年轻群体快节奏的生活方式，推出方便携带冲泡的产品，将传统元素与现代审美相结合，以更加清晰和吸引人的形式传递品牌信息。而当前市场上的普洱茶包装设计在很大程度上未能有效适应这一变化，包装设计仍深受传统茶文化的影响，强调饮茶仪式和茶文化的厚重感，而忽视了年轻消费者对设计创新和文化现代性的需求，这种设计上的滞后影响年轻消费群体对普洱茶文化价值的认知和购买决策。

3. 文化性与商业性不平衡

普洱茶承载着丰富的历史、艺术和哲学价值，然而作为一种商品，普洱茶也需要在市场上保持其商业竞争力。普洱茶的文化价值需要通过有效的传播策略进行维护和弘扬，通过包装传达品牌的历史、价值观和故事，最终实现商业价值；而普洱茶的商业价值也依赖市场表现，包括产品质量、品牌形象、市场定位和营销策略，需要文化的全程参与。现在普洱茶市场大多以产品的商业价值为考量标准，在包装设计中，往往过分强调吸引消费者的视觉元素，而忽视了普洱茶深厚的文化内涵，这种偏向商业性的设计方式，虽然能够在短期内提升产品的销售量，但在长期的品牌建设和市场竞争中，会削弱普洱茶的文化价值，导致品牌形象的单一化和同质化。

（二）普洱茶包装设计的优化路径

通过近些年普洱茶产业的快速发展，其市场影响力逐渐形成，普洱茶、普洱咖啡、云南茶以及周边产品，如茶具、茶艺、建水紫陶和银器等的知名度也逐渐打开。在云南特色产品发展的推动下，包装设计因与市场表现、品质感知和价值定位的紧密关联性，在延长产业链、增加产品附加值等方面展示出强大优势，因此符合市场需求、尊重品牌定位、展现品牌文化的包装设计显得尤为重要。

1.完善本土包装设计服务体系

伴随着云南普洱茶市场影响力的扩大，包装设计无疑是连接产品与市场的中间产业，在普洱茶产业链中起着举足轻重的作用。尽管云南茶的包装设计表现出巨大的市场潜力和文化价值，但现代包装设计的主体和核心更多集中在东部沿海地区，云南本土的包装设计产业尚未得到政府和企业的足够重视，包装设计产业发展不够完善，本土设计难以满足云南普洱茶市场的需求。

为扭转这一现状，积极利用本土资源延长产业链，从包装设计方面带动地方社会经济发展，完善产业业态，在云南普洱茶未来的发展中，采取积极的策略促进普洱茶与包装设计的双向赋能是推动普洱茶包装产业进一步发展的重要路径。通过创新的设计理念和技术，将云南普洱茶的品牌建设和包装设计紧密结合，提升云南普洱茶的品牌形象和市场竞争力。积极对接东部包装设计产业，借鉴引进其先进的设计理念和技术，形成以昆明为中心、辐射周边的现代包装设计产业园区和现代包装设计平台。对接高校设计专业人才，谋求与高校艺术类专业的长期合作，通过"校企合作"的方式引进和培养专业设计人才，提高云南本土设计产业的创新能力。

2.融合文化与市场竞争力

普洱茶包装设计为确保其在市场中的竞争力和文化传承，应大胆进行创新与发展。通过定期的市场调研，深入洞察消费偏好，洞悉市场动态和消费趋势，积极响应市场需求，调整包装风格。借助设计竞赛、工作坊或社交媒体互动等方式，让消费者参与到包装设计的过程中，增强设计的多样性和创新性，构建消费者与品牌间的互动关系，增强用户黏性。

在普洱茶市场竞争日益激烈的当下，普洱茶包装设计应当更加注重文化创意和创新能力的培养和应用，这不仅涉及对传统文化元素的现代诠释，也包括对云南地区独有的自然生态、民族风情、历史故事等元素的深入挖掘和艺术化表达。通过对文化符号的挖掘与重构，普洱茶包装能够更加生动、多元地呈现云南的地方特色，为消费者提供独特的文化体验，从而在市场上实现品牌的差异化和竞争优势。

多领域的合作也是普洱茶包装进行创新设计的一大切入点，多元化的合作方式不仅可以促进新思维和创新理念的产生，也使普洱茶的传统文化元素得以与现代设计技术，如增强现实体验和互动包装等相结合，为普洱茶包装设计提供新活力，确保文化与技术有机融合。

积极与全球的设计师和文化机构建立联系，使普洱茶品牌获得更广泛的国际视野，理解全球设计趋势和文化多样性，提升品牌的国际形象，为普洱茶包装设计带来更多元和创新的理念。

3. 精准营销与体验互动

在消费群体日渐细分的背景下，普洱茶市场推广和品牌策略需要细致入微地考虑不同消费者群体的需求和偏好。普洱茶包装设计需要更具针对性地细分消费群体，明确产品定位，根据不同消费群体的偏好有针对性地设计出符合各细分市场需求的包装和营销策略，确保以最适宜的方式吸引不同目标群体。例如，针对高端消费人群，推出限量版或特别系列产品，强调产品的高端性、稀缺性，引导消费行为。

数字技术的快速发展和广泛应用推动人们的生活习惯和消费行为逐渐向信息化、数字化、网络化、智能化方向发展，改变了消费者获取信息、购买商品和享受服务的方式，为企业提供了新的营销和服务手段。在数智化背景下，合理利用数字技术，根据消费者的喜好和需求，为消费者提供更具互动性和个性化的消费体验。通过社交媒体、移动应用等平台，与消费者进行更直接、更频繁的互动，提高消费者的参与度，为消费者提供更丰富、更个性化的消费体验。

4. 构建文化品牌意识

成功的品牌构建策略不仅能使品牌在市场上凸显其独特性，还能加深消费者对普洱茶文化价值的理解与欣赏，持续性地传播品牌文化。构建文化品牌可以通过组织普洱茶文化展览、专题讲座和品鉴会等各类文化活动，强化对文化教育和宣传营销的投入，提升消费者对普洱茶文化价值的认知和认同，加深消费者对品牌的理解和尊重，建立品牌文化权威性和消费者的文化认同感。通过有效讲述品牌故事构建强有力的品牌形象，以引人入胜的叙事方式，强调普洱茶的文化背景、制作工艺和品质，提升品牌文化属性和叙事性，增强消费者与品牌的情感联系，突出品牌的独特性和差异化。建立有效的市场反馈机制，保证策略的科学性和有效性，通过动态评估和调整，实现商业目标与文化传承的和谐共生。

结　语

普洱茶以其独特的发酵工艺和口感，在全球茶叶市场中占有一席之地，不仅在国内深受欢迎，也越来越多地出口到海外市场，在近些年的发展中已经成功从农产品转化为文化商品，承载着文化与商业的双重属性。现今，普洱茶产业规模更是持续多年稳定增长，市场占有份额逐年扩大，具有成为中国茶叶区域公用品牌第一的趋势和潜力。部分普洱茶企业有意识地通过品牌建设、产品创新等方式，推出了多样化的产品，以满足不同消费者的需求，电商平台的兴起也为普洱茶的销售提供了新的渠道，普洱茶包装设计作为一种最直观的品牌打造以及营销方式也将有更广阔的天地。从包装设计入手擦亮普洱茶招牌，要从市场、政府、企业三个维度进行，积极引导，提升本土创新活力；适应市场，坚持守正创新；做大规模，做全产业链；以设计赋能普洱茶产业，实现普洱茶包装设计的高质量、市场化、品牌化、本土化发展，积极打造一批走向全球的普洱茶品牌名片。

B.10
普洱茶新潮茶饮消费群体画像报告

李雪韵 李彦忻*

摘 要： 当前，茶饮正逐渐成为一种备受瞩目的新型文化消费模式，吸引了广泛关注，尤其是年轻消费群体。新式茶饮店以美学空间打造、文化品牌营造、生活方式创造等为主要特色，纷纷进入人们的视野。随着文化消费的日益盛行，文化作为软实力开始在推动国家快速发展的基础上进一步提升国家实力和国际地位。关注新式茶饮的消费群体可以为中国传统茶文化的创造性转化和创新性发展提供一定的帮助。新式茶饮店的出现不仅满足了人们口感的需求，更提供了一个融合美学、文化和生活方式的消费场所，进一步传播和弘扬中国传统茶文化。通过与时俱进的方式，结合现代人的审美和生活方式，新式茶饮不断地丰富和拓展了传统茶文化的内涵，使其更具活力和吸引力。因此，新式茶饮的兴起为中国传统茶文化的创新和发展提供了推动力，有助于将传统文化融入当代生活，进而提升国家的软实力和国际影响力。

关键词： 新式茶饮 文化消费 美学空间 生活方式

随着全球化浪潮的席卷，世界各地的文化资源在瞬间成功转化为文化资本，引发了一场大规模的文化消费浪潮。这场浪潮呈现个性化、多元化和即时性的特征，深刻地塑造着当代社会的文化风貌。正是在这一语境下，各种各样的文化消费构成了不同消费群体的画像，而这些画像正是文化生产和文化消费市场日益重视的焦点之一。这种画像描写不仅有助于文化生产者更好地理解目标受

---

* 李雪韵，昆明传媒学院教师，主要研究方向为文化产业发展；李彦忻，云南大学民族学与社会学学院在读博士，主要研究方向为文化消费与区域社会发展。

众，还能为文化消费者提供更有深度和引起共鸣的文化产品。消费者的文化画像成为文化产业创新的基石，通过这一创新，不同群体间的文化差异将被更好地理解和尊重，从而为社会的多元和共融发展提供有力的支持。在全球化的浪潮下，多元化的文化产品供应链日益完善，各种风格、主题和形式的文化产品不断涌现。通过创新、跨界合作和数字化技术的应用，文化生产者可以为各个消费群体提供更加个性化、贴近其审美心理的文化产品。这种多元化的供给不仅满足了消费者的多样化需求，也推动了文化产业的繁荣。全球文化的传播，文化资源的转化，个性化、多元化和即时性的特征，以及对特定消费群体的深入了解，都为当代文化生产和文化消费市场的拓展注入了新的活力。

一　作为茶文化传统当代创新发展的新式茶饮行业

（一）新式茶饮的概念与特征

新式茶饮是一种将传统茶文化与现代消费趋势相融合的茶饮产品。相较于传统的茶饮，新式茶饮强调创新、时尚和多元化，通过巧妙的口味搭配、独特的品牌理念以及现代化的经营策略，吸引了年青一代和时尚消费者的关注。新式茶饮旨在打破传统茶文化的沉闷形象，注入更多的活力与创意，满足现代消费者对品位和体验的追求。新式茶饮在创新的同时，传承了传统茶文化的精髓。通过选用高质量的茶叶，强调茶文化的源远流长，为消费者提供了对传统茶的新体验。在新式茶饮的制作过程中，一些品牌强调茶道的精神，注重泡茶的仪式感，这种仪式感不仅是一种文化的传承，也为消费者提供了一种愉悦的心灵体验。此外，一些新式茶饮品牌在店铺设计中融入传统茶具元素，如茶壶、茶杯等，以此传递对传统文化的敬意。这种融合展现了新与旧的和谐共存，为茶文化的传承提供了新的现代表达方式。《中国餐饮大数据2021》显示，2020年中国现制茶饮市场规模为1136亿元，并且拥有2.5亿消费群体，人均消费量6.2杯/年。预测到2025年，中国现制茶饮市场规模达到3400亿元（见图1）。此外，截至2020年底，新式茶饮门店数

量约 37.8 万家，新式茶饮门店在饮品店总量中的占比达 65.5%，预计 2023
年新式茶饮门店数可达到 50 万家。

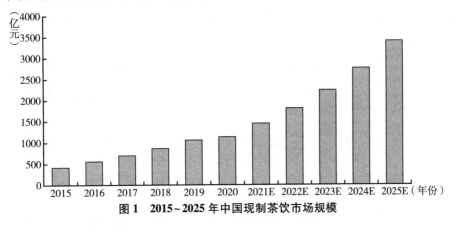

图 1 2015~2025 年中国现制茶饮市场规模

资料来源：灼识咨询。

从一线及新一线城市来看，广州、深圳、东莞、成都、上海、重庆 6 个
城市的新式茶饮门店均在 6000 家以上，其中，广州新式茶饮门店数超过 12000
家，是唯一"新茶饮万店城市"。其中，新式茶饮门店密度 TOP3 城市集中在
广东省，分别是东莞（7.7 家/万人）、广州（6.6 家/万人）和深圳（4.7 家/
万人）。昆明（4.6 家/万人）、长沙（3.5 家/万人）新式茶饮门店密度紧随
其后，位居第四、第五位（见图 2）。

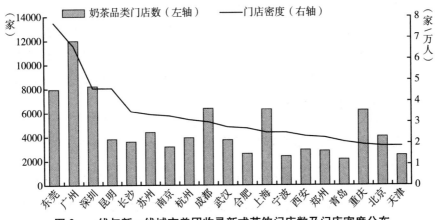

图 2 一线与新一线城市美团收录新式茶饮门店数及门店密度分布

资料来源：美团、各地统计公报。

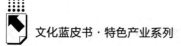

在传统茶文化的基础上，新式茶饮通过与时尚、创意相结合，重新定义了茶的消费形态。其兴起可以追溯到近年来对生活品质和健康饮食的追求，以及年轻消费群体对新奇、时尚饮品的热衷。新式茶饮的特点主要体现在以下方面。

品牌差异化：新式茶饮注重品牌差异化，每个品牌都在打造独特的形象和故事，以吸引不同的消费者。品牌的个性化和独特性成为消费者选择的重要因素。

口味创新：通过引入不同的口味和配料，新式茶饮在传承传统茶的基础上进行创新。水果、花果茶、奶盖等元素的加入，使茶饮更加丰富多彩，满足了不同口味的消费需求。

消费体验：新式茶饮注重为消费者提供良好的消费体验。从店面的装修、音乐氛围到员工的服务态度，都强调在品牌的氛围中使消费者感到愉悦和舒适。

线上线下融合的销售模式：新式茶饮通常采用线上线下融合的销售模式。通过线上 App 点单、会员制度等方式提升消费者的购物体验，同时线下店面则成为实体消费的场所。

时尚文化与社交互动：新式茶饮与时尚文化紧密相连，常常与艺术、潮流等元素结合，参与各类时尚活动和合作。此外，通过社交媒体的活跃互动，提升品牌在年青一代中的知名度。

从新式茶饮的消费体验场所来看，不同于传统茶饮，其场所依附于其他行为功能，如聚餐、办公等，注重茶饮的性价比和可续性。新式茶饮消费体验场所往往以独立的空间形态呈现，注重空间的美学化，以生活美学场景的方式提供具有仪式感的茶饮消费空间。

（二）新式茶饮的受众群体分析

新式茶饮作为一种融合传统茶文化与现代潮流的茶饮产品，其受众群体呈现多样性和广泛性。新式茶饮的蓬勃发展得益于我国近年来经济的高速增长、人均可支配收入持续上升。同时，年轻消费群体对于新鲜事物的强烈兴趣也为新式茶饮市场注入了活力，外卖业务的广泛普及进一步推动了线上消费的崛起，成为新式茶饮迅猛发展的重要动力。综合来看，新式茶饮的受众群体以年轻人为主，同时也吸引了注重健康、时尚潮流、社交文化、个性化和品质的广泛人群（见图3、图4、图5）。这种多元化的受众基础为新式茶饮市场提供了广阔的发展空间，同时也促使茶饮品牌不断创新，以迎合不同群体的需求。

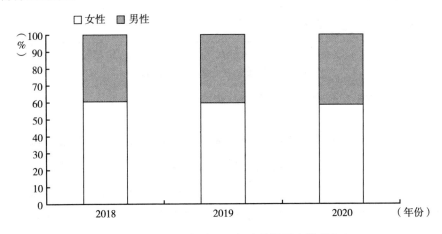

图3 2018~2020年饿了么新式茶饮用户性别分布

资料来源：饿了么数据。

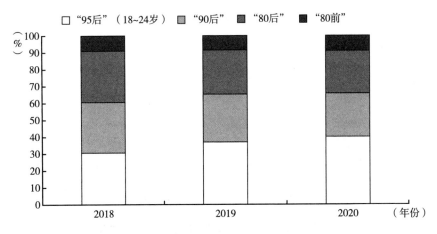

图4 2018~2020年饿了么新式茶饮用户年龄分布

资料来源：饿了么数据。

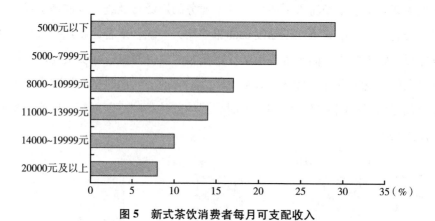

图 5 新式茶饮消费者每月可支配收入

资料来源：CBNDataX 奈雪问卷调研，$N = 1518$。

从产品价格与定位的角度划分，新式茶饮可分为低端、中端和高端三类。数据统计，2020 年中国高端现制茶饮零售额占中国整体现制茶饮销售额的 19.7%，但市场仍以中低端茶饮为主导（见图 6）。这表明尽管高端茶饮市场份额有所增加，但整体市场仍以中低端茶饮为主导力量。在深入了解不同层面的消费者需求和生活方式的基础上，可以对新式茶饮的受众群体进行综合分析。

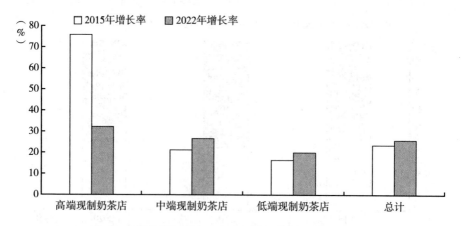

图 6 中国现制茶饮高、中、低端品牌零售额增速情况

资料来源：灼识咨询。

158

年青一代消费者：年轻人对时尚和潮流有强烈的追求，新式茶饮作为一种独特的饮品，吸引了这一群体的眼球。从店铺设计到包装，都充满了时尚感，与其的审美趣味相契合。社交需求方面，年轻人注重社交，新式茶饮凭借休闲、轻松的氛围成为年轻群体聚会、闲聊时的理想场所。一些品牌还通过社交媒体互动、线下活动等方式增强了与年轻受众的互动。年轻人喜欢尝试新奇、独特的口味，新式茶饮的口味创新正好满足了这一需求。从花果茶到奶盖茶，不断推陈出新的口味吸引了消费者的好奇心。

时尚潮流人士：时尚潮流人士对品位和文化内涵有着更高的要求，新式茶饮通过品牌的文化表达和与时尚领域的合作吸引了这一群体。新式茶饮以品牌故事为其发展根基，时尚潮流人士对品牌故事有很高的敏感度，新式茶饮通过打造独特的品牌故事使其在时尚领域更具有话题性。一些新式茶饮品牌通过与艺术家、设计师的合作，将艺术文化元素融入品牌，吸引了对艺术和设计有浓厚兴趣的人士。

健康生活追求者：随着大众对健康生活的关注增加，追求健康饮食的消费者也成为新式茶饮的主要受众。该群体对产品的原材料非常关注，新式茶饮强调健康、天然的成分选择，满足了他们对品质和健康的双重需求。随着轻饮风潮的兴起，健康生活追求者更倾向于选择低糖、低脂的饮品，新式茶饮的一些产品满足了这一需求。

社交媒体消费者：新式茶饮的品牌通常通过社交媒体活动提升知名度，因此，喜欢使用社交媒体的消费者也是主要的受众。喜欢在社交媒体上分享生活的群体，通过分享新式茶饮的消费体验，带动了更多人的关注。一些品牌通过社交媒体平台举办线上互动活动，吸引了更多粉丝的参与，提高了品牌的互动性。

二　普洱茶新式茶饮消费群体画像分析

近年来，普洱茶新式茶饮在中国市场逐渐崭露头角。行业数据显示，2021 年，普洱茶新式茶饮的消费用户规模已达到数千万人，并呈现持续增长的态势。预计未来几年，随着消费者对健康饮品的需求增加，该市场的用户规模有望进一步扩大。2021~2022年，中国七大茶类中普洱茶录得整体增长，呈现稳健增长潜力。2022年，我国茶叶按产品类型划分的市场中，绿茶市场规模为1906亿元，黄茶为23亿元，白茶为140亿元，乌龙茶为346亿元，黑茶为138亿元，红茶为591亿元，普洱茶为174亿元。

（一）普洱茶新式茶饮消费者画像特征

随着茶文化的复兴和新式茶饮市场的崛起，普洱茶新式茶饮消费者呈现多元而独特的画像特征。这一消费群体不仅在年龄结构、教育水平、消费观念等方面呈现多样性，同时展现出对品质、创新和文化内涵的追求（见图7）。

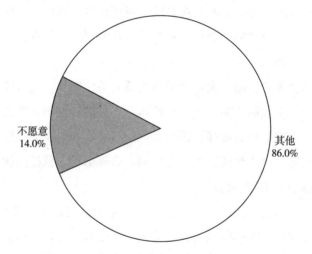

图7 2021年中国消费者对新式茶饮接受态度

资料来源：艾媒数据中心。

年龄分布：消费者群体年龄层次广泛，但以年青一代为主，特别是20~40岁的年龄段占据主体。该消费群体更容易被新奇、创新的茶饮吸引，新式茶饮成为他们的首选。这一群体更注重健康、追求品质生活，对于传统茶文化的传承有着浓厚的兴趣。

教育水平：大部分普洱茶新式茶饮的消费者具有较高的受教育水平，本科及以上学历的人群占比较大。该群体对于地方性文化以及品质生活具有极高兴趣，与他们更注重品质、文化内涵以及对茶文化的深入理解有关。受教育水平较高的消费者通常对健康有更深刻的认识，并更加关注饮食健康。由于普洱茶本身被认为有一系列的益处，受教育水平较高的消费者更容易理解和接受这些健康信息，从而选择购买新式茶饮。

消费观念：普洱茶新式茶饮的消费者注重生活品质，对于茶饮的选择更加注重口感、健康成分以及整体消费体验，他们愿意为高品质、创新的茶饮产品支付相应的价格。普洱茶新式茶饮的消费者更倾向于个性化的消费体验。由于对时尚潮流具有较高的敏感度，该消费群体关注新产品的推出、独特的包装设计，喜欢参与潮流文化，通过消费来展示自己的品位。

地域分布：作为普洱茶的主要产地，云南省及周边地区的消费者更容易接受和理解普洱茶新式茶饮。当地居民对于普洱茶文化有着深厚的历史认同感，新式茶饮的推广和接受度相对较高。消费者主要分布在一、二线城市，这与这些城市更开放、多元化的消费氛围以及更丰富的文化生活有关。然而，随着普洱茶新式茶饮市场的不断拓展，三、四线城市的增长潜力也逐渐显现，大学城及周边地区、年轻人聚集的商业区通常是新式茶饮的热门区域。

（二）普洱茶新式茶饮消费者行为及市场消费趋势分析

随着文化创意市场的崛起以及文化消费的日益盛行，加之茶文化的复兴和饮品市场的不断创新，普洱茶新式茶饮作为一种结合传统茶文化和现代创新的产品，吸引了广泛的消费者群体。普洱茶新式茶饮在消费者行为和市场消费趋势方面表现出多层次的特征。消费者的行为在很大程度上塑造了普洱茶新式茶饮的市场形态，同时市场消费趋势也在不断演进。过去，传统原味茶占据着市场的绝大部分份额，调味茶作为创新茶饮产品进入市场相对较晚。原味茶因其纯正的茶叶味道和传统饮用方式而受到消费者青睐，但随着消费者口味的多样化和健康意识的提升，调味茶逐渐崭露头角，其独特口味和创新配方吸引了一部分消费者，市场份额逐渐增加。按收益计，中国普洱茶市场的规模由 2017 年的 115 亿元增加至 2022 年的 174 亿元，年复合增长率为 8.6%，预计 2023 年将增长至 188 亿元。①

消费者行为分析：消费者更倾向于通过线上渠道购买普洱茶新式茶饮，尤其是在垂直类茶饮 App 中获取相关信息。在选择饮品时更注重品质和创新。他们愿意为独特口味、精选茶叶制作的茶饮支付更高的价格，追求一种独特的文化体验。品牌通过不断推陈出新，提升产品质量，能更好地吸引这一群体。消费者对于普洱茶新式茶饮不仅仅是一种饮品的消费，更是对传统文化的一种体验，茶文化的融合、店内文化氛围的打造成为消费者选择的重要因素。品牌通过举办茶文化活动、提供传统茶艺表演等方式，满足消费者对文化体验的追求。随着近年来消费群体健康意识的崛起，消费者对健康的关注使普洱茶的新式茶饮受到欢迎。越来越多的消费者选择普洱茶新式茶饮作为一种健康饮品。

市场消费趋势分析：随着大众对健康生活的关注度提升，普洱茶新式茶饮市场将更加注重产品的健康价值。品牌通过强调茶叶的天然成分、功能性饮品的推出等方式满足消费者对健康的需求。在文化消费多元化、个性化大环境下，普洱茶新式茶饮消费者对于个性化、定制化的需求逐渐增强。未来，普洱茶新式茶饮品牌通过提供个性化的茶饮配方、定制化的服务，满足消费者对个性化口味的追求。文化体验消费方面，对于茶文化的兴趣将推动普洱茶新式茶饮市场朝着文化体验消费的方向发展，消费者对于茶文化的浓厚兴趣将引领市场朝着更加注重文化体验的方向发展。品牌在迎合这一趋势的同时，通过一系列文化活动和传统茶艺表演等形式，为消费者创造更加丰富深刻的消费体验。作为新生代消费群体社交化消费的选择对象之一，普洱茶新式茶饮市场的消费趋势将更加社交化。消费者更愿意通过分享、社交平台展示自己的茶饮体验，品牌通过社交媒体等方式，进一步提高了品牌知名度和用户黏性。

---

① 《2023 年中国普洱茶行业市场现状、政策及发展趋势》，https：//baijiahao. baidu. com/s？id＝1777369856492739824&wfr＝spider&for＝pc。

三 云南省普洱茶新式茶饮案例分析

随着年轻消费群体的崛起，新式茶饮市场行业竞争日趋激烈，已形成包括喜茶、茶百道、茶颜悦色、蜜雪冰城等主要品牌在内的竞争格局。这类连锁品牌为满足消费者需求，持续创新产品，提升消费者体验，以获得更好口碑。一方面，新式茶饮连锁品牌产品迭代迅速，满足了消费者对口感、颜值、养生等多元化的需求；另一方面，随着市场规模不断扩大，新式茶饮行业也吸引了众多小众品牌迅速崛起，这类小众品牌以创新的口感、健康的理念、个性化的包装和差异化的空间营造，精准抓取当前年轻消费群体喜好，在满足消费者多元化需求的同时，也成为刺激新式茶饮行业创新可持续发展的重要推动力。

（一）"霸王茶姬"——面向大众消费的"新中式国风茶饮"

新式茶饮市场近年来呈现蓬勃发展的态势。当前新式茶饮更多地以奶茶、果茶等多种产品形式面向大众消费市场，以年轻消费群体为核心持续创新升级产品，以多元营销手段不断优化壮大品牌。

2017 年，云南本土茶饮品牌"霸王茶姬"以霸王别姬为灵感，依托云南深厚的茶文化底蕴及丰富的茶叶资源，将品牌定位为"新中式国风茶饮"。品牌创立初期，"霸王茶姬"对标已具备成熟市场的长沙茶饮品牌"茶颜悦色"，秉持着"原叶鲜奶茶，喝出真茶味"的产品理念，在产品研发过程中不断探索多种口感的奶茶，将纯茶和鲜果茶纳入产品范畴，以满足消费者对茶饮的多样化需求。例如其人气产品"去云南·柑濡以沫"将普洱茶与广东新会陈皮结合，"去云南·玫瑰普洱"是融合了勐海核心产区的普洱茶拼配云南墨红玫瑰的奶茶，"奥利奥柑普茶冰川"则是以陈柑普洱、牛乳、巧克力、奥利奥巧克力结合的沙冰奶昔。同时，为更好地契合"国风"的品牌定位，"霸王茶姬"将国茶文化和奶茶结合，通过"伯牙绝弦""青青糯山""桂馥兰香""白雾红尘"等名称命名产品，使消费者能够更直观地感受其品牌文化。在空间设计上,"霸王茶姬"的门店风格围绕东方文化,以木质、篆书等元素展示禅意国风,为顾客打造一个典雅、舒心的饮茶环境。此外,为满足不同消费者的需求,"霸王茶姬"还推出了黑金店、白金店等主题店和联名店,装潢及主题的差异化使消费者在享受美味茶饮的同时,也能感受到品牌所带来的独特体验。

霸王茶姬能迅速开拓市场的重要因素之一是当代年轻群体日益增长的健康生活理念。随着大众对健康饮食的重视,大众对天然、低糖、低卡的饮品的追捧不断增加,年轻群体在消费奶茶的同时,对奶茶的营养价值也产生一定的关注。2023 年 8 月,"霸王茶姬"通过官方账号公布了 6 款热门产品的热量和营养成分,并同步在门店菜单、小程序、外卖等渠道上线"低负担控糖专区",实现了产品的健康可视化与信息透明化,极大程度地满足了年轻人健康、养生的需求。

在现代社会中,年轻消费群体对茶饮的需求已不再局限于口感,更多的则是茶饮所附带的体验式、社交属性及生活方式。基于这一现象,"霸王茶姬"在门店的空间设计上以茶叶为主题,融入大量陶瓷、壁画等东方元素,譬如,2023 年上海环球港、上海美罗城两家旗舰店引入"东方冰茶""茶极萃"的创新饮茶形式,同时借鉴咖啡馆、酒吧中的吧台形式,以"TEA BAR"的茶饮空间概念使消费者能够在消费过程中直观研磨、萃取到茶汤灌注的各道工序,近距离感受传统茶文化与现代制茶工艺的结合,两家旗舰店以轻松愉悦的环境与社交氛围,进一步增强了年轻人对品质与体验的追求。截至 2023 年,"霸王茶姬"已将门店开至马来西亚、泰国、新加坡等多个国家,全球门店达 3460 家。凭借面向大众的茶饮品牌定位与优质的产品和服务,"霸王茶姬"成功地将传统茶文化与现代生活方式相结合,从云南省走出国门,也揭开了"霸王茶姬"新一代茶空间、茶产品、茶品牌的焕新升级。

(二)"上山喝茶"——传递本土茶文化的新式茶饮文化品牌

随着新式茶饮迭代更新,消费者对养生、纯粹且具有文化属性茶饮的需求不断提升，奶茶、果茶显然已不再能够完全满足市场，新式茶饮凭借多元化、个性化已然成为当前茶饮市场发展的主流趋势。为适应这一变化，以"茶企+新式茶饮空间"的模式也成为众多茶企与新式茶饮空间面对消费者的新路径探索，这一模式为消费者提供了更加丰富的选择，同时为茶企和新式茶饮空间带来了新的发展机遇。

"上山喝茶"是"茶企+新式茶饮空间"模式的典型。该品牌是由云南本土茶企电商品牌"吉普号"于2021年创立的新式茶饮空间，其创立初衷是将茶叶大众化，让更多群体了解茶文化。相较于"吉普号"已形成规模但受众群体仍显狭窄的线上销售，线下的茶饮空间具备更广泛的传播力与影响力，能够吸引更多年轻消费者通过茶饮接触茶文化。以"上山喝茶"为代表的新式茶饮空间，以茶文化为基石，参照独立咖啡馆的模式，将门店开设在如翠湖、同仁街、文林街、公园1903等标志性区域，兼顾社区与商圈的同时与云南成熟的文化旅游资源结合，为社区、商圈及周边人群、游客提供了一个理想的休闲、社交场所，消费者能够通过饮茶"打卡"的方式感受云南茶文化，门店内的茶叶零售也满足了游客购买"伴手礼"的需求。

在茶饮体验方面，"上山喝茶"将选茶、茶汤出品、茶具选用、茶饮简介等茶饮制作环节精细化，注重茶叶选品，将包括普洱茶生茶、熟茶等在内的云南产区茶叶，以萃、泡、冲、打、煮、焖六种工艺萃出茶汤，依据茶汤色泽搭配精致时尚的茶器，以简洁的语句标注茶底、茶香和出品方式，打造了"503熟普""405生普""困鹿山生普"等纯茶系列，兼顾口感、美学与茶文化的普及。除纯茶系列外，"上山喝茶"也创新推出季节性的"茶特调"，不仅口感独特，且融入了云南本土的特色产品。例如，加入大理洱宝话梅的"话梅超人"，融合滇橄榄的"滇橄榄乌龙"，结合大理乳扇的"黄油乳扇厚拿铁"等，产品的创新不仅丰富了茶饮的种类和口味，也成为吸引消费者的重要途径。

"上山喝茶"区别于市场规模庞大的连锁茶饮品牌，其不仅是一个提供高品质新式茶饮的空间，更是一个传播茶文化、引领新式茶饮潮流的平台。一方面，"上山喝茶"通过纯茶系列与特调系列，为消费者提供多样化的选择，为新式茶饮行业注入新的活力；另一方面，"上山喝茶"通过抓住云南旅游经济的优势，依托"吉普号"的资源，以云南本土特色吸引关注，打造悠闲、自在、契合云南气质的新式茶饮文化品牌。

（三）"颜叶浮山"——新式茶饮与美学空间的现代融合

茶饮作为传统文化与生活方式的重要组成部分，正逐渐演变成一种社交方式与美学体验。新式茶饮兴起与现代人群消费习惯的转变密切相关，高性价比不再是消费者关注的重要因素。新式茶饮空间通过茶饮与空间的结合，既能为消费者提供各类茶饮，也能够成为符合消费者审美的社交场所。

"颜叶浮山"是近年来云南本土美学化的茶饮空间代表。与"霸王茶姬"的"新中式茶饮"定位相似，"颜叶浮山"也是通过展示东方文化的空间美学营造获得消费者青睐，但其主打新派纯茶产品，更注重云南本土茶叶的使用与云南茶文化的传播。在空间规划上，"颜叶浮山"以木石为材，运用黑色、原木色及充裕的绿植，在灯光照明、茶座设计、茶单字体设计、店内软装等各个细节中营造自然和谐的氛围，充分展示东方美学，旨在为消费者提供一个兼具茶文化和现代设计感的社交空间。

在产品开发上，"颜叶浮山"依托云南优越的茶叶资源，深入挖掘传统茶饮的精髓，结合现代人的口味需求，推出了一系列新颖、独特的茶饮产品，开发出"冰岛·白桃""栀子古树白·拿铁""陈皮·普洱"等多个产品，通过反复调试论证每一款茶叶的最佳出品方式。同时，将产品的视觉呈现也作为品牌的优势，以高端洋酒的酒器、精致的茶器展示饮茶仪式感，将厚重的茶文化轻量化，使消费者能够在喝茶过程中沉浸体验"颜叶浮山"式的生活美学。

截至2023年12月，"颜叶浮山"在全国共开设13家门店，其中10家为空间店，3家为便利店，均开设在人流量较大的商圈中心，能够同时满足外带与堂食的需求。伴随消费者需求不断升级，"颜叶浮山"在经营过程中也不断调整策略，在其"2.0"阶段，通过中式场景设计与门店装修升级，进一步强化了茶饮空间的社交属性，引入茶文化零售产品，包括散茶、茶器与茶周边等产品，以空间艺术的营造紧扣市场需求，凭借其独特的审美理念和稳定的产品品质，满足当代年轻消费群体社交、拍照"打卡"的多重喜好。"颜叶浮山"打造的新式茶饮美学空间根植于云南，以云南茶文化为根基，融合了传统与现代的美学元素，成功打造了一个符合现代审美、具有独特文化魅力的茶饮文化品牌，也为其他同类的新式茶饮品牌提供了一个将茶文化以年轻化、潮流化方式推向主流消费市场的路径。

四　普洱茶新潮发展趋势

普洱茶文化产业作为中国传统茶文化的瑰宝之一，正日益在新式茶饮的引领下焕发出崭新的活力。以美学空间打造、文化品牌营造、生活方式创造等为主的大量新式茶饮出现在大众视野。不同文化消费者群体具有各自独特的审美心理和消费需求，而深入了解这些差异成为成功连接产品和消费者的关键。仅仅将文化产品推向市场是不够的，更为关键的是深入挖掘消费者的文化背景、生活方式和价值观，以精准洞察其文化需求。

1. 产品创新

以新式茶饮为推手，普洱茶结合不同消费群体的口味偏好，研发融合水果、花草、奶制品等的多元化产品，满足不同消费群体需求，同时推广其他农产品，促进当地茶产业链的发展，拉动相关产业的繁荣，为农民增收提供新的机遇。

2. 文化体验

将普洱茶传统文化融入新式茶饮文化空间设计打造中，通过开展茶文化展示、茶艺表演等活动，为消费者带来更丰富的文化体验。注入更多高端元素，如精选茶叶、特色工艺等，打造高端茶饮品牌，提升普洱茶文化的品牌价值。

3. 网络营销

在信息化时代，通过社交媒体在各种网络平台进行推广和营销，发展直播带货、团购等新型消费方式，展示产品特色、品牌文化，与消费者互动，提升品牌知名度和美誉度。

4. 健康概念

健康生活理念的普及使注重健康的中产阶层成为新兴消费市场的重要组成部分。新式茶饮在推广普洱茶时，强调普洱茶的保健功效，迎合现代人对健康生活的追求，吸引更多健康意识较强的消费者进行消费。

5. 个性定制

新式茶饮店提供了个性化定制服务，允许顾客根据自己的口味喜好、健康需求等定制茶饮，提升消费者的参与感和满足感，满足文化消费多元化需求。

6. 国际化拓展

普洱茶新式茶饮品牌走向国际市场，将中国普洱茶文化带到海外，同时结合当地的文化和口味，满足不同国家和地区的消费者需求，促进普洱茶的国际化发展。

新式茶饮作为普洱茶文化产业的一种创新表现，融合了现代时尚元素，强调品位和体验，为传统茶文化注入新的活力。通过对群体画像的深入分析，可以更精准地了解目标消费者的需求，有针对性地推出新型产品，满足不同群体的口味和文化需求。年青一代消费者已成为普洱茶文化产业新兴市场的重要群体，这一群体具有开放、时尚、追求个性的特点，渴望通过独特的消费体验来满足自己的情感和文化需求。通过深入了解这一年轻消费者群体的生活方式、兴趣爱好以及社交习惯，普洱茶文化产业可以更好地定位产品，并通过巧妙的市场策略将其融入年轻人的日常生活。从总体来看，普洱茶文化产业依托新式茶饮，以群体画像为依据开拓新兴消费市场具有重要的战略意义。通过对消费者群体的深入了解，普洱茶文化产业可以更准确地定位市场，提升产品的市场竞争力，为传统茶文化在当代社会中的传承与创新注入新的动力。这一发展模式既有助于满足不同消费群体的需求，同时也为普洱茶文化的可持续发展提供了广阔的发展空间。

B.11

2022~2023年中国普洱茶电商发展报告

黄天祺*

摘　要： 随着景迈山申遗成功，普洱茶热度持续升高，普洱茶产业规模持续扩张，普洱茶电商呈现稳步增长态势。普洱茶电商已形成以传统电商为主体、以新兴直播电商为热点的多元渠道发展态势，但在发展过程中，电商仍存在虚假宣传等负面问题。为此，普洱茶电商发展应注意电商渠道多样化，快速转变销售方式；融合与应用新技术，使电商场景多元化和泛在化；消费群体分众化，加快细分步伐；营造特色类目电商平台，探索新型电商平台。

关键词： 普洱茶　电子商务　直播　互联网

2023年，中国电子商务保持了较好的发展态势，随着普洱茶产业的持续扩张和互联网在消费者生活中的影响力逐渐提升，电商、短视频、社交媒体等线上平台成为向消费者传递茶叶相关信息的主阵地。2022年抖音短视频平台有关茶的短视频中普洱茶的视频数量和增速均位列第一，54.2%的消费者通过淘宝、京东、天猫等电商平台获取茶叶的相关信息，42.2%的消费者通过抖音等短视频平台获取茶叶的相关信息，微博、小红书等也是消费者获取茶叶信息的主要渠道。[①]

2023年，普洱茶产业线上市场持续扩大，已基本形成稳固增长态势，

---

* 黄天祺，云南省文化产业研究会助理研究员，主要研究方向为数字文化产业、大数据分析。

[①] 《全拓数据 | 普洱消费需求旺盛，线上销售渠道拓宽，普洱茶行业迎来新商机》，https://mp.weixin.qq.com/s/rwMTqiQ5sfvGVwpCuguiYg。

涵盖了从传统电商如淘宝、天猫和京东，到社交和内容导向的平台，例如拼多多、抖音和小红书等。同时，私域电商如小程序和新兴的微信视频号也在成长。无论是传统还是互联网出身的品牌，都正积极构建全方位市场策略，通过资源整合，塑造电商品牌影响力和生态圈。虽然近年来普洱茶电商发展过程中出现了一系列以次充好、虚假营销等负面事件，但伴随政府监管措施的落地与优化，电商与普洱茶市场持续繁荣，从长远趋势来看，普洱茶电商在未来仍有较大市场空间与较多的机遇。

一　普洱茶传统电商发展态势

20世纪90年代末，随着中国互联网的兴起，部分茶企开始通过自建网站的方式进入电商领域，标志着茶叶电商的初步发展。随着网络技术的进步，早期以独立网站运营的茶企正面临着被市场淘汰或正向转型升级。进入21世纪的第二个十年，随着普洱茶产业持续发展和网络购物迅猛发展，以淘宝为代表的电商平台因其便利性和信誉保障成为普洱茶电商的主流，吸引了大量普洱茶茶企和消费者。与近年来抖音、快手等以内容为依托的新兴直播电商平台相比，淘宝、京东等传统电商平台形成了模式较为成熟的普洱茶电商主阵地。

随着互联网时代流量逐渐成为决定性因素和消费者越来越需要优质平台及产品的需求，普洱茶传统电商面临着一系列挑战。传统电商作为普洱茶电商的主体部分，依托其成熟的品牌、信用体系与物流机制等相较于抖音等新兴直播电商的优势，与普洱茶品质和储藏要求较高的特性相结合，传统电商依然是多数消费者首要选择，但传统电商在未来依然面临着直播、场景体验等数字化转型升级和品牌培育等问题有待解决。

（一）行业发展趋势

2023年，在以传统电商为主体的阿里系电商平台，普洱茶类目产品销售依然呈现增长态势，以普洱茶为类目的产品共计销售776.4万件，销售额达到142751.7万元，整年动态上架商品数达到48562件，月均销量达到了64.65万件，月均销售额为11895.93万元，客均单价为184元（见表1）。

表1　2023年阿里系普洱茶行业规模情况

月份	销量（万件）	销售额（万元）	单价（元）
1月	66.0	12145.40	184
2月	77.0	13610.00	177
3月	80.3	15688.90	195
4月	62.4	11654.10	187
5月	56.6	11021.30	195
6月	63.2	12491.50	198
7月	50.8	8960.70	176
8月	61.7	12334.00	200
9月	63.6	10188.70	160
10月	55.1	10641.10	193
11月	76.0	14926.40	196
12月	63.1	9089.10	144
月平均	64.65	11895.93	184

资料来源：笔者根据网络数据整理自绘。

从2023年阿里系普洱茶行业规模情况可以看出，普洱茶产品销售有较为明显的季节周期性，年初与年末销量与销售额有两个高峰，分别是3月的80.3万件15688.90万元，11月的76.0万件14926.40万元，在年中的7月跌至最低点的50.8万件8960.70万元。虽然普洱茶具有老茶更受宠等属性，但可以看出，在网络消费端，伴随着新茶上市，消费者也更倾向于在春秋两季购买普洱茶。

在传统电商平台的价格区间方面，将2023年所销售全部商品的价格分为5段，在表2中我们可以看出，销量方面，90~288元和35~89元的产品占比最高，分别占到全网产品的34%和33%，可见中端价位的产品是消费者主要购买的产品。同时，0~89 元低价位茶叶也有相当大的市场份额，尤其是在销量上，但在销售额方面占比较小，这可能是由于单件价格较低。736 元及以上的高价位茶叶虽然在销量上只占 3%，但销售额占了 35%。这表明高端市场虽小，但贡献了相当大的销售额。

表 2　2023 年阿里系普洱茶产品价格区间分布

价格区间	销量（万件）	销售额（万元）	销量市场占有率（%）	销售额市场占有率（%）
90~288 元	263. 8	40945. 7	34	29
35~89 元	253. 2	14857	33	10
0~34 元	147. 5	2637. 8	19	2
289~735 元	85. 5	34478. 5	11	24
736 元及以上	26. 2	49832. 7	3	35

资料来源：笔者根据网络数据整理自绘。

总的来说，市场数据表明，普洱茶的销售不仅集中在中端市场，高端市场也具有较大的收益潜力。在价格与品质的关联性方面，普洱茶是一种品质和价格差异大的产品，高端普洱茶通常因其独特的制作工艺、品质和陈年潜力而定价较高，这反映在高价位茶叶的销售额中。在消费者偏好方面，不同价格区间的销售数据反映了消费者对普洱茶不同品质和价格的接受度，中低价位的普洱茶可能吸引更广泛的消费群体，而高价位的普洱茶则吸引了对品质有更高要求的消费者。数据显示，普洱茶市场分为多个细分市场，各自有不同的消费者群体，这种细分对于茶企在市场定位和产品策略上有重要的指导意义。在市场潜力方面，高价位茶叶虽然销量少，但占据了大比例的市场销售额，显示了普洱茶市场中高端产品的重要性和潜力。

（二）传统电商平台类目竞争现状

在阿里系的传统电商平台，普洱茶这一商品类目是被归类在四季茗茶这一品类下，下设有 11 个二级分类和数十个三级分类，通过将三级分类 2023

年各类目的销量与销售额进行排序，从表3与表4中我们可以看出，普洱茶都进入前五位。虽然普洱茶在销量上不是最高的，但它的销售额相对较高，表明普洱茶的单价较高。其制作过程复杂且耗时，加上其在茶文化中的地位，使普洱茶在市场上享有较高的定价和利润率。

表3 2023年阿里系茶品类下按销量类目排名

单位：万件，万元

排名	类目	销量	销售额
1	代用/花草茶	4730.40	149822.00
2	组合型花茶	1060.00	43051.50
3	黄茶	878.40	155800.20
4	普洱茶	776.40	142751.80
5	特色产区绿茶	618.80	44268.20

资料来源：笔者根据网络数据整理自绘。

表4 2023年阿里系茶品类下按销售额类目排名

单位：万件，万元

排名	类目	销量	销售额
1	黄茶	878.40	155800.20
2	代用/花草茶	4730.40	149822.00
3	普洱茶	776.40	142751.80
4	太平猴魁茶	29.70	108672.40
5	安吉白茶	154.70	82934.50

资料来源：笔者根据网络数据整理自绘。

结合普洱茶的特性，品类下的销量及销售额还反映了消费者对茶的文化和健康价值的重视，普洱茶被认为具有多种益处，这种健康意识可能是驱动高端消费者选择普洱茶的一个因素。

（三）传统电商平台品牌竞争现状

普洱茶品牌与其销量和销售额之间的关系密切。强势品牌通常能吸引更多消费者，因其品牌知名度、信誉和质量保证而带来更高的销量和销售额。品牌影响力也决定了消费者对产品的认可度和愿意支付的价格。

在2023年阿里系普洱茶品牌中，淘宝与天猫合计有普洱茶品牌1815个，普洱茶店铺4645家，销量与销售额排名前十的店铺约占整个阿里系普洱茶电商市场30%的市场份额。新益号和大益作为普洱茶电商市场头部，在销量和销售额上均占据前两位，显示了它们在普洱茶市场的强大影响力和品牌忠诚度。尽管有上千个品牌存在，但市场主要集中在前几个品牌，这表明普洱茶市场具有较高的品牌集中度，顶尖品牌占据了显著的市场份额。

表5和表6显示，产品销量，新益号位居第一，销售额大益领先，大益的产品单价高于新益号，大益在高端市场中更受欢迎。普洱茶在网络营销平台中都有各自的发展空间，形成了梯次品牌，依托潜在的消费市场找到了企业、产品生存发展的策略。

表5　2023年阿里系普洱茶品牌销量排名前十

单位：万件，%

排名	品牌	销量	市场占比
1	新益号	64.6	8
2	大益	47.4	6
3	茶滋味	21.9	3
4	君享	14.5	2
5	真尚一饮	13.9	2
6	庆芸茶业	12.9	2
7	五虎	12.2	2
8	中茶	12.2	2
9	下关沱茶	11.9	2
10	吉普号	11.0	1

表6　2023年阿里系普洱茶品牌销售额排名前十

单位：万元，%

排名	品牌	销售额	市场占比
1	大益	10916.2	8
2	新益号	8128.5	6
3	茶滋味	6354.6	4
4	中茶	3348.2	2
5	陈升号	3157.0	2
6	下关沱茶	2238.6	2
7	澜沧古茶	2111.1	1
8	吉普号	1766.3	1
9	五虎	1717.7	1
10	真尚一饮	1701.1	1

普洱茶传统电商市场既有稳定的领导品牌，也有竞争和创新的空间，为新兴品牌提供了进入市场和发展的机会。尽管市场前几名的品牌占据了显著的市场份额，但其他品牌仍有发展空间，特别是通过差异化和专注于特定细分市场来提升市场竞争力。

二　普洱茶电商发展新热点——直播电商

随着直播形式与网络销售的互嵌互融，直播卖茶成为普洱茶电商发展的新热点，这是与整个电商行业发展同步的，新冠疫情使直播这一销售形式广泛被消费者接受，直播几乎渗透到消费者线上生活的所有领域，自2021年直播带货进入爆发阶段后，直播电商成为电商生态的新范式，大部分淘宝、京东等传统电商也逐渐转型升级，诸如抖音、快手等新媒体则凭借其先天的平台优势，占据了直播电商这一新赛道的头部位置。

2023年，直播电商进入发展较为稳定的阶段，更多的茶叶从业者意识到线上直播销售的机会，纷纷在仓库、茶产区开发了电商直播的业务板块，统计显示，2022年1～5月抖音茶商行业销售额同比增长了近482%，截至2023年12月底，全网主流直播电商平台在普洱茶类目下已有商品4万余件，其中抖音占比97.2%，以抖音为代表的UGC电商平台成为诸多普洱茶电商的主阵地，普洱茶线上销售市场正在以直播电商这一新热点得到迅速拓展。

（一）普洱茶直播电商销售情况

2023年12月，普洱茶的销售额稳定增长，总销售额达到2.2亿元，总销量为192.1万件。从每日渠道销售额可以看出，直播渠道销售额持续走高，同时商品卡销售额也呈现增长趋势，但是视频渠道销售额较为稳定。销售峰值出现在12月12日和31日，且主要来自直播销售额的大幅度提升，这表明直播渠道对产品销售具有很大的推动力。

在所有价格区间值中，78～468元销量占比最高，达到36.18%；78～468元销售额占比最高，达到49.52%；78～468元用户评分最高，达到50.73%。在直播电商领域，普洱茶产品的价格区间分布与传统电商相似，中段价位的普洱茶产品更受消费者青睐。低价区间0～29.9元，虽然销量占比最高34.08%，但销售额占比最低为6.10%，这说明低价普洱茶受欢迎，但对总销售额的贡献较小。468元以上的高价区间，尽管销量较少，但销售额占比为32.64%，这反映了高价位普洱茶在市场上的价值和利润潜力。

现阶段直播电商的销售渠道主要有3条，分别是通过直播进行销售的线上直播渠道、以内容视频进行带货的视频渠道和商品卡渠道。

2023年12月，全网普洱茶直播电商的销售额为2.2亿元，其中，直播渠道销售占比81.13%；商品卡渠道销售占比13.21%；视频渠道销售额最低，仅占比5.66%（见图1）。这反映了在抖音这类社交媒体平台上，通过直播销售产品，尤其是如普洱茶这样的商品，消费者可以观看茶饼的条索，感受茶叶的汤色，这样的视觉冲击带来的消费刺激非常有效，直播由于其互动性和即时性吸引了大量消费者。

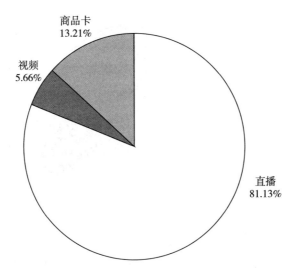

图1　2023年12月普洱茶直播电商销售额渠道占比情况

资料来源：笔者根据网络数据整理自绘。

在带货方式上，当前主流的带货方式有品牌自播、达人推广、商品卡三种，2023年12月，在成交的2.2亿元销售额中，达人推广的效果最佳，销售额占比为68.29%，说明通过KOL（关键意见领袖）或影响者的推广是最有效的带货方式。同时，品牌自播的影响力有限，尽管品牌自己的直播带货占比为17.97%，但其销售额相对较低，表明品牌自播可能不如达人推广有效。商品卡带来的销售额占比仅为13.74%（见图2），这表明利用商品卡也是一种有效的销售方式，但在直播平台中仅有较少消费者选择。总的来看，这反映了在直播电商平台上，借助KOL和影响者的力量对于推广和销售普洱茶至关重要。

2023年12月，普洱茶品类相关的直播带货视频达到5031条，带货直播14.2万次，共有2.4万名带货达人进行带货，这显示了普洱茶品类在直播电商平台上的广泛参与和高频次展示。直播带货作为一种新兴的电商营销方式，为普洱茶的销售提供了一个直接且互动的平台。

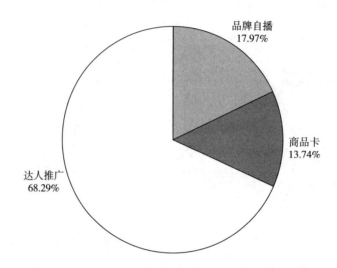

图2　2023年12月普洱茶直播电商销售额带货方式占比情况

资料来源：笔者根据网络数据整理自绘。

（二）普洱茶直播电商销售品牌热点

普洱茶直播电商的品牌建设和营销策略与传统电商有较大不同，大部分直播电商是依托视频作品、社交互动、达人流量转化等途径来吸引消费者进行消费。2023年12月，全网与普洱茶相关联的作品有1.7万个，其中抖音与小红书占绝大部分，累计互动量达到148.1万次。普洱茶关联的达人达到4808人，其中粉丝数1000人以下的达人占57.4%。

在直播电商销售平台，关注"普洱茶"品类的核心人群及用户需求呈现较为鲜明的特点，核心人群大致分三类，一是爱喝普洱茶的健康养生人群，男女不限，年龄在35~60岁，注重生活品质，喜欢传统工艺和手工制作的普洱茶，关注茶叶材料和工艺的纯天然、真材实料。二是在家办公或学习的年轻人，以女性居多，年龄在20~35岁，注重效率与品质，需要方便携带、泡茶神器般的普洱茶，便于在家快速泡制一杯好喝的普洱茶。三是喜爱茶文化和仪式感的茶友，男女不限，年龄在25~50岁，对围炉煮茶、礼盒装的普洱茶有较高的兴趣和认同，喜欢品味普洱茶的香气和口感，注重普洱茶的质量和品牌。

普洱茶直播电商的视频内容和品牌的宣传策略呈现较为明显的三大趋势，一是对普洱茶的养生保健效果强化，针对中老年人群，突出普洱茶的暖胃、养生、降脂、降糖等功效，推出专门的健康养生系列产品，解决消费者健康问题。二是对普洱茶口感和香气提升，强调普洱茶的回甘、醇厚口感和独特香气，通过提高产品质量和优化制作工艺，为消费者提供更好的品茶体验。三是对普洱茶的日常化和场景化消费，以日常饮用和特定场景（如冬天、下午茶、旅行等）为切入点，推出多款适合不同消费场景的普洱茶产品，满足消费者多样化的饮茶需求。总的来说，普洱茶品牌正通过针对性的市场细分策略来拓展和深化市场影响力，同时也正在努力适应市场多样化和个性化的需求。

（三）普洱茶直播电商消费者洞察

基于 2023 年 12 月全网普洱茶直播电商消费者画像，普洱茶的消费者主要为男性，占比 72.2%，年龄主要集中在 31~40 岁，占比 35.2%。在地域分布上，二线城市和新一线城市消费者较多。在省份和城市中，广东省和广州市的消费者最多，分别占比 18.9% 和 5.3%。

从年龄与性别的消费者人群画像可以看出，年龄在 31~50 岁的消费者，占据了整体的 59.2%，近六成的普洱茶直播电商消费者为中年群体，该年龄段通常处于职业生涯的稳定阶段，有更强的经济能力购买价格较高的普洱茶，并可能将品饮普洱茶作为一种品位的象征，或用于社交和商务场合；也体现了直播电商的技术门槛较低，符合大众消费的需求。

从图 4 可以看出，普洱茶消费者来源地排在前三位的省份分别为广东、云南、山东，占比分别达到 18.9%、9.1%、6.3%。广东有深厚的茶文化传统，特别是对普洱茶的偏好，这可能是消费率高的一个原因。云南是普洱茶的主要产区，本地消费者对普洱茶的熟悉度和偏好可能导致该省呈现较高的消费率。

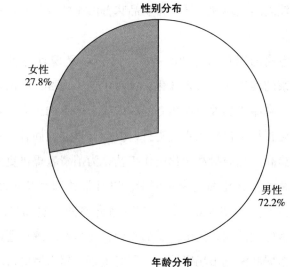

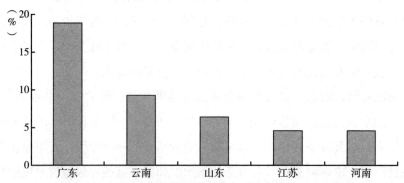

图3 2023年12月普洱茶直播电商消费者人群画像

资料来源：笔者根据网络数据整理自绘。

图4 2023年12月普洱茶直播电商消费者地域分布画像

资料来源：笔者根据网络数据整理自绘。

针对部分普洱茶电商消费者的评论，可以看出，消费者的需求痛点首先是口感差、质量低，用户反馈普洱茶口感一般、品质差，且存在价格偏高、包装简陋等问题。其次是口感不佳，用户反馈在饮用普洱茶时，口感太苦涩、寡淡无味，或者口感一般、不好喝。再次是茶味不足，用户反馈普洱茶缺乏香气，味道太淡，没有茶味，甚至没有普洱的味道。92.4%的用户认为需求痛点在于普洱茶商品本身的功能上，5.5%的用户认为痛点在于功能需求上，另有2.1%的用户认为痛点在于商家的服务未满足需求。

对于普洱茶电商消费者的购买动机，基于2023年12月的部分用户购买动机，占比前三的分别为名人推荐、送礼和尝试新品。26.4%的消费者受到名人或者主播的推荐，购买了普洱茶，这体现了社交媒体和KOL营销在直播电商中的重要性。20.9%的消费者购买普洱茶主要是为了赠送亲朋。15.5%的消费者有尝试新品的购买动机。这些动机反映了普洱茶市场的多元化和电商营销的复杂性。

三 普洱茶电商发展存在的问题

（一）流量时代，普洱茶电商营销路径受阻

随着普洱茶产业的快速发展，中小型茶企面对的是一个"双刃剑"的局面。一方面，它们处于一个机会多、潜力大的市场环境；另一方面，却受到有限资本和分散的市场规模的制约。这些企业在争夺数字化空间的竞赛中，尤其是在获取流量这一关键环节，面临日益增加的成本压力。从争抢广告位到投资主播资源，再到尝试自行直播和自然流等方式，每一步都是对资金和资源的巨大考验。尽管有些品牌通过专业团队和巧妙的电商平台策略取得了成效，但这种方法并非人人可行。小型企业在探索电子商务，如开设店铺或创建品牌小程序时，也面临成功率低的现实。在这样的背景下，"流量思维"与"留量思维"成为电商领域的两大营销哲学。但是，对于大多数茶企来说，由于资金限制和平台曝光不足，接触更广泛的消费者群体依旧是

一道难题。因此，尽管许多企业积极投身电商浪潮，如何有效地突破"流量"困局，仍然是普洱茶电商面临的重要挑战。

在流量背后，普洱茶电商还可能面临产品差异化的问题。由于市场上普洱茶品牌众多，消费者往往难以区分不同品牌之间的独特性。这导致在电商平台上，品牌很难通过单纯的产品特性来吸引消费者。因此，普洱茶品牌如何更多地依赖于创新的营销策略和独特的品牌故事来打造与众不同的品牌形象，从而在竞争激烈的市场中脱颖而出也是普洱茶电商营销过程中面临的主要问题。

（二）虚假宣传、假货泛滥

近年来，虽然普洱茶电商平台上的"低价低质"现象有所减少，但质量问题依旧是普洱茶电商领域的一大挑战，尤其是对于普洱茶这种需要消费者主观体验的产品。在直播带货中，一些主播为了提供沉浸式体验而伪装成茶农，或因不熟悉制茶流程而提供错误信息，有时甚至以文化故事作为噱头推销产品，包括销售劣质或假冒产品。这些做法不仅误导消费者，也损害了整个普洱茶产业的信誉和发展潜力。茶叶的溯源难度、复杂的工艺以及多样化的口味使电商交易更加困难。电商平台的虚假宣传和过度美化行为，缺乏线下真实体验的支撑，进一步加剧了这一问题。这些问题的存在说明普洱茶电商平台亟须加强对产品质量和销售过程的监管，提高透明度，以增强消费者信心、促进市场的健康发展。

四 普洱茶电商发展趋势

（一）电商渠道多样化，销售方式快速转变

普洱茶电商正在经历显著的变革。随着互联网技术的进步，普洱茶的销售渠道不再局限于传统的网店和电子商务平台。直播带货、社交媒体营销等新兴模式为普洱茶的推广和销售提供了更加多元和可互动的平台。这

些平台允许卖家通过更具吸引力和参与感的方式展示产品，同时也为消费者提供了更加直观和便捷的购物体验。随着这些新型渠道的发展，普洱茶电商需要适应快速变化的市场环境，采取更灵活多变的营销策略来吸引和保持客户。

当前的电商领域正经历从传统模式到社交和内容导向的转变。这一过程涉及将电子商务与社交媒体、内容创作的深度整合。由于不同电商平台的曝光机制存在差异且变化迅速，普洱茶电商必须不断调整策略规划、运营执行及策略迭代以适应资源配置需求。

（二）新技术融合与应用，电商场景多元化和泛在化

随着新技术如人工智能、大数据、增强现实（AR）和虚拟现实（VR）的发展，普洱茶电商正在经历一场革命。这些技术使购物体验更为个性化和互动化。通过 AI 推荐系统，消费者可以获得更符合个人口味和偏好的普洱茶选择。大数据分析帮助商家更好地理解消费者行为和市场趋势，从而提供更精准的营销策略。此外，AR 和 VR 技术的应用，如虚拟茶叶品鉴，为消费者提供了沉浸式的购物体验，弥补了线上购物在感官体验上的不足。这些技术的融合使电商平台能够跨越物理限制，为消费者提供更加丰富和便捷的购物场景。

新技术不仅改善了购物体验，还为品牌与消费者之间的互动提供了新平台。例如，通过社交媒体整合和在线社区，品牌可以与消费者建立更紧密的联系。这些平台允许消费者分享他们对普洱茶的评价和体验，增强了品牌的社会影响力。此外，普洱茶品牌也开始利用移动应用和小程序来提供更便捷的购物和品鉴体验，使消费者即使在移动设备上也能轻松购买和品鉴普洱茶。这些多元化的技术应用不仅提升了消费者体验，也为普洱茶品牌带来了更广阔的市场机会。

随着智能化和数字化的深入发展，电商平台正开始实施更先进的物流和供应链管理技术，特别是在普洱茶这样的特色产品上。例如，区块链技术的应用可以帮助追踪普洱茶从种植到最终销售的全过程，提高产品的透明度和

可追溯性。此外，数据分析和预测模型也在帮助普洱茶商家更好地管理库存、优化定价策略以及预测市场趋势。这些技术的应用不仅提高了运营效率，也为消费者提供了更高的信任度和满意度。

（三）消费群体分众化，细分步伐加快

随着电商平台的日益发展，普洱茶市场正面临着前所未有的变革。消费者群体的分众化现象日益明显，不同的消费者从年龄到产品细分有着各自独特的需求和偏好。

年轻消费者群体的兴起改变了传统的消费模式。这一群体对品牌故事和产品的独特性更为敏感，对于普洱茶的养生效果和文化背景表现出浓厚兴趣。因此，针对年轻群体的市场推广策略通常强调普洱茶的时尚元素和健康益处，利用社交媒体和网络营销来吸引他们的注意力。

中老年消费者依然是普洱茶市场的主要力量。他们对普洱茶的传统文化和长期养生效果有深刻理解。因此，电商平台在面向这一群体时，往往强调普洱茶的传统制作工艺、品质保证和健康益处。

随着消费者对普洱茶品质的日益关注，消费者对高端普洱茶的需求也在增长。这部分消费者不仅关注茶叶的品质，还在意其产地、制作工艺和历史背景。电商平台针对这一群体的营销策略往往更加注重产品的独特性和独家供应。与此同时，普洱茶电商也面临日益激烈的竞争。为了在众多品牌中脱颖而出，许多企业开始采用更加精细化的市场细分策略，通过数据分析来深入理解不同消费者群体的购买行为和偏好。

普洱茶电商市场的消费群体分众化趋势正在加速，要想在这一市场中获得成功，企业需要深入理解不同消费者群体的特点和需求，采用更加精准的市场定位和营销策略，这不仅是未来普洱茶电商发展的重要趋势，也是其持续增长的动力。

（四）特色类目电商平台营造，探索新型电商平台

当前普洱茶电商平台的发展，无论是传统电商还是直播电商，针对普洱

茶的网络营销,大多是基于京东、阿里、抖音这样的大平台,其次是小、散、弱的微店和自建电商平台。这样的电商生态导致新进入的普洱茶电商企业难以进入市场,大部分普洱茶个体、商铺、工坊和企业的网络营销面临着网络营销准入门槛高、竞争激烈等问题。

基于大平台的普洱茶电商,面临着竞品太多、同质化现象严重的问题,这导致在这些大平台中,平台的流量资源争夺日益加剧,普洱茶产品的动销越来越困难。对于小、散、弱的微信小程序、微店和自建电商平台,其主要面对的是私域流量,虽有一定较为稳定的客户群体,但也伴随着流量引流困难、物流体系较弱等问题。

如何突破大平台电商的垄断和小、散、弱的流量壁垒,形成针对普洱茶的特色类目电商平台可能会成为普洱茶电商在未来发展的可以探索的新模式。当前,在国内电商发展进程中,随着分众化发展趋势,一部分面向特定群体和特定商品类目的电商平台逐渐成熟。云南,作为普洱茶的主产地,应主动探索普洱茶电商发展的新的营销商业模式,在政府的支持下,培育具有影响力的、云南本土特色的普洱茶电商营销平台,引领普洱茶电商进入良性竞争和可持续的发展轨道。

B.12
普洱茶及相关文化品牌研究报告

吴 染 曾庆志*

摘 要： 普洱茶产业及普洱茶文化研究是理解普洱茶产业发展的重要渠
道。通过关注普洱茶产业、普洱茶文化、普洱茶相关科技、普洱茶文化品牌
的研究，可较为系统地了解普洱茶产业的发展现状、动态和趋势。科学技术
的发展推动着普洱茶产业转型升级，随着茶文化研究兴起，有关茶马古道的
讨论成为热点，普洱茶及相关研究呈现明显的多学科参与特点。基于普洱茶
销售线上化、消费群体年轻化以及市场品牌化的趋势，普洱茶研究也开始关
注科技赋能产业链升级、现代普洱茶消费文化以及文化赋能品牌建设。本报
告通过对普洱茶产业相关研究现状进行梳理和分析，从侧面反映普洱茶产业
发展的现状、存在的问题和趋势，助力普洱茶产业健康、可持续发展。

关键词： 普洱茶 普洱茶产业 文化价值 文化品牌

　　普洱茶、普洱茶文化产业作为云南高原特色农业、特色文化产业的重要
业态，学界围绕其生产、销售、消费等领域展开了大量研究和讨论。有关普
洱茶的学术研究较早可以追溯到 1930 年方国瑜先生撰写的《普洱茶》一
文，20 世纪 50 年代以后，新中国政府鼓励茶农栽培加工、增产出口，茶叶
产量得到快速增长，远销海外，普洱茶产业的繁荣使对其研究进入学界视
野。目前普洱茶产业研究主要集中在普洱茶发展历史、普洱茶产业、普洱茶

---

　　* 吴染，云南省文化产业研究会助理研究员，云南大学民族学与社会学学院在读硕士，主要研
　　究方向为文化产业；曾庆志，云南省文化产业研究会助理研究员，云南大学民族学与社会学
　　学院在读硕士，主要研究方向为文化产业。

科技、普洱茶文化与文化品牌几个方面，共有普洱茶产业研究期刊论文
10504 篇，硕博士论文 641 篇，会议论文 281 篇，相关专利数量 3084 条①，
在全国图书馆参考咨询联盟以"普洱茶"为关键词搜索到相关的研究专著
有 975 本，在 2014 年达到顶峰，单年出版 66 本，2022 年和 2023 年分别出
版 18 本、17 本。② 目前学界有《茶叶通讯》《中国茶叶》《茶世界》等多本
以茶研究为核心的期刊，以及说茶网、茶语网、茶友网（原中国普洱茶网）
等涵盖普洱茶研究的传播媒介和频道。云南省茶叶流通协会、普洱茶协会、
民族茶文化研究会、茶业协会等组织机构也陆续发表多篇关于普洱茶的调查
统计报告。普洱茶研究文章和报告大量涌现，表明普洱茶研究领域具有较高
的学术活跃度和实践价值。

普洱茶的确切定义和"规范"标准至今仍众说纷纭、尚无定论，由此
引发众多学者关注普洱茶历史研究，挖掘历史文献和考古资料，探讨普洱茶
的起源、传播和演变，梳理唐代至今的文献记载，考据普洱茶生产、运输、
消费与茶马古道兴盛的关系，进而对普洱茶的概念进行界定。有关普洱茶的
记述和研究大概分为三个阶段，一是从民国至新中国成立初期，以史料记述
为主；二是从 20 世纪 80 年代末期起，对普洱茶经济和文化意义的讨论；三
是从 2005 年至 2023 年，多元视角和多重意义的普洱茶研究增多，普洱茶在
"市场化"和"文化化"的过程中，被赋予了更多社会、经济、文化和政治
意义③。21 世纪初，"原生态""传统"的普洱茶逐渐被社会认可，与普洱
茶相关的众多新型业态日益繁荣，产业的发展推动着相关研究变化。研究关
注普洱茶发展动态，有助于了解普洱茶产业发展现状及各领域持续发展的
动向。

科技是普洱茶产业发展的永恒动力源泉，茶科技与普洱茶种植端、生产

---

① 《中国普洱茶产业》，http：//47.109.48.128：8082/，最后检索时间：2024 年 2 月 19 日。
② 全国图书馆参考咨询联盟，http：//book.ucdrs.superlib.net/，最后检索时间：2024 年 2 月
  19 日。
③ 马祯：《百年普洱茶研究回顾——学术视野中的普洱茶意义变迁》，《学术探索》2015 年第
  11 期。

端、销售端均有密切联系，茶树培育、茶园管理、普洱茶深加工等应用技术研究，为"科技下乡，助推乡村振兴"提供了智力支持。普洱茶主要产于云南省西双版纳、临沧、普洱等地区，以上地区均出台了古茶树保护条例，制定古茶树认定标准①，地方古茶树研究为普洱茶产业可持续发展及市场定位提供了重要支撑。

普洱茶市场流变及其话语体系建构研究是普洱茶产业研究的重点。普洱茶市场本身在不断变化，最早集中于沿海地区，逐步向全国范围延伸，如今进入全球化茶业市场，其市场规模和话语权发生了巨大变化。普洱茶市场研究集中在普洱茶线上销售与普洱茶市场的关系、普洱茶"走出去"面向南亚东南亚的特殊地理位置对海外市场的影响，以及协会组织、产业合作社、公司等市场多元化发展模式和普洱茶市场发展与其他产业之间的关系等问题。普洱茶市场逐渐形成了一套有关古树茶、纯料、山头、风味、文化内涵的价值判断体系，主导着普洱茶市场的划分，价值判断体系变迁反映了消费市场和茶企力量的变动。茶企是普洱茶市场最重要的主体，是茶叶最直接的生产者和市场竞争的参与者。截至 2022 年底，云南省级以上茶叶龙头企业88 家，其中国家级龙头企业 8 家②，包括八角亭、中茶、下关沱茶等一系列普洱茶企业③，相关茶叶企业研究直观反映了普洱茶产业及其品牌的兴衰情况。

普洱茶文化作为一种特色文化，相关研究涵盖多个领域，普洱茶产业与地方历史文化、民族文化、生态文化、文化旅游和民族地区社会发展的互动关系等是大众媒体和学术界持续关注的热点，有利于茶文化的传承与普及。茶马古道是普洱茶文化之魂，距 1991 年正式提出"茶马古道"，至2023 年已有 32 年的历史，茶道历史和茶道故事的研究，使普洱茶获得了巨

---

① 《普洱市古茶树资源保护条例实施细则》，https：www. puershi. gov. cn/；《临沧市古茶树保护条例实施办法》，https：//www. lincang. gov. cn/；《云南省西双版纳傣族自治州古茶树保护条例实施办法》，https：//www. xsbn. gov. cn/。

② 《第十五届中国云南普洱茶国际博览交易会新闻发布会》，https：//nync. yn. gov. cn/html/2023/，最后检索时间：2024 年 2 月 17 日。

③ 资料来源于茶友网（原普洱茶网），https：//www. puercn. com/。

大的市场影响力和市场话语权。普洱茶产业作为地方特色产业，与文化旅游产业、康养产业融合的路径机制、发展策略研究，可为普洱茶与其他产业融合提供参考。普洱茶及相关文化品牌发展与文化创意双向赋能、多级赋能的趋势日益明显，普洱茶文化品牌的生成是普洱茶不断被言说和传播的历史和结果，普洱茶文化品牌体系建设涉及生产、贮存、传播、消费全过程，普洱茶文化品牌作为一种文化符号，成为企业产品标识，能够增强普洱茶产业市场活力、提高社会认可度。

一　普洱茶及相关产业研究现状

（一）普洱茶发展历史研究

21世纪以前，普洱茶发展历史研究主要着眼于以下方面：普洱茶历史阶段研究、普洱茶得名过程研究、各时期"普洱茶"含义研究。随着研究的深入，普洱茶发展历史研究方向逐渐从普洱茶本身的历史探寻逐步拓展至普洱茶产业历史、文化历史，以及普洱茶市场体系的历史考察、普洱茶市场历史变迁和发展前景研究等领域。21世纪以来，普洱茶发展历史研究关注茶马古道文化历史挖掘和普洱茶档案建设，自2006年后，历史文化赋能产业、旅游成为普洱茶历史研究热点问题，2020年以来普洱茶及相关产业发展研究方向主要集中于文化遗产保护、国际竞争力提升、以文促旅、茶文旅融合共同发展等方面。

（二）普洱茶产业发展研究

普洱茶产业发展研究主要集中于产业规模、产品生产、市场、营销、企业、品牌、生产标准和在茶产业中的竞争力等方面。

产业规模方面的研究主要是普洱茶产业的发展情况，集中在调查和描述当前普洱茶产业情况，反映普洱茶产业的规模数据、全产业链的生产参与者数量与质量情况、普洱茶产业规模产生的辐射效应对上下游的影响。相关研

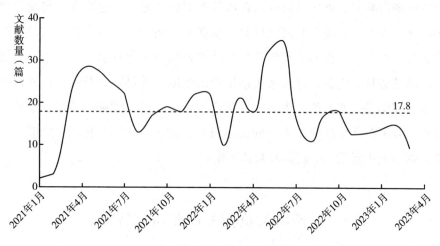

图 1　茶叶研究发展报告发文数量折线

资料来源：中国普洱茶产业，http：//47.109.48.128：8082/TPIAnalysis.aspx，最后检索时间：2024 年 2 月 17 日。

究重视分析普洱茶产业的发展优势、发展现状及存在的主要问题，针对普洱茶发展遇到的机遇和发展趋势，提出相应的措施以促进普洱茶产业规模发展。

产品生产相关的研究主要关注在保留普洱茶独特风味的同时优化普洱茶产品的生产技术，通过实验与观察，数据化、精确化普洱茶产品生产过程中不同生产工艺对生产产品的影响，在提高普洱茶产品生产效率、优化普洱茶生产流程、提高普洱茶产品的有益成分保留度等方面都起到了关键作用。普洱茶产业研究在市场方面重视普洱茶市场话语建构。市场对于普洱茶的定义越发清晰，"云南产地、日光晒干、大叶种茶树、自然陈化"[1] 强化了云南普洱茶原产地的地位。

普洱茶产业市场研究主要关注线上市场、网络销售，数字经济市场带动普洱茶产业高速高质量发展，相关研究集中在数字经济拓宽普洱茶销售渠道、提高精准服务功能、提升市场满意度等方面。普洱茶产业研究在营销层

---

[1]　吴礼辉：《普洱茶概述》，《茶叶科学技术》2005 年第 3 期。

面主要关注普洱茶功能疗效与文化领域对消费者的吸引。21 世纪初的"普洱茶热"为普洱茶营销带来诸多便利，传统销售市场转向线上电子销售后，便于持续普及、传播普洱茶的健康功效与悠久历史，为普洱茶产业带来较高认可度。普洱茶产业营销聚焦于网络营销平台多元化、策略多维化，吸引多类用户关注，通过大数据分析把握各类消费者需求、强化用户认知、建立市场认可、实现普洱茶产业高质量发展。

普洱茶企业方面早期存在品牌不成熟，市场缺乏有信誉、有口碑的成熟品牌，市场缺乏监管和管控等问题。21 世纪初，知名企业进入普洱茶领域发展，不断对普洱茶产业上下游产业链进行延伸，普洱茶产业进入精细化产业阶段，各个环节形成相互联系的相关产业及产业群，在产业链纵向上形成较为全面的链路。普洱茶产业链横向发展情况在"普洱茶热"后发展更为理性，从单一普洱茶产品到百花齐放的产品群，从仅限于普洱市发展到走出普洱、走出云南、联动外省以至国外的跨地区经营。普洱茶产业市场营销网络逐步完善，加工体系较为健全，产品开发亮点纷呈，品牌优势日渐凸显，民族茶文化独具特色，目标定位为可持续发展方向与科学产业配置。

云南省政府对普洱茶产业的资金投入与政策偏向是普洱茶产业一项重大优势，云南省政府提出打造"绿色三张牌"政策号召,[①] 强调发展普洱茶产业是打造"绿色食品"的重中之重，致力于将普洱茶打造为云南省支柱产业，使普洱茶成为地理标志产业，为普洱茶地理标志品牌长远发展提供良好机遇。

（三）普洱茶产业社会效益研究

2020 年以前茶产业效益研究更多关注经济效益的提升，重点研究茶产业生产加工销售全过程与产业链的延伸。产业发展健全后研究转向关注普洱茶产业社会效益，如普洱茶产业帮助生产地脱贫攻坚的研究。2020 年以来，

---

① 《云南省生物医药和健康产业发展规划（2016—2020 年）》,《2018 中国（昆明）国际大健康暨养生养老产业博览会第一次新闻发布会》, https：//www.yn.gov.cn/。

普洱茶社会效益研究重点关注民族文化和文化传承，着眼传统制茶技艺传承保护与当地特有民族文化传承，成为当下普洱茶社会效益研究的热点与发展方向。

（四）普洱茶文化研究

普洱茶文化是中国茶文化的重要组成部分，具有悠久的历史和独特的魅力，作为一种生活方式和文化传承，承载了云南地区丰富的历史、文化和民俗，是中华文化多样性的生动体现。2017 年以来，消费者对普洱茶文化的关注急剧增加，多数关注集中在普洱茶产地、历史、制作工艺和品饮文化等方面，体现了消费者对于传统文化的尊重和热爱，有助于推动普洱茶文化的传承和发展，弘扬中华优秀传统文化。

普洱茶的文化属性研究集中于普洱茶有关的物质文化和精神文化方面，研究各族人民在茶的发现、驯化、种植等过程中所产生的物质的和精神的文化总和。通过挖掘历史文献和考古资料，对普洱茶的起源、传播和演变进行了深入研究，揭示了普洱茶文化的地位和影响，提供文化记录和历史资料。普洱茶文化研究在文化符号层面主要关注普洱茶文化的表征符号如何运用在普洱茶市场的众多方面，例如普洱茶的生产加工和市面上普洱茶的包装设计，于地域文化元素中选取象形文字、地域色彩、地方景观、民族文化四种元素应用于普洱茶的包装设计。普洱茶文化研究在茶具方面关注产品功能性满足与普洱茶文化属性的结合，体现在茶具产品与普洱茶文化品牌如何结合云南民族文化、普洱茶产区区域民族文化以及现代审美需求发展。

茶马古道文化研究是普洱茶文化研究发轫以来的重点，自 1992 年提出"茶马古道"至 21 世纪初，研究以挖掘茶马古道历史为主，寻找茶马古道路线随市场发展从单一到丰富、呈网状在西南大地展开的历史过程。2010 年以来，茶马古道文化研究集中于社会价值研究。茶马古道文化研究同时关注保护茶马古道在快速城市化冲击下古道沿线文化遗产的原真性与完整性。普洱茶文化研究关注茶文旅协同促进发展，协同发展一直是云南省普洱茶文化和旅游融合发展的重要方向，借助普洱茶文化重塑茶马古道旅游走廊建设，① 依托普洱茶文化振兴澜沧江黄金旅游带，② 以茶叶基地建设为重点开展茶园生态旅游，借助云南多民族风情开展普洱茶文化体验旅游，整合云南普洱茶文化资源提升整体旅游品牌形象，以加强整体旅游营销为手段拓展普洱茶文化旅游客源市场，提升少数民族茶农传播普洱茶文化能力，增强普洱茶产业各环节发展的文化支撑力，促进普洱茶文化与民族特色茶产业相辅相成、共赢发展。

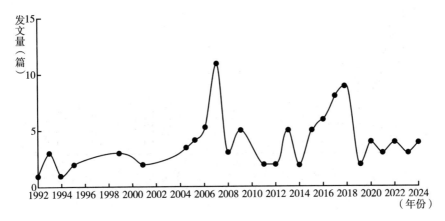

图 2　普洱茶文化研究文章发表量

资料来源：知网研学，https：//x.cnki.net/，最后检索时间：2024 年 2 月 17 日。

普洱茶产业文化品牌研究是普洱茶文化研究的重点关注方向，云南省将文化产业确定为新的经济支柱产业，普洱市提出了将茶产业打造成全市第一支柱产业的战略构想。③ 基于丰富的民族文化资源和茶文化资源，普洱市确立了以建设民族文化特色大市为目标，全力打造"世界茶源、中国茶城、普洱茶都"品牌，④ 拓展普洱茶文化产业发展思路，对普洱茶产业进行品牌构建和开发，普洱市茶产业在种植面积、产量、产值等方面均有明显的提

① 《云南省人民政府公报》（2022 年第 4 期），https：//www.yn.gov.cn/。
② 《畅想澜沧江　放歌示范带》，《云南日报》2022 年 9 月 18 日，https：//www.yn.gov.cn/。
③ 《普洱市"十四五"制造业和新兴产业发展规划》，https：//www.puershi.gov.cn/。
④ 《对普洱市政协五届三次会议第 81 号提案的答复》，https：//www.puershi.gov.cn/。

高，建设普洱茶产业文化品牌成为开发普洱茶文化产业的重要方向，目前重点是通过差异化定位、产品"区隔"功能、品牌联想度等多方面发展路径深入研究普洱茶产业文化品牌，注重文化产品的策划创意，整合营销传播策略，不断强化品牌形象。普洱茶产业不仅涵盖茶叶的生产和销售，更承载着文化的传播与价值的共享。普洱茶作为茶叶产品与文化、民族情感交织的产物，已然成为重要的经济和文化象征。

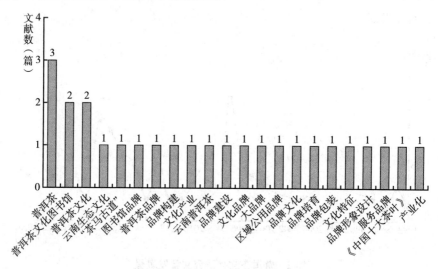

图3　普洱茶文化品牌分布情况

资料来源：知网研学，https：//x.cnki.net/，最后检索时间：2024年2月17日。

普洱茶品牌需要构建自有文化品牌，如云南普洱、七子饼茶等一些具有悠久历史和文化底蕴的品牌，通过传承自己的品牌文化，保持了产品品质，有效提升了品牌形象和市场竞争力。企业在普洱茶文化品牌塑造的相关实践中注重与市场需求的结合，在传承普洱茶传统文化的基础上，注入现代元素和创新思维。通过推出以茶马古道为主题的文创产品、举办茶马古道文化体验活动、打造沉浸式普洱茶文化体验空间等方式向市场传递普洱茶文化魅力，增强品牌认同感和忠诚度。加强与相关产业的合作与联动是普洱茶文化深化发展的重要途径。与旅游产业合作，开发以茶马古道为特色的旅游线路，吸引游客亲身体验普洱茶文化的韵味。与文化艺术产业合作，推动普洱茶文化创意产品的研发和推广，提升品牌的文化内涵和艺术价值。

通过将普洱茶深厚的文化背景开发成独具特色的文化品牌，满足消费者对品质生活的追求，进一步推动普洱茶产业的可持续发展，有助于弘扬中华优秀传统文化、提升普洱茶在国际市场的知名度和竞争力。将普洱茶文化品牌化是一项具有重要意义的举措，有望为普洱茶产业的繁荣和发展注入新的活力。

（五）普洱茶科技研究

2021 年 3 月，习近平总书记在福建考察过程中强调，要做好茶文化、茶产业、茶科技这篇大文章，要坚持绿色发展、推动产业发展、结合科技发展。[①] 2021 年 10 月，普洱市委书记李庆元在普洱茶产业发展务虚会议上强调，要着力引进技术创新型和市场开拓型企业，用科技为产业赋能，延伸产业链，丰富产品链，提升产品附加值。[②]

21 世纪初，中国农业科学院、云南省农业农村厅、云南省农业科学院等部门关注到普洱茶产业在生产发展、科技助力等方面存在的问题，讨论要对普洱茶的特征性物质和功能性成分作出科学性回答，要推动普洱茶产业的科研，增加科技投入和科研投入，以探索农业科技创新。同时期云南茶产业快速发展，云南省普洱茶产业的规模宏大，但同时存在诸多问题，因此要想加快云南茶产业发展步伐必须依靠科技创新，整合力量，从优质品种选育、栽培技术等关键环节着手解决，发展方向是茶叶产业化经营中进一步强化科技体系建设，充实科技队伍，加快茶叶科技成果转化应用，不断提高科技对农业增长的贡献率，推动云南茶叶由传统茶业走向现代茶业。

普洱茶科技发展目标是通过科学技术创新解决传统普洱茶产业链中存在的问题，推动普洱茶产业建设和升级。通过给出普洱茶产业链发展的科学措

---

① 《习近平察看武夷山春茶长势：把茶文化、茶产业、茶科技这篇文章做好》，https://www.gov.cn/。

② 《全市普洱茶产业发展务虚会议强调要以务实思想实际行动高效组织推动全市普洱茶产业健康发展》，http://www.jingdong.gov.cn/。

施与建议，达到延伸普洱茶产业链、增加普洱茶产业附加值的目的，使普洱茶产业得到进一步发展，实现普洱茶产业科学发展，朝标准化有机种植、标准化种茶初制加工、标准化普洱茶发酵、标准化深加工提取、标准化包装控制和循环经济等目标发展。

普洱茶搜索指数热度逐年增高，市场竞争、消费者需求、茶叶品质等因素对普洱茶市场地位和消费者认知产生影响，从而导致搜索指数的波动。自2018年以来搜索指数随着科技的不断进步和应用持续上升，① 普洱茶产业迎来前所未有的发展机遇。通过将大数据、区块链等先进技术融入生产过程，普洱茶的品质和安全性得到保障，消费者的关注度和信任度大幅提升，大数据技术运用为普洱茶产业提供了强大的数据支持和分析能力。

普洱茶产业在近年的发展中注重科技助力，旨在使科技为普洱茶种植、生产、销售等环节赋能。绿色有机生态的普洱茶背后，蕴含着普洱茶人对科技兴茶的坚守与不断追求，为让全国人民喝上绿色有机生态的普洱茶，普洱市上下联动、共同发力。从标准茶园建设、病虫害绿色防控、清洁化加工等方面，实行一项项科技措施，织成一张绿色保护大网，为普洱茶的绿色生态发展之路保驾护航。普洱市各大茶山林中有茶、茶中有林，形成了林种生物结构和乔灌木相结合的复合立体种植模式，太阳能杀虫灯、黏虫板、害虫诱捕器等绿色生物防虫治虫设施应有尽有，让茶园病虫害发生率大大降低，基本实现了生态平衡，建成全国最完备的普洱有机茶科研体系，走出一条"依托茶产业，做强一县一业"的绿色食品产业发展之路②。

搭乘科技发展的快车，普洱茶产业已建立一套全面、可追溯的质量安全体系，确保从茶园到茶杯整个流程的品质与安全。在云南省内，该产业率先实施了名山普洱茶品牌质量追溯体系的建设工作，形成了一套具有标识、标准、检测、监控等功能的完整追溯体系。通过将区块链技术与质量追溯体系

---

① 资料来源于百度指数，https：//index. baidu. com/，最后检索时间：2024年9月17日。
② 《科技赋能 让全国人民喝上普洱茶》，《普洱日报》，https：//new. qq. com/rain/a/，最后检索时间：2024年2月8日。

深度融合，普洱茶产业成功打造了云南省首个场景式普洱茶品质区块链追溯平台，实现了从生产、流通到消费等各个环节的信息管理闭环，确保了产品的源头可追溯、去向可追踪、风险可控、责任可追究，并允许公众查询，实现社会共治，保证普洱茶产业在质量追溯方面拥有完整检测机制，为产业可持续发展奠定坚实基础。

二　普洱茶产业研究的基本特点及不足之处

（一）基本特点

1. 技术研究仍然是普洱茶产业研究的重点

科技是第一生产力，是做大做强茶产业的基石，近年来，茶科技研究在茶树品种、茶树栽培、茶叶生产深加工等方面都取得了不错的科研成果。通过中国知网普洱茶研究层次分布发现，普洱茶技术研究的文献数量高于其他研究层次，普洱茶工艺技术是当前普洱茶研究的重点，普洱茶加工工艺、普洱茶内涵成分及其功效、安全质量监管方面的研究相对较多，且衍生出专利技术应用研究，普洱茶有效成分的分解、提取、功效跟踪监测研究等相关领域。科学技术成果赋能普洱茶全产业链建设，从品种培育、立体高效生态栽培、发酵技术和装备、功效研究到延伸产品开发及深加工等关键技术，有力地支撑了普洱茶产业转型升级。

科技赋能普洱茶种植、加工、销售各个环节，相关的论文、著作都比较关注科学技术创新如何解决传统普洱茶产业链中存在的问题。近些年，大数据、区块链等先进技术融入生产过程，推动普洱茶产业链建设升级，当下科技更新迭代速度加快，科学技术的发展极大地提高了普洱茶产业的生产效率和产品品质，得到学界的持续关注。

2. 茶文化研究兴起，茶马古道成为普洱茶文化研究热点

普洱茶文化是中华茶文化的重要组成部分，中华茶文化历史悠久，传承至今，已融入广大饮茶者生活中。从唐代至近代有许多记载茶文化的史料和

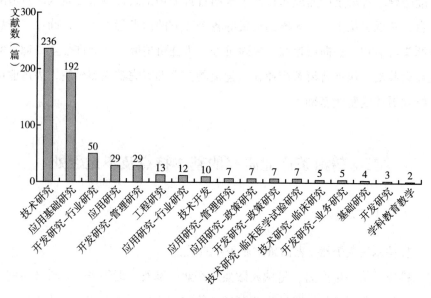

图4　普洱茶研究层次分布

资料来源：中国知网，https：//kns.cnki.net/，最后检索时间：2024年2月17日。

文章，如唐代《蛮书》、明代《滇略》、清代《普洱茶记》等，奠定了现代普洱茶文化品牌建构的历史文化基础。

普洱茶文化研究聚焦于茶马古道、普洱茶进藏、景迈山古茶林文化景观申遗等议题和事件，集中在普洱茶同少数民族文化根源性问题、茶马古道研究。中国普洱茶产业数据库核心期刊词云图显示最高的是茶马古道，其次是普洱生茶、普洱熟茶，鉴于普洱茶与茶马古道特殊的历史渊源，茶马古道受到众多研究者的关注。普洱茶文化的研究不再局限于文化本身的考究，而是探讨茶文化赋能地方振兴、茶文化与旅游等产业融合发展的路径与意义。云南普洱茶马古城旅游小镇以茶马古道文化为背景，打造了一座集旅游观光、商业地产、购物休闲于一体的旅游小镇，茶马古道中文化价值的现代性探索和文化遗产保护研究受到重视。

3.跨学科视野、多学科参与

随着普洱茶产业不断发展，其相关研究领域不断拓展，涵盖普洱茶科技、古茶树生态环境、普洱茶经济等领域，也包括普洱茶文化传播、普洱茶文化品牌研究，产业研究本身跨越学科范畴较大、涉及研究领域较多。在普洱茶产业科技方面，茶科技不单是科研工作者的事情，而是需要政治家、企业家、科学家三家联动，加强茶科技的基础研究，推动茶科技的成果转化，这样茶科技才能真正为茶产业所用。在普洱茶文化研究方面，越来越多的学者将人类学、文学、社会学、经济学、生态学的交叉研究方法应用于茶马古道研究中，而普洱茶文化品牌研究则需要经济学、传播学等学科的理论视角加入。

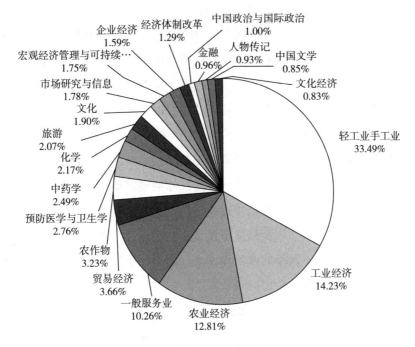

图5 普洱茶研究学科分布

资料来源：中国知网，https://kns.cnki.net/，最后检索时间：2024年2月17日。

（二）普洱茶产业相关研究的不足之处

有关普洱茶及相关文化品牌的研究日益增加，但就当前而言，其所具有的优势并未完全发挥出来,还存在一些欠缺之处。

1. 普洱茶相关行业规范及配套标准研究不够

国内标准化领域,初步具备国家、行业、地方、团体、企业标准相补充,覆盖茶叶种植、加工、包装、流通基本过程的全产业链的标准体系,然而在这方面的政策文件较多,关键性的贯彻执行研究则相对较少,且不同层级标准之间的复杂关系没有得到足够的重视。细分六大茶叶,各品种又有不同的品种特征,茶叶标准的普适性与普洱茶特殊性的关系有待研究,普洱茶仓储陈化及安全性评估等方面的研究持续受到关注,而普洱茶相关生产程序标准等方面的研究数量较少,且质量不高。

标准化生产加工体系,与市场规范和行业可持续发展密切相关,普洱茶国家标准于 2008 年出台实施,至今已有 10 余年时间,随着有关标准的相继出台、检测方法的变化,食品安全国家标准、推荐性国家标准等一些规定和参数已不能满足现实需要,需要在进一步研究的基础上修订。比如现有标准并未规定普洱茶(熟茶)的生产标准,生产方式不一,假冒伪劣产品屡禁不止,严重破坏了普洱茶的品牌形象。随着高品质普洱茶需求量的提升,普洱茶的渥堆发酵环节必须转向标准化,这样才能稳定质量、调剂差异、节约劳动力。建立健全规范普洱茶技术标准的机制,可采取政府监督,商会或协会等群众团体自我约束,逐步建立市场信誉。学界针对现行标准与实际情况的可适用性研究有助于政策的改善和调整,缩小行业发展与现行规范之间的差距,推动普洱茶产业的全面健康发展。

2. 普洱茶产业研究的消费视角关注不足

普洱茶研究在关注产品生产的同时,不能忽视消费端的变化及其对整个产业的影响。随着全球化时代信息、人员的频繁流动,在统一竞合的市场格局下,普洱茶产品消费从中端消费向大众消费和高端消费两极延伸。在品质上,消费者对于普洱茶的要求越来越高,更加注重产品的品质和文化底蕴;在区域上,全国乃至世界的茶饮爱好者都在饮用普洱茶。普洱茶市场已经呈现多元化消费需求、线上消费持续火热、国际新兴市场崛起的趋势,然而相关研究相对缺失,不能很好地反映当下普洱茶消费的变化。在中国知网分别以"普洱茶生产"和"普洱茶消费"为主题关键词进行搜索，普洱茶消费有 447 条，远低于普洱茶生产的 1609 条①，有关普洱茶消费的研究有待加强。此外普洱茶消费还会带动其他产业的消费，如茶具用品、茶艺培训、茶文化体验项目等，不同产业之间的关联性以及普洱茶消费对其他产业的带动效应迫切需要梳理研究。普洱茶市场根据消费者的性格、年龄、消费能力、喜好等因素划分，茶企则结合自身发展潜能，深耕细分市场，对此相关研究需要关注普洱茶消费的变动趋势及其多元化需求的满足，探索茶企市场规划与消费者多元需求的关系。

3. 普洱茶文化研究角度和作品不够丰富

普洱茶相关研究成果以论文为主，相关专著较少，其中相关专著文学类作品数量占比高，学术类著作相对较少。部分是因为文化学者将普洱茶同地方风物相结合，关注文化现象和主观感悟层面，缺少对普洱茶文化与社会历史时代关系等进行学理上的分析。在普洱茶文化研究方面，相关著作层出不穷，但相关研究局限于普洱茶文化的梳理和考究，较少关注普洱茶文化的经济效益、社会效益及其与其他产业的关系。总体而言，普洱茶文化研究成果在普洱茶研究成果中占比较少，茶马古道研究成果虽然较多，但文学类作品占比高，学术类著作相对较少。我国在国内普洱茶研究领域刊物上发表的文献受到的基金资助比例较低，科研支持力度还不是特别大，这也成为限制普洱茶产业研究的一大因素。

三　普洱茶产业研究的未来趋势

（一）科技赋能普洱茶产业链建设，茶叶销售线上化

在茶科技发展加持下，普洱茶产业不仅能在生产端实现高效、智能化的管理，而且在销售端打破传统的销售模式，实现从生产到销售全链路的数字

---

① 资料来源于中国知网，https：//kns.cnki.net/，最后检索时间：2024 年 1 月 14 日。

化转型。2023 年 1~8 月,云南农产品网络销售额为 428.9 亿元,同比增长52.5%;其中,云茶网络销售额 57.3 亿元,占比达 13.4%,随着电商销售进一步普及,普洱茶在互联网的销量将持续增长。作为世界三大饮品之一,茶叶市场消费群体庞大,带动全球市场交易规模不断增长,2017~2022 年的年复合增长率为 4.3%。随着消费习惯逐渐由线下向线上转移,天猫淘宝、抖音等电商平台成为消费者选购茶叶的重要渠道。数据显示,2022 年,在电商平台购买茶叶的用户达到 68%,较 2021 年增长 12 个百分点。2022 年抖音茶叶各细分类目整体保持高速增长,其中普洱是茶叶消费者最爱购买的品类,市场份额超过 41%①。电商销售普洱茶,能给消费者提供便利和优惠,对普洱茶品牌拓宽消费群体结构也具有重要意义,线上平台成为消费者获取普洱茶相关信息的主要渠道,普洱茶线上规模占比不断提升②。随着普洱茶竞争的持续激烈,线上渠道销售占比将在未来几年持续提高,直播带货、数字营销等线上销售方式,以及网络平台和网络带货达人对促进普洱茶品牌在网络范围内的扩散与传播的影响,线上销售与整个普洱茶产业链建设的关系等问题将受到关注。

(二)现代普洱茶消费文化多元化

普洱茶产业发展和文化品牌建构离不开对消费群体的关注,消费文化变迁在一定程度上影响着普洱茶产业的发展状况。普洱茶因其良好的口味,老少皆宜,茶叶消费市场的新模式使普洱茶消费群体变得年轻化,目前茶叶市场已经推出不少针对年轻消费者的新式茶产品。"茶颜悦色""喜茶"等茶饮品牌主要以茶为基底制作奶茶,对茶叶市场而言是一种新的消费模式,无论其外在包装还是产品命名都与以往传统的、华丽的茶叶有所不同,正在形成一种与年轻人生活习惯相契合的茶消费文化。为了迎合年轻人的消费喜

---

① 《2023 年茶叶品类线上消费趋势洞察》,https://dy.feigua.cn/article/detail/,最后检索时间:2024 年 2 月 8 日。
② 《中国普洱茶消费趋势洞察报告》,https://accesspath.com/report/5851354/,最后检索时间:2024 年 2 月 8 日。

好，许多普洱茶品牌在尝试推出新式产品，比如勐海茶企研发的普洱茶茶粉、茶饮料等产品在年轻消费群体中就十分"出圈"①。在普洱茶传播方面，自媒体、微电影等创作形式得到大众认可，传播渠道逐步转向新媒体，线上新媒体受众对象与年轻群体几近重叠，现代消费者不仅线下品尝普洱茶，也在线上"云品"普洱茶。普洱茶市场随着消费需求、消费偏好和分众化趋势，形成了产品消费、品牌消费（如山头茶）和仪式性消费，以及与文字、图像、影视、网络等相关的文化消费形式。分析现代普洱茶消费文化，调整普洱茶产品供给，把茶文化与国潮结合，打造文化创意式的普洱茶产品，有助于拓展普洱茶的受众面，促进普洱茶文化传播和相关文化品牌的建立。

（三）文化赋能普洱茶品牌建设，普洱茶市场品牌化

如今品牌已经成为一个企业乃至一个产业的门户，品牌形象直接关系到一个产业的发展空间，而文化有助于提升品牌价值、拓展市场。在大健康和大数据时代背景下，龙头企业、小微企业都在依托普洱茶文化加强品牌建设，通过挖掘普洱茶文化资源，利用产地、年份、茶马古道和马帮等普洱茶文化元素建构文化品牌，打造独有的产品标识。已有成果讨论茶马古道、名山藏茶、马帮进京等文化内容与普洱茶品牌建设的相互关系及其互动作用，为文化赋能产业可持续发展提供理论支撑。近年来，普洱茶在公共品牌建设上取得了较好的成绩。数据显示，普洱茶以78.06亿元的品牌价值位居公用品牌价值榜第二，以90.61%的品牌声誉得分位居公用品牌声誉榜第一②，为茶文化品牌的建设奠定了坚实的基础。加强"品牌"的建构和"文化"的交融，将文化元素融入普洱茶品牌建构，能够增加产品文化附加值，有助于提升品牌溢价水平和知名度，形成更为高阶的普洱茶文化品牌。相关研究

---

① 《云南勐海：茶科技助力普洱茶"出海""出圈"》，https：//www.yn.chinanews.com.cn/news/，最后检索时间：2024年2月19日。
② 《2022中国茶叶区域公用品牌价值评估报告》，http：//www.brand.zju.edu.cn/2022/0519/，最后检索时间：2024年2月8日。

需要注重弘扬普洱茶的文化属性，深入挖掘普洱茶文化资源，推动普洱茶文化传播，一方面注重挖掘传统与现代文化资源，另一方面关注地方政府、茶企以及消费者在普洱茶文化特性、文化营销和文化建构等方面的角色与功能，推动普洱茶产业健康可持续发展。

区域运营篇 ▷

B.13
广东普洱茶市场发展策略

陈锡稳　罗瑞玉*

摘　要：　广东不生产普洱茶，却是全国最大的普洱茶销售市场、最受重视的战略高地。广东基本上每年都要消化普洱茶总产量的七成左右，有超过100万的普洱茶收藏者。作为经济大省，广东商贸发达、人口众多、人口流动量大、消费能力强，历史上茶风盛行，受茶文化影响深刻，这些都是其成为全国最大的普洱茶销售市场的主要原因。广州在中国茶行业流通领域具有引领作用，传承茶贸文化，延续千年商脉。在新消费时代，广东普洱茶市场与数字化结合，引领国内茶叶商业模式迭代创新；通过跨省合作与云南建立新型的产销共同体，打造新型茶叶供应链体系；以共建共治共享的理念，建立规范的普洱茶流通秩序，重塑中国茶在当代新的话语体系，促进普洱茶产业健康持续发展。

关键词：　普洱茶　商业模式　产销共同体　广东

---

*　陈锡稳，东莞市人大代表，东莞市市场监督管理局局长，主要研究方向为普洱茶市场监督管理、东莞普洱茶贮藏理论探索；罗瑞玉，云南大学民族学与社会学学院在读硕士，主要研究方向为文化产业理论与实践、非物质文化遗产保护与利用、粤文化。

广东可以说是中国茶叶最主要的市场，尤其是普洱茶，不管是生产、集散、消费、文化，还是出口等，广东市场都占据非常重要的地位。广东普洱茶市场是一个高度聚合的空间，是中国普洱茶发展的风向标，它的一举一动都影响着全国普洱茶市场的神经。这里诞生了太多当代普洱茶的故事，会聚了无数影响普洱茶发展的人、事、物。在过去的40年，广东普洱茶市场之所以有如此的地位，能保持长期优势、实现持续发展，关键的因素是创新发展。广东对于普洱茶文化的深入理解和创新传承在国内是独一无二的，对普洱茶行业的发展有着极其敏锐的洞察力，在每个关键时刻都能精准地把握市场需求。长期以来，广东普洱茶市场紧跟时代潮流，坚持以市场为导向的经营理念，不断创新发展，在激烈的市场竞争中保持领先地位，实现高质量、可持续发展。随着消费者对健康饮食的重视和对茶叶品质的追求，普洱茶市场将迎来新的发展机遇。

然而，市场的发展也面临着一些挑战，广东普洱茶市场已呈现规模不断扩大、各品牌竞争压力日益加大、消费需求多样化的发展趋势。广东普洱茶市场本身也出现了一些问题。经过多年发展，广东普洱茶市场已逐渐趋于饱和。每年供应端厂家普洱茶生产数量的增加和下游代理商的库存积压，导致"供过于求"成为常态。由于普洱茶价值较高，市场上存在一些假冒伪劣产品，一些不良商家通过掺杂其他茶叶或添加化学物质等掺假手段来降低成本、提高利润，欺骗消费者。这些假冒伪劣产品既损害消费者的权益，也破坏了普洱茶的声誉。近些年，广东普洱茶市场中类似"炒茶"事件层出不穷，"理财茶""金融茶"频现爆雷，有些茶商承诺一定期限后以本金加利息的方式予以回购，但无法兑现。"金融茶""理财茶"的业务模式脱离商品交易实质，由正常销售行为演变为一种追求高额回报的投资理财行为，隐藏较大的风险隐患，可能涉嫌非法集资。这些问题频发也暴露出广东普洱茶市场管理不规范、存在监管漏洞。这也说明普洱茶从业群体中存在"风浪越大，鱼越贵"这一险中求富投机观念的人员不在少数，应引起业界重视。

市场是茶叶贸易的"舞台"，广东普洱茶市场的形成也经历了从零星分散的交易到较为集中的农村集市，再到以城镇为中心的零批市场，然后形成地方专业市场，直至形成在全国有影响力的核心市场（如芳村茶叶市场），这些不同规模、不同层级的市场最终构成遍布全省各地的网络型普洱茶市场。广东普洱茶市场要持续健康发展，不仅要从历史发源的视角来考察变迁发展，还要从普洱茶产业创新发展的视角来分析问题，提出解决问题的对策。

一 普洱茶市场要融入地方经济发展大局

从目前普洱茶产业发展情况来看，云南省作为"产"方，拥有十分丰富的茶叶资源。各级政府要注重茶叶产业建设，使产业带动经济发展、茶叶经济成为地方经济发展的重要支柱。而广东省作为普洱茶"销"的最重要一方，普洱茶市场还没完全融入地方经济发展大局。广东普洱茶市场大多是自发建设、由"普洱茶热"催生的，没有被纳入地方市场发展规划。另外，茶叶市场的经营户大多是个体工商户，对其的税收采取定期定额征收，致使偌大的市场难以产生大量的税收。

建议建立行业统计的基础制度，经营户要树立纳税意识，主动将行业融入地方经济建设的大局。

二 积极实施普洱茶市场的社会共建共治

"金融茶"和"假茶"是普洱茶市场的两大"毒瘤"，会导致消费者对普洱茶的科学认知不足，以及消费者和市场的信息差，引发更深的信任危机。

普洱茶"越陈越香"的特性使其衍生出保值增值的金融属性，被恶意炒作后的爆雷现象对分级筛选工作产生直接的负面影响。分级筛选工作是根据普洱茶原料的大小、良次等级以及茶叶外观特征等因素进行的，旨在确保消费者能够选购到符合其口味、需求和心理预期的茶叶产品。然而，市场上信息不对称和缺乏监管等问题使分级筛选被商家滥用，制造出高端茶叶的涨价假象，极大地误导了消费者。普洱茶炒作爆雷，不仅给消费者带来巨大的财产损失，也给整个行业带来信任危机。"假茶"更是造成市场秩序混乱，给普洱茶行业的健康发展带来不利影响。建立规范的普洱茶流通秩序是政府、普洱茶生产者、销售者、行业工作者、消费者等的共识。

普洱茶市场的社会治理要求公安、市场监管、社区等部门要与市场的管理者、经营者、商/协会建立协同治理的合作关系，实行共建共治。商/协会向消费者和社会大众提醒：公众品鉴、收藏茶叶时应聚焦茶文化和茶本身的价值，拒绝"金融茶"投机活动，防范非法集资风险。告诫投资者要切记任何投资都存在风险，要警惕打着"保本""高收益"旗号的任何形式的理财产品。有关部门和市场的管理者要利用大数据、人工智能、物联网等信息化手段支持市场治理科学决策，建立市场的预警机制，对"金融茶"和"假茶"精准施策、精准打击。推动建立信息发布、政策咨询、民情收集等网上事务运行系统，打造"互联网+群防群治"体系，通过数字赋能实现敏捷治理。在治理理念上，要实现从管理到服务的转变，社会治理最终的价值取向是实现共享，由广大人民群众共同享受治理成果。在治理手段上，不断融入数字化、智能化治理技术，提高治理效率。人工智能应用于治理会引发新社会议题，需要适时建立新治理体系，开发新治理工具。实现普洱茶市场科学化治理，让参与者共享治理成果是普洱茶市场治理能力现代化的必经之路。

三　深化广云合作，再创普洱茶产业辉煌

云南普洱茶经过多年摸索，逐渐找到自己的发展路径。国营茶企改制，民营茶企崭露头角，并逐步摆脱单纯的定制生产和代工的角色，自有品牌越来越多地出现在市场，普洱茶文化理论体系基本构建，为普洱茶产业进一步发展奠定了基础。20世纪八九十年代开始，大量港台投资者来到珠三角办工厂，构建了庞大的消费市场，使民间的普洱茶饮用和藏茶习惯变得更加广泛。这种"普洱茶热"成为广东普洱茶市场诞生成长的催化剂，也成就了云南普洱茶产业，因此广东和云南一直是合作成就的关系，而非竞争对手。

进入新时代，如何进一步深化广云合作，是摆在两省各级政府、企业家面前的新课题。

要深化广云合作，建议两省建立普洱茶产业发展的省际联席会议制度和两省重点城市联动推进机制。省际联席会议由两省轮流承办，围绕普洱茶产业和市场发展的目标和任务，研究协调跨省的重大事项，原则上每年召开1次。两省重点城市之间要建立合作机制，重点是推进省际联席会议布置的工作任务。如果两省能达成建立普洱茶产业发展的省际联席会议制度共识，那么省际合作将成为推动普洱茶产业和市场发展的重要力量。省际合作不仅在普洱茶发展层面带来巨大效益，也在普洱茶文化交流、产业科技创新、规范市场流通秩序等方面产生深远影响。

从云南的角度看，应着重提高茶树资源质量，适度控制产能，防止无序扩张，走高质量发展的道路。云南的产地可借助茶树基因组研究成果来合理高效利用，从分子水平上鉴别当下流行的古树茶、野生茶，确证其为栽培型古茶树还是野生的茶组植物，实现野生茶树和古茶树种质资源的保护与利用，从源头上提升普洱茶产品质量。

从广东的角度看，首要的工作是规范市场流通秩序。市场秩序的规范涉及经济活动的方方面面，包括市场竞争、商品质量、价格合理、信息透明等。首先，要健全市场流通规则，建立市场主体信用体系。加大监管力度，对违法违规行为依法惩处，维护市场竞争的公平性。要加大市场执法力度，及时发现和处置市场乱象，尤其要对"金融茶"和"假茶"等违法违规行为依法严惩，震慑违法企业和行为。加强市场竞争监测和研究，建立健全市场竞争监测体系，开展市场竞争研究，及时了解市场竞争状况，深入了解市场竞争机制，为制定相应政策提供科学依据。其次，加强消费者权益保护，完善消费者投诉处理机制，加强对普洱茶产品和服务的质量监督，加大对虚假广告、欺诈行为的打击力度。加强消费者教育和宣传，提高消费者的维权意识，让消费者成为市场秩序的守护者。最后，广东的普洱茶市场应加快营销模式的创新，借助互联网络、电脑通信技术和数字交互式媒体来推动数字营销，尽可能利用先进计算机网络技术，以最有效、最省钱的方式谋求新市场的开拓和新消费者的挖掘，为普洱茶生产企业提供全链路数字化增长解决方案与产品服务，帮助普洱茶生产企业构建数字化和智能化运营能力，扩大普洱茶销量。

四　促进普洱茶"陈化仓"科学管理

以藏茶之都东莞储存的普洱茶数量作为样本分析，广东储存的普洱茶数量不在少数。仓库储存普洱茶数量过大不仅让茶企们面临资金压力，还可能引发茶叶品质下降、贮存成本增加等问题，继而影响普洱茶整个产业链的健康发展。

普洱茶是中国传统名茶之一，凭借其独特的陈香和滋味深受茶友们的喜爱。然而，保存普洱茶却是一项细致入微的工作。如保存不当，很可能会影响其品质和口感，使普洱茶加工过程中形成的良好品质前功尽弃。因此，要适应现代普洱茶商品生产规律，把质量保证作为长远的战略来实施。仓储企业管理者应当把仓储的科学管理提到重要的议事日程上来，建议如下。

其一，仓储企业管理要导入管理体系，质量体系按体系目的分为质量管理体系和质量保证体系。质量管理体系是为保证产品、过程或服务质量，满足规定（或潜在）的要求，由组织机构、职责、程序、活动、能力和资源等构成的有机整体。也就是说，企业为了实施质量管理，生产出满足规定和潜在要求的产品和提供满意的服务，实现企业的质量目标，必须建立健全质量体系。

其二，仓储企业管理要实施标准化战略。标准是科学、技术和实践经验的总结。为在一定范围内获得最佳秩序，对实际的或潜在的问题制定共同的和重复使用的规则的活动，即制定、发布及实施标准的过程，被称为标准化。当今社会，企业之间产品的竞争，已经不再是价格的竞争，而是品牌的竞争，而品牌则是通过企业产品质量、售后服务等来体现的。企业采用标准化能够促进企业品牌形象的建立、提高企业的社会声誉。比如，企业采用ISO产品质量认证体系，说明企业在产品质量方面已经达到一定的水平。普洱茶储存可以通过实施标准化战略来实现其价值，例如双陈普洱牵手中国科学院科研团队、中检集团检验检测评价团队，成功发布并实施仓储要求及评价相关标准，通过"标准+认证"的模式打造具有东莞特色的普洱茶仓储品牌，对指导茶仓建设、推动科学仓储技术传播、进一步提升东莞仓茶品质具有积极影响。

其三，加强储存普洱茶的食品安全评价工作。普洱茶不仅在法律上被定义为食品，也在营养学和日常生活中被视为一种食品，对储存普洱茶进行食品安全评价非常重要。食品安全评价通常包括对食品中的营养成分和微生物质量的分析，以及对食品生产过程中可能存在的化学物质和有害物质的检测。通过对食品中的营养成分和微生物质量进行监测和检测，可以确保食品的营养价值符合标准，且不会对消费者的健康造成危害。对食品中可能存在的化学物质和有害物质进行检测，可以有效预防因化学物质残留而引起的食品中毒事件。随着食品供应链的延长和全球化趋势的加速，食品安全评价变得更加重要。消费者对食品的安全性和质量要求日益提高，食品企业也需要通过对食品的安全性进行评估和监测，来保证自己产品的竞争力。普洱茶仓储企业要树立食品安全意识，要对储存普洱茶主动进行检测，开展自我评价，以保证所储存普洱茶的品质。每年都开展普洱茶储存的食品安全评价，才能促进普洱茶储存产业健康发展。

五 构筑数字化时代普洱茶贸易新模式

普洱茶传统销售模式是指通过茶行、茶市等传统渠道销售普洱茶的模式，属于线下销售模式。归纳起来主要有巨头模式、品牌专营店模式、品牌代理商模式等。

从传统销售模式来看，巨头模式是普洱茶的寡头模式，目前符合这个特质的只有"大益"一家普洱茶品牌企业。虽然面临着众多选料更优良的高端品牌围攻，但是大益目前在普洱茶行业可以说是处于遥遥领先的位置。品牌专营店和品牌代理商模式相似的是厂家负责产品开发、品牌塑造、营销活动等，然后全国招收加盟店。两者最大的区别是，品牌专营店内只允许销售自己品牌的茶，不允许销售其他品牌的普洱茶，甚至不允许销售其他茶类，具有极强的排他性。品牌代理商模式对加盟代理的茶庄没有"专营"的要求，对加盟代理的茶庄经营的茶品没有排他性。加盟的茶庄可以经营其他品类的茶叶，甚至经营其他品牌的普洱茶。与品牌专营店模式相比，其优点是更加符合茶庄的实际经营情况，能减轻茶庄的经营压力，缺点是对加盟商的忠诚度不如品牌专营店模式。原料供应商模式，是指在云南的茶山原产地，已出现专注于普洱茶原料的商家，但其销售目标是生产厂家，与广东普洱茶市场关系不大。遍布广州芳村和东莞的批发市场是普洱茶销售的主要模式，批发市场的茶商用巨量资金购买大批的普洱茶，甚至包销云南一部分工厂的普洱茶，然后进行中介批发，卖给全国各地的茶庄。茶商也会从许多收藏家的仓库中购买大批的普洱中期茶和老茶，进行散批。在普洱茶市场的各家茶庄之间，也会进行各种中介交易，批发中介就成为广东普洱茶市场的主要载体。收藏模式的出现，是由普洱茶的特性引发的，由普洱茶工厂生产出来的普洱新茶其实只是一个半成品，不能像绿茶那样直接饮用，需要陈化之后才能推向市场。以东莞为代表的珠三角地区就成为普洱茶的收藏重地，茶仓以及收藏家就变成批发市场的重要客户。新茶经历了茶仓以及收藏家的精心储存后成为醇香的年份茶，收藏家也收获了令人惊羡的回报。至于玩家模式和茶山旅游模式属于小众模式，而且他们经营的区域主要也是普洱茶产区，与广东普洱茶市场联系不大。

在普洱茶的传统销售渠道范围内，无论是依托于批发市场的广泛分销、品牌专营店的专业化运营、代理商的多渠道铺设，还是茶仓的存储与流通以及收藏家的精准投资，尽管各方均展现出极大的努力与积极性，仍难以有效匹配普洱茶生产产能加速增长的步伐。这一现象凸显了当前普洱茶产业在供需关系上所面临的挑战与调整需求。

传统的普洱茶销售模式中，批发市场、品牌店、代理商、茶仓和收藏家等商业主体难以追赶普洱茶产能加快的速度，致使"供过于求"成为常态。以东莞为代表的珠三角地区的茶仓经过10余年陈化，所储存普洱茶已趋于成熟，近几年陆续有年份茶推出市场，更加剧了普洱茶市场的竞争。北方市场对年份茶有需求，但对珠三角地区的茶仓和收储情况不甚了解，容易造成信息不对称。目前珠三角茶仓收储的普洱茶缺乏流动性，茶仓和收藏家购买普洱新茶的积极性在下降。这是当前广东普洱茶市场的现状。

可见，随着数字化时代的到来，传统的茶叶营销方式已经无法满足现代消费者的需求。在新型消费需求的推动下，"服务压力""运营压力""库存压力"已经成为普洱茶行业亟待解决的难题。在新消费时代，广东普洱茶市场要弘扬改革创新精神，积极拥抱数字化新营销，导入像广东维锐科技股份有限公司这样的数字化新营销的运营商，大力应用腾讯微信生态，推广营销五环扣的数字营销解决方案，不断创造数字营销新模式，引领数字营销创新。推动企业向数字营销转型，大量使用数字传播渠道来推广普洱茶产品和服务，以一种及时、相关、定制化和节省成本的方式与消费者进行沟通。变革原本不能满足需要的营销思想、模式和策略，实现新的营销方式，以数字营销实现传统普洱茶营销方式的创新。

六　打造具有广东特色的普洱茶流通渠道品牌

普洱茶越陈越香的特性，决定了普洱茶需要陈化之后才能饮用，才能推出市场。云南普洱茶企业生产制作普洱茶的过程被定义为"普洱茶"的首次加工，普洱茶仓储的陈化过程被定义为"二次加工"，普洱茶从生产、陈化再到市场的流程特殊性，使打造普洱茶流通渠道品牌成为可能。

当整体普洱茶企业将竞争重点转移到品牌层面时，伴随这一过程的推进，消费者对产品的品牌意识也逐步强化，消费大众会跟随产业塑造的"指挥棒"首先接触到普洱茶知名品牌，并有意无意地加深对这些品牌的印象，因而在作出购买决策时，也会直奔这些品牌。这一阶段，产品品牌就显得尤为重要，有的茶友喜欢大益，有的钟爱澜沧古茶，对心仪品牌产品的追求已超越对购买渠道的关注，品牌忠诚度显著弱化了渠道的功能性差异。因此，普洱茶企业着重塑造品牌，以增加消费偏好。作为产品品牌塑造内容之一的普洱茶单一品牌专营店模式如雨后春笋般冒出。

随着消费者对普洱茶行业认知的深化，品牌偏好减弱，现场体验与消费知识的获取成为其优先考量因素，反映出消费行为的快速变迁与深化需求。市场对整合普洱茶上游生产制造企业的规模型渠道品牌的需求由此产生。因为市场上有了以东莞为代表的珠三角地区茶仓这个载体，普洱茶渠道品牌在流通市场就显得特别重要。综观这一系列过程的变化，整体普洱茶产业的集中化首先是生产资源的整合，然后紧跟产品品牌的单一竞争，最后发展成为产品品牌的整合。普洱茶企业是这一过程的引导者，而真正的幕后推手是市场需求。企业虽然主导这一过程的开始，却不能控制发展趋势。因此，产品品牌的整合任务最终交由普洱茶终端渠道来完成。总之，由市场需求推动的普洱茶产业集中化趋势，以及普洱茶越陈越香的特性，在根本上对渠道品牌提出要求，并为其诞生创造了先天条件。关于渠道品牌问题，著名普洱茶营销专家吴疆先生在考察东莞茶仓后曾提出过"茶商品牌"的概念，他认为"茶商品牌"的整体崛起，与其原本为普洱茶老品牌的经销商身份有关。很多"茶商品牌"的创始人要么曾是国有茶企的定制商，要么是某些大品牌的经销商，这种经历往往决定了"茶商品牌"的特点，既控制下游资源，又了解全国市场，转而经营自己的品牌时，掌握的各种资源优势得以发挥。"渠道品牌"是"茶商品牌"的演进，两者并没有太大区别，但由于"渠道品牌"是以珠三角地区的茶仓为支撑，建设将更有底气。

从建设渠道品牌的策略来看，打造具有广东特色的普洱茶渠道品牌需要抓住如下几点。

一是要以普洱茶收储仓库为基础。渠道策略的核心目的是解决购买问题，即渠道品牌企业拿什么卖给客户。按照普洱茶传统的销售模式，销售企业从普洱茶品牌生产企业拿新茶，转卖或批发给客户这种线下活动仍会存在，但这不是广东特色。以东莞为代表的珠三角地区的茶仓收储近百万吨普洱茶，才是广东特色。如果通过渠道品牌企业去库存，释放茶仓存量，回笼资金，那么茶仓和收藏家又可以大批量购买新茶收储，茶仓收储产业将会形成闭环。这对于云南普洱茶生产企业或广东普洱茶市场的健康发展有百利而无一弊。在这一过程中，渠道品牌企业卖的产品主要是经陈化后的普洱茶，因此，渠道品牌企业的渠道策略必须以普洱茶收储仓库为基础。

二是以数字营销策略为核心。数字营销传播是普洱茶渠道品牌企业的信息化再造与品牌智能革命。数字营销是基于大数据背后的营销手段进行的用户运营，全渠道传递价值内容，在数字化赋能下实现"快、狠、准"的敏捷营销。数字营销的本质依然是营销，只是其更依赖于数字渠道和大数据来洞察分析，所以数字化的背后是不断地信息输入，对普洱茶消费者行为作出跟踪，给出更为精准的用户画像和消费者旅程，这样数字营销才能"有的放矢"。数字营销随着数字世界的构建而产生，毕竟有生命、有物质的世界就会有交易的存在，就需要有营销的手段，数字世界也不例外，所有数字是容器，而营销是策略。

渠道品牌企业通过数字营销树立大格局的整体客户观，所有数字系统打通所有普洱茶用户的消费习性及追踪用户消费习惯，通过模型来进行全方位的客户描述，每个用户身上的数据标签越多，针对用户的营销策略就越广，分析的逻辑层面就越深，带动数字化精细运营。渠道品牌企业通过数字化实施敏捷式营销，因拥有客户的大数据，就能在更短周期内获得市场洞察，通过数据波动的变化及往年的数值比较，制定可变化的营销策略。渠道品牌企业通过数字化建立以客户为中心的市场组织，核心是依靠数字化理念开展客户运营。而营销的重点是围绕客户，所以营销思维中包含着增长思维、用户思维、内容思维和新媒体思维等思维模型。

三是要重点关注渠道平台的生态。在平台多极化发展的今天，不同平台有不同生态环境，不同生态环境则对应着不同的规则与玩法。诸如淘宝、抖音这类超级平台，其自身的生态环境已经十分完备多元，一系列的淘品牌与抖品牌应运而生。20世纪，电商平台与内容平台基本处于泾渭分明的状态，但时至今日，内容平台正在大力发展电商板块，并结合其自身特性促进成交。电商平台也积极搭建自己的内容生态，弥补在共情互动上的短板。

在如此大环境下，过往"广撒网"的渠道布局思想变得越发不明智。现如今，渠道布局并非越多越全越好，虽然从表面上看，多一条渠道就是多一条销路，但这是建立在渠道被真正激活的基础上的，而想要激活渠道就势必需要投入一定的前期成本，其中不仅有费用成本，更有时间成本。一个渠道的自身生态越丰富，所需要投入的成本也就越大，如果只是抱着一种大而全的心态去做，最终很容易导致遍地播种却毫无收获的局面。鉴于此，在产品问世初期集中力量主攻某一渠道，成为该渠道下的生态品牌，寻求快速起盘，才是明智之举。

不管是抖音、快手还是小红书，在统一的生态环境下，用心地去摸索规则、投入精力，以阵地思维经营渠道，做最完整的品牌营销，打造出一个核心的流量池，以内容促成交，再不断地利用有针对性的传播策略加以巩固优化，强化自身与平台的连接，逐渐向该渠道的头部生态品牌靠拢，这样才能更好地寻求向外扩张的机遇。每一个渠道都是一个战场，每一个战场都有战利品，在没有充足兵力的情况下，如果一味地贪求所有战利品，只会导致兵力分散、一无所获。而如果能集中兵力，锁定主要战场，并持续地以品牌建设巩固阵地，这样才能迅速积累第一桶金。

四是要努力追求自有品牌。产品品牌与渠道品牌既相互依存，又相爱相杀。除了线上与线下的分类外，渠道还可以分为自有渠道与合作渠道。自建微信小程序商城、开设线下直营店都属于自有渠道，而抖音、快手甚至沃尔玛、家乐福等都属于依托他人的合作渠道。

五是要做好渠道策略框架的设计。按照普洱茶渠道品牌的运行逻辑，精心做好渠道策略框架的设计，方案中包含如下几个方面的内容。

①渠道矩阵。渠道是产品到达消费者手中的通路，可供企业选择的通路有很多。无论是线上还是线下，主营还是自营，在策略上都需要明确布局，做到有的放矢。

②渠道建设。渠道建设包含店铺的开通、装修（头图、视频、详情页等）、客服等方面。如果是线下渠道，可能还会涉及货架、堆头、美陈展位等。

③渠道政策。需要根据各渠道所特有的机制和玩法，制定对应的渠道政策。渠道政策包含价格方案和专属活动，价格方案是针对该渠道的锚定价、

促销价与底价等的区间规划，而专属活动则是在该渠道的特色节点（如"6·18"、"双十一"、造物节等）所策划的相应活动。

④渠道成本。有渠道建设就会产生对应的渠道成本，除了隐性的时间成本，还有较为清晰可算的人力成本、门槛费、活动折扣等，其中配合渠道专属活动所产生的折扣费用也可以被纳入营销成本中。渠道成本有固定的也有可变的，有一次性投入的也有长期维护费用，只有明晰每个渠道的投入，才能清楚地了解每一个渠道的投入产出比。

⑤供应链体系。一个产品从原材料开始，到最终到达消费者手上，所经历的每一个环节，都涉及供应链的管理。生产的工厂、仓储的选址、物流的配送，每个部分都有一个小闭环，每个小闭环最终又组成整个供应链。

如果供应链是以依托为主，那么就需要找出依托组合的最优方案。如果供应链是自建的，那么优势越大，成本也就越高。

打造渠道品牌，还需要注意产品品牌和渠道品牌的区别。产品品牌关注的是产品本身，包括产品的质量、设计、功能等。一个强大的产品品牌能够提供给消费者一种特定的体验，并在消费者心中建立起信任和忠诚度。渠道品牌更多地关注如何将产品有效地传递给消费者，包括销售渠道的管理和拓展。渠道品牌的目标是确保产品能够广泛地到达目标市场、满足消费者的购买需求。

扎根藏茶之都东莞的广东老茶汇科技有限公司，借助东莞茶仓的优势，打造出"老茶汇"线下品牌和"老茶易购"线上品牌，通过专业系统甄选优质普洱中老期茶，以满足客户核心需求为己任，致力于推动普洱茶健康饮品模式的发展。老茶汇坚持"共享，赋能，共赢"的理念，专注于行业终端体系和商业模式的研究，通过授权加盟的形式为茶行业终端经营者提供产品、系统、营销、培训等完整的服务，现在已在全国范围及马来西亚、新加坡等地区形成了规模化的终端渠道网络。老茶汇坚持"行茶道，以人为本，惠天下"的服务宗旨，努力打造公司、伙伴、客户共享共赢的商业体系，致力于推动普洱茶健康品饮模式的发展，现已成为行业知名的渠道品牌。

同样扎根藏茶之都东莞的东莞春润福茶叶有限公司，创立了"双陈普

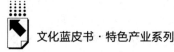

洱"品牌。双陈普洱是专注于高端普洱茶研发、生产、仓储、审评、销售的高端普洱茶品牌。双陈普洱有着勐海春福润茶厂、东莞 CC4D 养普庄园、云南生态茶林基地等多个子单位，拥有遍布全国的体验平台。1992 年，双陈品牌创始人陈永堂先生开始对普洱茶的不同仓储方式进行实验，并得出普洱茶的理想贮藏方式——古粮仓式贮藏法。1995 年陈永堂先生在总结了普洱茶"陈化时间、陈化质量"的两大必备条件后，创立了"双陈普洱"品牌，从此开始优质普洱茶的生态干仓贮藏之路，积累了行业丰富的干仓老茶资源——超过 400 款国营时期的优质干仓老茶，被业界誉为"普洱专业仓储开创者"。近年来双陈普洱针对东莞"藏茶"千亿产业背景，与东莞市市场监督管理局联手，引入国家权威认证机构，制定全国首个普洱茶生态仓储行业标准，进行"全过程管理认证"后赋予"中检品控"认证标识，成为普洱茶仓储行业中首个应用"先进标准+认证"的企业。

B.14
云南省茶文旅融合发展报告

成丽竹 董欣雨 王佳*

摘 要： 茶文旅融合是茶产业和文化产业、旅游产业等业态创新与升级发展的重要途径。云南省茶文旅融合发展具有得天独厚的优势，如优良的自然生态资源和特色鲜明的文化生态环境等。茶文旅融合发展已成为云南省经济发展的重要方向之一，云南省为积极推进茶文旅融合，出台了一系列政策举措，为云南省的茶文旅融合提供了政策、资金等方面的保障。激发新质生产力，持续升级发展，要充分挖掘地方文化特色，加强茶文旅品牌建设和宣传推广；加快茶文旅产品和服务创新；加强茶文旅产业与其他相关产业的合作与协同，打造全方位、多元化的茶文旅产业链；积极探索新的商业模式和营销方式，拓展茶文旅市场和受众。

关键词： 茶叶产业 茶文旅融合 云南省

茶文旅融合是产业多元创新融合发展的典型形态，不仅为茶产业的发展开辟新思路，也为文化和旅游业的转型升级注入活力。茶产业是云南省传统特色优势产业，云茶的种植面积、产量均居全国第一，是高原特色现代农业的重要组成部分，是云南打造世界一流"绿色食品品牌"十大产业之一。云南是世界茶树的原产地，是普洱茶的故乡。目前，云南茶文旅产业发展实

---

* 成丽竹，云南大学民族学与社会学学院在读硕士，主要研究方向为文化旅游、特色文化产业；董欣雨，云南大学民族学与社会学学院在读硕士，主要研究方向为特色文化产业、创意文化；王佳，云南大学民族学与社会学学院社会学系副教授，主要研究方向为文化研究、特色文化产业、文化资源。

践在全国都发挥了示范作用，云南依托茶产地的自然景观、民族风情、历史文化，推出一系列茶文旅观光、体验活动。其中普洱市景迈山茶文旅的融合发展成为云南茶文旅产业发展的典型代表。2023 年 9 月，第 45 届世界遗产大会将云南普洱市景迈山古茶林文化景观正式列入《世界遗产名录》，景迈山抓住申遗契机，结合茶文化特色优势，拓展茶旅一、二、三产业链条，实现绿色产业的拓展。景迈山通过创新盘活茶旅资源，推出了休闲观光、康养度假、亲子研学、采摘等丰富的绿色旅游产品，形成了"以茶促旅、以旅带茶、茶旅互动"的一体化发展格局。景迈山重点以千年万亩古茶林为依托，以茶文化为主题内容，建成了一批布朗族、傣族等民族文化特色鲜明的，集普洱茶种植、生产、营销、旅游于一体的特色民宿，充分展示了景迈山独有的多民族以普洱茶种植生产为生计、人与自然有机共生的普洱茶文化，有效拉动了乡村休闲旅游业的发展，促进了当地群众增收致富。2022年，景迈山接待外地旅游人数超 21.16 万人次，实现旅游综合收入 1.1 亿元。① 景迈山申遗之后，游客爆发式增长的态势，展示了云南茶文旅融合发展的巨大潜力。云南茶文旅产业在不断探索创新路径、优化结构、完善链条。

一　云南省茶文旅融合发展历程及现状

（一）发展历程

1. 古代茶马古道时期：茶文旅融合的重要基础

云南省茶文旅较早就体现出融合发展的态势。从群体沿着茶叶商道进行迁移、带动文化经济沟通交流的角度看，古代的茶马古道就承载了茶文旅融合发展的最初形态。茶马古道是由一条条的古山道、古驿道互相连接、延伸、

---

① 《茶文旅融合的景迈山实践》，http://www.cecrpa.org.cn/zzjx/cj/202309/t20230924_1041673.shtml，最后检索时间：2024 年 9 月 17 日。

发展形成的，主要路段用青石块、青石板铺设，其具有极其重要的历史地位和经济文化交流意义，被学术界称为世界上地势最高的文明文化传播古道之一，是与古代中国对外交流的海上之道、西域之道、南方丝绸之路、唐蕃"麝香—丝绸之路"并列的第五条国际通道。该条商道在历史上主要由马帮承担运输任务，运输的物资以茶叶为大宗，因此被称为"茶马古道"。

云南自古以来就是茶叶大省，国际上，云南作为中国与南亚、东南亚贸易的重要通道，茶叶是最主要的贸易品之一；国内，云南作为藏族地区茶叶补给的重要获得地，满足了藏族地区人民的饮茶需求。明清时期以普洱为中心向国内外辐射出五条"茶马古道"。一是官马大道，由普洱经昆明中转内陆各省，南延车佛打洛，这是茶马古道中最重要的一条，普洱贡茶就是从这条路由骡马运到昆明。许多老字号茶庄的普洱茶，由普洱经思茅，过车里（景洪）、佛海（勐海）至打洛，而后出国至缅甸景栋，然后再转运至泰国、新加坡、马来西亚和中国香港等地。二是关藏茶马大道，普洱茶从普洱经下关、丽江、中甸（今香格里拉）进入西藏，再由拉萨中转尼泊尔等国，主力是藏胞的大马帮。三是江莱茶马道，普洱茶从普洱过江城，入越南莱州，然后再转运到西藏和欧洲等地。四是旱季茶马道，从普洱经思茅糯扎渡过澜沧，而后到孟连出缅甸。五是勐腊茶马道，从普洱过勐腊，然后销往老挝北部各地。民国时期，随着勐海制茶业的崛起，茶马古道的运输逐渐以勐海为中心，有东南西北四条线路，东线由勐海镇往东经景洪至思茅；南线由勐海镇南下经打洛到达缅甸景栋；西线由勐海镇往西经澜沧、孟连出境到缅甸；北线由勐海镇经勐阿、勐往至思茅。其中，东线、北线到达思茅、普洱后，或往西北经景东、大理、丽江到西藏，或继续北上至昆明中转，将普洱茶销往西藏或香港等地；西线、南线到达缅甸后再转销香港及东南亚、南亚各国。1921年还开通了由勐海经缅甸、印度至西藏的马帮、汽车、火车、轮船联运线路。①

---

① 《茶马古道-云南篇》，http://www.360doc.com/content/21/0120/10/33367589_957920405.shtml，最后检索时间：2024年2月6日。

茶与交通、商贸的结合，使茶马古道不仅成为普洱茶运销之路、普洱茶文化传播之路，而且成为各民族经济、文化的交流之路，促进了茶文化的交流和发展。在商贸过程中，商人和旅行者不断地往返于茶马古道上，逐渐形成了骑马旅行、茶艺交流等初具茶文旅特色的旅游项目，可以说，这一时期是云南省茶旅融合的基础时期，茶文化、旅游文化的发展，奠定了后来云南省茶文旅融合的基础。

2. 改革开放时期（1978~2000年）：茶文旅融合初步探索

1978年后，改革开放的热潮在全国铺展。经济体制改革在茶叶种植和销售、传播方式上产生了重要推动作用。云南省的茶叶生产实现了商业化和市场化，茶叶的种植和生产得到更大重视，云南省逐渐形成了一定规模的茶产业基础。1986年，云南产业结构调整，要培植建设产业的重点和目标取向逐渐明朗。当年的政府工作报告中专列了"发挥资源优势，形成群体经济支柱"的内容，提出在"七五"期间，要在进一步发挥烟、糖、茶优势的同时，力争尽快形成符合云南省特点的群体产业结构和多方面的经济优势。可见，茶产业的发展越来越得到政府的关注与支持。

云南省具有独特的自然山水风光资源和特色鲜明的地方、历史和民族文化资源，部分资源在世界上具有唯一性，成为其发展旅游业的一大优势。1995年8月，中国共产党云南省第六次代表大会提出，建设烟草产业、生物资源开发产业、矿产资源开发产业和旅游业等四大支柱产业，进一步确立了旅游业在云南国民经济和社会发展中的战略地位。[1] 1996年12月，云南省委、省政府出台了《关于加快四大支柱产业建设的决定》,[2] 对于云南省独特自然风景和传统文化资源的认识，推动了云南省旅游业的多方面发展，探索茶文化与旅游的结合正是其中的一个重要方面。

这一时期，一些茶园和茶企开始尝试开展茶文旅融合初步探索的示范项

① 《让历史照耀未来，云南旅游大事记回眸》，http：//www. wenlvnews. com/p/524874. html，
　最后检索时间：2024年9月16日。
② 《让历史照耀未来，云南旅游大事记回眸》，http：//www. wenlvnews. com/p/524874. html，
　最后检索时间：2024年9月16日。

目,如茶园旅游、茶文化体验、茶叶节等。1993 年 4 月第一届中国普洱茶叶节在云南思茅市举行。首届普洱茶叶节便吸引了来自多个国家和地区的商贸宾客、专家学者和国内 10 余个省市的党政领导、企业家贸易伙伴等共 3000 余人参加,进行经贸交流和业务洽谈,达成商品成交额 6.235 亿元,与国外客商签订协作项目 99 个,总金额达 2.35 亿元。[①] 茶叶与节庆的结合,有助于宣传普洱茶的文化和品牌,取得了良好的经济社会效益。1997 年 8 月,云南省思茅市营盘山开发区所辖的 13 个茶场被省委、省政府列为易地开发扶贫项目的重点实施单位,自此建立了中华普洱茶博览苑。整个景区从普洱茶起源演化、发展嬗变、种植生产等不同角度,立体化地展现了有关普洱茶的内容与文化,是普洱茶的大观世界。旅游核心区由"普洱茶博物馆""村村寨寨""嘉烩坊""普洱茶制作坊""茶祖殿""品鉴园""采茶区""问茶楼""闲怡居" 9 个部分组成,旅客在园区中能充分体验到观茶、采茶、制茶、品茶、斗茶等一系列与茶相关活动的乐趣。

建设茶园、茶厂和茶文化体验中心等设施,举办茶叶节、茶博会等展会,不仅吸引了大量游客及茶叶爱好者,为游客提供了一个了解云南茶叶文化、品尝正宗茶叶的机会,也让云南省政府及茶企看到茶产业与旅游业相结合的巨大潜力,茶文旅产业初步崛起。

3. 改革开放深化时期(2000~2010年):茶文旅融合加速推进

进入 21 世纪,云南省发展战略紧紧围绕"建设绿色经济强省、民族文化大省和连接东南亚、南亚国际大通道"三大战略目标,经济政策思路由单一重点向多极重点转化,[②] 茶产业与旅游产业加速融合推进。

这一时期,云南省政府陆续出台了一系列有利于茶文旅融合发展的政策文件,为茶文旅融合的加速推进提供了政策上的引领支持。2001 年云南省出台《云南省政府关于发展茶叶产业的意见》,提出把发展茶叶产业作为建设绿色经济强省、民族文化大省和生物资源创新产业的重要产业,加强领

---

① 《回顾·历届"中国普洱茶节"举办时间及内容概要》,https://www.puercn.com/puerchanews/hyxw/134412.html,最后检索时间:2024 年 2 月 6 日。

② 卢正惠:《改革开放以来云南区域经济发展战略的演化》,《创造》2011 年第 4 期。

导,加快发展,把茶叶产业培育成云南省的区域性优势经济支柱产业。① 省政府决定要加强生态有机茶园建设,实施名优茶工程,为茶叶产业与旅游业的融合提供了切实可行的思路。2004 年云南省出台《云南旅游发展倍增计划(2004—2010 年)》,提出要开发和建设工农业旅游基地。依托云南的特色工业和农业,大力发展和培育一批农业旅游基地。重点抓好滇中花卉生产、罗平万亩油菜花观光、西双版纳天然橡胶园、思茅万亩茶园、蒙自万亩石榴园、洱海梅果等农业旅游基地的培育,展示农业栽培种植技术、农产品生产过程,运用丰富的花卉资源开展天然的美容健身项目等。② 茶叶产业对云南省的经济发展起到了重要作用。云南省依托茶叶的种植发展旅游产业,把茶文化更好融入旅游当中。

在政策推动下,一大批原有的茶厂茶园在生产自身茶叶的同时,加速推进与旅游的结合,拓展了产业链,众多茶文旅品牌涌现出来。云南下关沱茶(集团)股份有限公司(以下简称"下关沱茶")是一家集茶产品的研发、生产、销售与茶文化传播于一体的茶业企业。下关沱茶创制于 1902 年,公司前身为创建于 1941 年的康藏茶厂,1994 年改制为"云南下关沱茶股份有限公司",2004 年完成民营化改制。2000~2010 年,下关沱茶先后生产出"松鹤下关沱茶""宝焰下关砖茶""鼠兆丰年贺岁茶"等茶叶,在中国甚至世界上都宣传了云南的茶叶文化,同时其举办的"下关沱茶·瑞贡京城""情满宝焰·沱茶进藏""下关沱茶与大慈禅茶文化交流会"等活动吸引了众多游客参与,③ 促进了云南省茶文旅融合的发展。2007 年大益集团成立,其核心企业勐海茶厂始创于 1940 年。大益集团作为云南省茶叶行业的龙头企业之一,结束了云南茶有品类无品牌的历史,"大益茶"带领云茶走入品

① 《云南省政府关于发展茶叶产业的意见》,https://www.chinacourt.org/law/detail/2001/02/id/72533.shtml,最后检索时间:2024 年 2 月 6 日。

② 《云南省人民政府办公厅关于印发〈云南旅游发展倍增计划(2004—2010 年)〉的通知》2004 年 7 月 28 日。

③ 《下关沱茶历史大事》,http://www.xgtea.com/zjxg.asp? infid = 40,最后检索时间:2024 年 2 月 6 日。

牌时代。其发展以普洱茶为核心，贯穿科研、种植、生产、营销与文化全产业链。[①] 在大益集团自己运营的云茶庄园当中，游客跟着茶农上山摘取最新鲜的茶叶，到土灶中生火炒青，体验最具民族文化气息的古老手工制茶技艺，学习从"采茶"到"制茶"的全过程，感受勐海茶文化。

4. 现代转型升级时期（2010年至今）：茶文旅进一步深化融合

旅游项目不断丰富，茶文旅精品旅游路线不断出现，国内外茶文化交流合作不断增多，标志着云南省茶文旅融合进入深入发展阶段。

2010~2019年，云南省在做大做强茶产业过程中积极培育和打造特色茶文化旅游项目，充分发挥了茶文旅对经济的拉动作用。为了充分展现大理悠久的历史文化和民族风情，大理将文化与旅游互动发展作为旅游转型升级的发展之路，先后推出了白族三道茶、茶花兰花博览会巍山小吃节、弥渡花灯节等一系列特色节庆活动，为旅游业发展贡献力量。西双版纳州勐海县积极推进茶产业和旅游产业的互赢合作模式，发掘勐海民族茶文化内涵，建设贺开古茶文化园、南糯山古茶文化园、布朗山古茶文化园、茶马古道文化园等一批重大项目，着力打造集生态、山地、茶文化、农耕文化于一体的"山水田园一幅画，城镇村落一体化"茶文化旅游城市。临沧市凤庆县旅游推介会通过民族歌舞表演、旅游宣传片播放、现场讲解、旅游宣传资料发放等形式，推介了当地以茶文化为代表的旅游资源和旅游产品。普洱市茶马古道旅游景区以茶马古道遗址为基点，历时3年建成水映茶马区、缆车观光区、古道溯源区、马帮寻迹区、古树问茶区和野美湿地区六大游客体验区，沿茶马古道遗址线路打造了茶马古道文化体验式旅游博物馆群，沿途建成唐、宋、元、明、清5个朝代不同主题的茶文化展馆。昭通市盐津县牛寨乡首届"茶马古道·印象滇川"茶文化旅游节，吸引了来自盐津县内外的数千名游客采茶赏青、领略美好风光、体验茶文化和采茶制茶的无穷乐趣。

2020年，新冠疫情席卷全球，旅游市场在此背景下受到严重影响。游客数量的锐减使云南省茶文旅产业发展受阻，但同时也让云南省的茶文旅产

---

① 《关于大益》，https：//www.dayitea.com/da-yi-ji-tuan，最后检索时间：2024年2月6日。

业能够有机会进行调整创新，不断提升竞争力。保山市昌宁县充分挖掘灿烂的青铜文化、多彩的民族文化、和谐的生态文化、厚重的茶乡文化、秀美的田园文化"五种文化内涵"，坚持凸显独具特色的"千年茶乡"茶文化，依托20余万株古茶树和31万亩生态茶园，借助昌宁红茶厂厚重历史，重点实施"云茶·1958"和"茶元素"两条主题街区项目建设，将茶元素有机融入山水田园城市建设，增添"田园城市"发展魅力，全力将其建设成为云茶产业高地和茶工业遗产保护典范。茶区变景区，实现了茶文旅融合发展。西双版纳州积极融入云南大滇西旅游环线，依托"中国普洱茶第一县"勐海、"红色旅游小镇"、"中国贡茶第一镇"等优势资源，以茶为主题，将茶区建成旅游景区，将茶园建成休闲公园，把采茶劳动变成旅游体验，把茶叶产品开发成旅游产品，推出勐巴拉雨林小镇、易武茶博物馆、南糯古茶山等古茶园体验游目的地，打造层次丰富、维度多样、品质高端的红色茶旅线路，讲好西双版纳红色茶旅故事，形成"以茶促旅、以旅带茶、茶旅互动"的融合发展格局，让茶叶"走出去"，让游客"走进来"，"普洱茶+红色旅游体验"使红色茶旅成为西双版纳旅游业的新亮点；镇沅县突出特色打造提升"世界野生茶树王之乡"茶文化旅游品牌，规划建设了一批具有浓郁民族文化、茶文化及地域特色的生态茶庄园，将"千家寨、五一、砍盆箐、老海棠、老乌山"等条件相符的茶园建成旅游观光、采茶制茶体验、农家茶餐等休闲生态景区，实现茶旅文化、茶旅品牌、茶旅产品一体化，以旅兴茶，以茶促旅，拉动经济发展。

2023年恰逢普洱景迈山古茶林文化景观申遗成功，云南省借此契机开展"有一种叫云南的生活·金秋时节游云南"秋季文旅融合系列宣传推广活动，9月、10月，开展哈尼古歌之旅、景迈山秘境茶旅、茶香新体验·啡常慢时光等10余项活动，云南省茶文旅融合得到深入发展。

（二）发展现状

我国是茶的故乡，茶树起源于中国，饮茶习俗最早起源于商周时期，流传至今，已有3000多年历史，中国茶文化的符号也早已享誉世界。目前全球产茶的国家和地区达到 60 余个，饮茶人口规模超过 20 亿。而云南作为世界茶树核心起源地，茶产业是云南高原特色现代农业版图中最为重要的一块。近年来，云南省深入践行习近平总书记提出的茶文化、茶产业、茶科技"三茶"统筹发展理念，推动"云茶"产业持续快速发展。现如今，云茶种植面积已达 795.5 万亩，居全国第一；产量 53.4 万吨，居全国第一；绿色有机茶园 244.7 万亩，居全国第一，茶产业全产业链产值超过 1300 亿元。[①]

从产业园区分布来看，沿怒江、澜沧江而下的横断山脉，分布着云南省最主要的茶叶产区。其中自然条件优越的临沧、普洱和西双版纳集中了最优质的茶叶原料基地，也诞生了一批一线品牌茶企。

西双版纳州是世界茶树原生地的核心地带，这里生长着 1700 余年的野生大茶树，还有 6000 余亩野生茶树群落。目前，西双版纳通过加强技术指导，搭建多渠道网络销售平台；举办各类茶叶品鉴会，提升品牌效益；加大招商引资力度，推动产业聚集发展；抓好品质管理，提高茶产业质量等措施促进茶产业发展。目前，西双版纳州已拥有茶园 143.14 万亩，全产业链产值达 252.4 亿元。[②]

将茶产业作为第一支柱产业的普洱市，作为"茶马古道"的源头，不仅文化底蕴深、原料规模大、产业服务保障全、品牌效应凸显，还有着"景迈山古茶林文化景观"这一世界唯一的茶主题世界文化遗产，走出了茶产业高质量发展之路，在这里的 14 个世居民族，都有悠久的种茶、制茶、引茶的历史，茶文化丰富深厚，茶艺术斑斓多姿。目前普洱市茶叶种植面积、产值均位居全省第一，并已建有"中国茶文化名人园"、"世界茶文化名人园"、营盘山万亩茶园观光园等。

临沧茶文化旅游资源极其丰富，临沧市不仅是世界茶树重要的地理起源中心和栽培起源中心、茶树种质资源天然基因库，有着丰富的古茶资源及深

---

① 《"三茶"统筹云南向茶业强省迈进》，https：//nync. yn. gov. cn/html/2023/yunnongkuanxun-new_ 1011/401187. html，最后检索时间：2024 年 9 月 17 日。

② 《"三茶"统筹云南向茶业强省迈进》，https：//nync. yn. gov. cn/html/2023/yunnong kuanxun-new_ 1011/401187. html，最后检索时间：2024 年 9 月 17 日。

厚的茶文化底蕴，而且还是中国佤族文化荟萃之地，少数民族风情浓厚，临沧有佤族、傣族、拉祜族等 11 个世居少数民族，这些民族世世代代种茶、采茶、制茶，茶歌、茶舞、茶礼、茶俗异彩纷呈，其生活习惯和传统文化已经与茶叶深深相连。

茶文旅是一个融合体，是茶资源、茶活动、茶环境、茶精神等融合而成，也是茶产业和茶旅游业相结合的新型旅游发展模式[1]，是近年来中国旅游业新崛起的文化旅游项目，具有很好的发展前景。自后疫情时代以来，茶文旅消费迎来增长，休闲农业成为文旅消费新的增长点。

茶业作为中国休闲农业乡村游的一大要素，也迎来了新的增长。多个产茶区的茶旅消费相较于新冠疫情前都有不同程度的增长。云南省临沧市 2023 年春节期间共接待游客 83.54 万人次，同比增长 239.87%；旅游总收入达 6.53 亿元，同比增长 445.63%。2023 年，临沧市茶文旅景点游客量与 2022 年同期相比，增长 30%左右。[2] 临沧市茶文旅路线重点围绕临翔区、凤庆县、双江拉祜族佤族布朗族傣族自治县等地，该地区的茶文旅路线突出昔归、滇红、冰岛等茗茶文化，同时该地区还推出茶山游、茶叶品鉴、手工制茶、研学等体验项目。

2023 年春节假期普洱市共接待旅游者 236.93 万人次，茶马古道旅游景区累计接待游客超过 7 万人次；景迈山茶林文化景区接待游客 2.7 万人次。[3]

"大众旅游"时代已经来临，越来越多的人通过旅游提升获得感和幸福感，成为当代人的一种美好生活方式。茶业与旅游业的融合，展现出蓬勃生机。云南省茶叶资源丰富，茶文化内涵深远，发展茶文化旅游意义重大。第 45 届世界遗产大会将普洱景迈山古茶林文化景观正式列入《世界遗产名

---

① 韦雪豫、班克庆、於春毅：《试论茶文化旅游》，《旅游纵览》2022 年第 6 期。
② 《云南临沧：春节假期接待游客 83.54 万人次 旅游总收入 6.53 亿元》，https://baijiahao.baidu.com/s? id=1756181009214263255&wfr=spidor&for=pc，最后检索时间：2024 年 9 月 17 日。
③ 《236.93 万人次 17.91 亿元 普洱春节旅游迎来"爆发式"增长》，https://www.puershi.gov.cn/info/18411/1033842.htm，最后检索时间：2024 年 9 月 17 日。

录》。这是中国第 57 项世界遗产、云南第 6 项世界遗产，一举填补了全球以茶为主题的世界文化遗产的空白。同时与云南各类茶文化相关的节日、博览会也在如火如荼地展开，由民间、企业、协会和政府主办的围绕云南茶文化创办的节日有"中国普洱茶节""5·8 饮茶日""茶文化节"等。由云南省人民政府主办的"中国云南普洱茶国际博览交易会"已成功举办 15 届。以云南茶叶展示、体验和交易为主的会展不仅成为云南会展经济的重要内容，也成为集聚市场、带动展示文化、带动旅游产业发展的重要力量。

二　云南省茶文旅产业发展趋势及特点

（一）发展趋势

1. 政策引领下茶文旅融合方向日益清晰

云南省各州市陆续出台有关茶文旅融合发展的政策或战略，鼓励茶企业开展茶文旅融合项目，提供资金和税收方面的支持，以降低企业的经营成本和风险，推动茶文旅融合发展。普洱市提出坚持"山上保护，山下发展，茶旅融合"的发展思路，围绕古茶林文化景观，大力发展普洱茶、文化、旅游、特色食品、休闲康养、信息服务六大产业，加速构建多元融合的生态产业格局，全面推动景迈山区域高质量发展；西双版纳傣族自治州依据《西双版纳州普洱茶产业高质量发展三年行动计划（2023—2025 年）》《西双版纳州普洱茶产业高质量发展扶持措施（试行）》《西双版纳州普洱茶产业高质量发展专项资金管理办法》等文件精神，从 2023 年普洱茶产业资金中安排 290 万元进行一次性奖补，推动茶旅融合发展，促进旅游商品大幅提升本土化水平。[1] 这些政策的出台为云南省接下来的茶文旅融合发展提供了支持与方向，云南省茶产业与旅游业将围绕政府政策指示进行茶文旅融合发

---

[1] 《西双版纳州人民政府办公室关于印发西双版纳州 2023 年推动茶旅融合奖补方案的通知》，https//www. xsbn. gov. cn/193. news. detail. dhtml？newssid = 2900630，最后检索时间：2024 年 9 月 16 日。

展，提升茶旅产品和服务质量，打造一批具有影响力的茶旅品牌。

2. 健康生活理念下"茶文化+康养"旅游需求日益增加

进入新时代，人们对于美好生活的追求逐步增强，越来越多的人向往更加健康的生产生活方式，期待更加有益身心的旅游消费模式，对健康养生、品质生活、营养膳食等产生了更高诉求。目前，我国大健康产业正在向"防—治—养"的健康新理念转变，[①] 强调养生、保健等因素在国民健康中的作用。而作为旅游业与康养业结合体的康养旅游业，满足了消费者想要通过养颜健体、修心养性、营养膳食等手段来减轻压力、缓解焦虑、降低血压、改善人体心肺功能的需求。

在我国，人们普遍高度认可茶的保健功能，不论是《茶经》《茶谱》还是《本草纲目》等茶学和医学专著都有关于茶的养生功能的论述。茶文化和康养旅游的结合有一个最重要的契合点，那就是它们都以健康养生为出发点。茶文化与康养旅游的结合，不仅丰富了旅游的内涵，也提供了一种全新的健康生活方式。马理航等在云南景谷开展实地调研，通过问卷访谈的方式，得出受访者对茶主题森林康养旅游产品的消费欲望很高，有50%的受访者在消费过程中，首选购买当地特色茶叶、食材、药材；25%的消费者考虑购买茶文化和养生科普书籍；另有18%的消费者倾向于当地文化纪念品、保健品。[②] 这表明"茶文化+康养旅游"的模式在社会上具有一定的消费需求。所以，有针对性地开发相应的旅游项目是云南省茶文旅融合发展需要重点关注的。

3. 传播媒介迅速更新下茶文旅融合发展的机遇与挑战日益显现

现如今，受众广、传播速度快、操作便捷的互联网平台成为宣传推广的新宠儿，微博、微信、小红书等传播媒介所包含的各种短视频、vlog、图文推广等自媒体传播形式受到人们的欢迎，成为大众了解旅游动态的最佳途

---

① 杨红英、杨舒然：《融合与跨界：康养旅游产业赋能模式研究》，《思想战线》2020年第6期。

② 马理航、龙华、鲜于映洲等：《云南景谷茶主题森林康养旅游产品开发ASEB分析》，《广东蚕业》2022年第5期。

径。用户通过在社交平台上传分享自己在旅游目的地的视频照片、在旅游时的见闻与感受，能够唤起广大消费者的共鸣，激发消费者的旅游热情。与民间自发形成的旅游视频相比，官方的宣传视频也能够起到重要的宣传推广作用。

2023 年，云南省组织开展"有一种叫云南的生活·景迈山秘境茶旅"主题系列宣传推广活动，打造普洱景迈山古茶林文化景观申遗成功相关话题，云南省文化和旅游厅邀请各级媒体和新媒体组成采访团，前往景迈山实地进行主题采访，全媒体呈现景迈山千年万亩古茶园的生态、人文魅力以及林茶共生、人地和谐的文化景观；与微博联动开设话题专区，通过微博达人发起"有一种叫云南的生活·景迈山秘境茶旅"相关话题，推出"一次关于茶的朝圣之旅""茶香与美景""千年茶山与古寨"等主题宣传语，创新推广云南文旅品牌形象；依托第三方旅游 OTA 平台，通过首页热点榜、社交媒体账号等渠道，对申遗成功事件进行宣传，面向全国乃至全球旅游市场重点推介普洱、景迈山以及"景迈山非遗之旅""茶山之旅""古村之旅"等产品，吸引了众多关注，不断提升了普洱茶文化旅游的热度。

当然，传播媒介在为云南省茶文旅融合发展带来传播迅速、增加热度、扩大知名度等优势的同时，也必然给其带来一定的挑战，比如，一味依赖网上评价，忽视线下消费者体验；网红式打卡点过后景区如何发展等问题都是云南省茶文旅融合发展过程中要面临的挑战。因此，在未来，云南省茶文旅融合发展应当把握住新媒体传播机遇，化劣势为优势，促进自身发展。

4. 旅游形式更加多样，具有特色的、体验性更强的茶文旅需求日益强烈

云南省人民政府在《云南省"十四五"旅游业发展实施方案》中指出，在"十四五"期间，云南省将围绕旅游产品和业态更加丰富，市场主体质量和数量明显提升等发展目标，[①] 打造云南省新的旅游方向。在传统自由

---

① 《云南省"十四五"旅游业发展实施方案》，https：//www. yn. gov. cn/ztgg/lqhm/lqzc/djzc/202206/t20220613_ 243139. html，最后检索时间：2024 年 2 月 6 日。

行、跟团游等形式不断完善的基础上，还需要打造主题游、跨界游、商务游等满足消费者需求的旅游形式。

除了多样化的旅游形式之外，具有少数民族特色、差异化的旅游也是茶文旅融合发展的一大趋势。近年来，各种茶文化研学旅行地不断丰富，例如，湖南白沙溪黑茶文化研学旅游基地、安徽白云春毫茶文化研学基地、湖北伍家台茶文化研学基地等，吸引了一大批对茶文化兴趣浓厚的游客前往。云南省大益茶业集团围绕自己的茶园基地打造了手工采制茶、茶道品饮鉴赏、马帮文化体验、生态茶餐膳食和茶文化主题酒店等项目，其表达的内涵正是对中国茶道关注的不断提升，同时更加注重在旅游当中的体验感及获得感。旅游市场竞争激烈，旅游目的地需要不断创新和提升自己的吸引力，推动云南省旅游市场的多样化和特色化发展，以满足人们对特色旅游体验的需求。

（二）发展特点

1. 以丰富的茶资源为基底，构建茶文旅融合体系

云南是世界茶源中心，有文化内涵丰富的茶文化历史遗存、历史名茶和新创名茶，云南茶叶种植面积、产量、绿色有机茶园面积均位于全国第一，可以说，云南在茶叶资源的丰富程度上是首屈一指的。对于发展茶叶生产而言，云南拥有其他地方无法比拟的自然优势，也由此形成了各民族绚丽多彩的茶文化。

云南茶文化资源也不止居于一隅，沿怒江、澜沧江而下的横断山脉，分布着云南省主要的茶叶产区。其中，自然条件优越的临沧、普洱和西双版纳集中了最优质的茶叶原料基地，这些地方不仅茶叶资源丰富、品质优良，而且茶文化历史底蕴深厚、少数民族风情各异。而在非核心茶叶生产地，保山、大理、腾冲、昆明等地同样也活跃着云茶产业，目前，全省有 15 个州（市）110 多个县（市、区）产茶，年产毛茶万吨以上的县（市、区）有 20个，其中有 11 个县（市、区）产量达 2 万吨以上。2022 年，全省 30 个茶叶重点县（市、区）茶产业全产业链产值达 1110 亿元，较上年同期增长

28.3%，占全省茶产业全产业链产值的 80.4%①，云南茶文化资源几乎遍及全省，其中可挖掘可探寻的茶文化故事也是异彩纷呈，一直以来，云南坚持以绿色发展为引领、以市场为导向，从政策激励、主体培育、品牌打造、科技创新、茶文旅融合发展等方面发力，全方位构建茶文化、茶产业、茶科技和茶生态协调发展的现代云茶产业体系，云南正由"茶业大省"向"茶业强省"阔步迈进。

2. 以市场为导向，打造体验式茶文旅项目

云南依托茶产业良好的生态环境和多彩的民族文化创意衍生的文化旅游、茶庄园和采摘体验旅游项目已逐渐成形。如普洱市的"思茅普洱茶特色小镇""普洱茶马古道旅游景区""柏联普洱茶庄园"，西双版纳州六大茶山，大理白族"三道茶"等。在这些路线中，游客可以去傣族古寨、访傣族人家、品千年古茶、观大寨展厅、品百家茶，亲身感受从采茶、杀青、揉捻到压饼、包装的制茶过程。其中"柏联普洱茶庄园"则是以庄园的形式，集茶种植加工、文化展示、度假养生、旅游于一体。现有 11000 亩的古茶园，6000 亩已开采的现代茶园，主要产品为有机茶园、制茶坊、茶山寨、茶博物馆、茶道馆、景迈雨林会所。② 茶香庄园模式以茶叶种植加工为产业基础，开发具有庄园品牌特色的茶叶，并提供私人订制服务；依托茶园生态开发高端度假养生产品，如茶园度假酒店、茶香 SPA 等；在项目建设上秉承极致生态的理念，运用生态木屋、帐篷酒店、自然绿道等产品；结合当地的茶文化，进行茶道展示、茶文化博览等的建设。

这种将茶产业、茶文化与自然生态、民风民俗、文化旅游进行深度融合、综合开发的模式也是云南茶文旅产业的一大创新点，以体验式旅游为核心，满足如今游客对于旅游地多方位多层次体验的需求，为市场提供更优质更打动人心的茶文旅服务，也成为引领云南地方文化旅游转型升级的重要

---

① 《"三茶"统筹　云南向茶业强省迈进》，https://nync.yn.gov.cn/html/2023/yunnongkuanxun-new_ 1011/401187.html，最后检索时间：2024 年 2 月 6 日。

② 《"茶文旅"融合活态营造茶文化景观与非遗的沉浸体验》，http://www.sanyamuseum.com/a/chen/iexuanjiao/2023/1103/4207.html，最后检索时间：2024 年 9 月 17 日。

方式。

3. 以普洱茶为名片，茶类伴手礼成为云南文旅产业的关键一环

云南作为旅游大省，旅游业已成为全省经济的支柱产业，伴随着旅游业蓬勃发展，普洱茶市场也在不断壮大，云南的各个旅游景区景点、交通场所等地都有不同质量、品牌、产地的普洱茶进行售卖，并且由普洱茶所衍生出的旅游纪念品、伴手礼也在不断涌现，普洱茶、鲜花、鲜花饼更是成为云南旅游购物的重要组成部分。

不少云南茶叶品牌大放异彩。例如，云南大益茶业集团有限公司始创于1940年，历经80余年的辛勤耕耘，已经发展为云南知名品牌，并在全国开设有超过2000家的大益茶授权专营店，其生产规模、销售额及品牌影响力领先于同行业。大益深耕普洱茶领域，拥有茶、水、器、道等多元化产品，① 极大地丰富了云南茶类旅游购物种类。云南"雨林古树茶"品牌2013年创立，在深入了解茶叶市场的基础上，它颠覆性地制定了古树茶行业标准，赢得了消费者的口碑，并在2022年入选云南省"十大名品"。②

如今两大品牌也在不断推陈出新，大益品牌除了其经典的7542、7572生熟茶饼被市场誉为"评判普洱茶品质的标准产品"，大益还针对年轻消费群体的爱好需求，推出普洱花草茶系列，包括玫瑰花海、元气蜜桂、菊花正开等众多风味，"单泡装""杯泡装"等小规格产品形式使普洱茶产品结构更趋多样，从收藏级的高端市场向下延伸不断扩展至旅游购物市场；雨林古树茶则在2019年推出"生肖好运"小方砖伴手礼，礼盒内汇聚12种生肖茶叶组合，"茗山系列"则是将六大茶山景迈、布朗、巴达、贺开、南糯、勐宋的6种口味汇聚一盒，激发了消费者的品饮乐趣，满足消费者多样化的消费需求。

2022年，云南省文化和旅游厅公布的首届"非遗伴手礼"中，茶品类伴手礼就有18项（见表1），由此可见茶类伴手礼在云南文旅产业中的重要地位。

---

① 《关于大益》，https://dayitea.com/da-yi-ji-tuan，最后检索时间：2024年2月18日。
② 《雨林故事》，https://www.yulintea.com/about.html，最后检索时间：2024年2月18日。

表1　2022年云南省首届"非遗伴手礼"入选及优秀入选作品名单（共18项）

所属州市	非遗项目名称	作品名称
昆明市	宜良宝洪茶	花淼玲珑罐
	宜良宝洪茶	宝洪茶
大理州	黑茶制作技艺（下关沱茶制作技艺）	下关特沱（普洱生茶）
	大理传统制茶技艺（凤凰沱茶）	凤凰沱茶普洱茶（茶）8501系列
普洱市	普洱制作技艺（贡茶制作技艺）	三餐茶
	镇沅太和甜茶	太和甜茶
	普洱茶制作技艺	唱片茶
	团茶制作技艺	团茶礼盒
	普洱茶制作技艺（水灵古茶制作技艺）	水之灵饼茶
红河州	哈尼水碾茶制作技艺	欧拉多哈尼水碾茶
	哈尼族古树茶制作技艺（元阳）	哈尼族古树茶
临沧市	普洱茶制作技艺	昔归龙珠
	昔归团茶制作技艺	昔归团茶
曲靖市	带把小罐炕茶	小罐炕茶
保山市	传统手工古法制茶（土罐茶）	土罐茶
	红茶制作技艺（昌宁红茶）	昌宁滇红
德宏州	德昂族酸茶制作技艺	凝固的山泉
怒江州	茶制作技艺（老姆登茶）	老姆登红茶

资料来源：根据云南省文化和旅游厅网站相关通知整理。

各大品牌的竞相发展使普洱茶市场异彩纷呈，云南省政府的大力推动，更进一步推动了茶产品与旅游的深度融合。通过伴手礼的形式，云南省不断扩大创新云茶产业，既提升了品位，也丰富了内涵。伴手礼经济也在不断反哺文旅产业，二者相得益彰、相辅相成，共同推动"云茶"走向世界。

4. 以特色民族文化为指引，充分挖掘其内涵

云南几乎所有的茶文旅项目都离不开其本地的历史文化、民族特色，通过茶文化与民族文化的互动，不断拓展了云南茶文旅产业发展的空间，所开展的一系列云南茶文旅活动吸引了众多外来游客。

大理白族"三道茶"是白族传承千年的品茶艺术，白族称它为"绍道兆"，起源于公元8世纪的南诏时期。"三道茶"是南诏王招待各国使臣的

饮茶礼，也是对宾客的最高礼遇，后来流传到民间，白族"三道茶"得以保留、改良，流传至今。临沧境内11个少数民族的种茶、饮茶历史悠久，创造了各民族特有的茶俗茶艺。茶农将相关茶文化渗透到各族人民的生产生活中，创造了丰富的茶文化内容，不同民族的茶文化各有特色，如彝族的祭茶树王的习俗，祈祷茶树王保护茶农收成；佤族的火炭茶、烤茶、铁板茶等；德昂族的传情茶、提亲茶、友谊茶等；这些民俗为文化旅游的开发提供了重要的文化资源，也正是多姿多彩的民族文化赋予了云茶别具一格的魅力，使其形成了独树一帜的风格，地域民族文化的多元呈现和体验构成了云南茶文旅的核心，有效充实和提升了云南茶文旅的内涵。

5. 以茶叶为核心，带动多元文化产业发展

云南省茶叶资源丰富，以茶叶为核心，特别是以普洱茶产业为依托，带动了多元文化产业发展，这一特点体现在多个维度和层次上。普洱茶在种植、采摘、生产、销售和消费等过程中构成了一个完整的产业链条，在这个链条的各个环节中，政府及相关部门积极发掘茶产业与旅游产业和文化产业相融合的发展机遇。

目前，旅游业与普洱茶产业链的融合体现在通过开发茶园观光、茶山徒步、古茶园探访等旅游项目，将传统的茶园转变为集生态体验、科普教育、休闲度假于一体的旅游目的地。普洱茶与文化产业深度融合则体现在文化产业的三个核心业态中。首先，茶器、茶具业态是其中的一大亮点。普洱茶的独特品饮方式推动了茶器茶具设计和制作工艺的创新升级，从传统的紫砂壶、陶罐到现代简约风格的瓷器、银器，这些承载茶文化的器具不仅是实用性工具，更成为艺术品和收藏品，进一步丰富了文化产业的内容和表现形式。红河州在"茶+民族文化""茶+医药（康体）""茶+旅游""茶+茶具"等产业链延伸上进行了积极探索，2022年6月9~10日，"窑想千年·陶醉建水"紫陶文旅产业链招商引资暨产品发布活动在建水举行。活动以"紫陶+"为切入点，邀请来自全国各地的茶企、咖企以及本地紫陶企业、文旅企业，共话紫陶文旅产业链发展未来。其次，设计、包装、印刷业在茶叶产业中的作用日益凸显。优质的普洱茶产品不仅注重内在品质，其外在形象的设计包装亦极为关键，

富有创意和文化底蕴的包装设计可以提升品牌价值，同时也带动了相关设计服务、高端包装材料制造以及印刷技术行业的协同发展，形成了独具特色的文化创意产业链。最后，写作与影视行业也在茶叶文化的传播中扮演着重要角色。围绕普洱茶的历史传说、制作技艺、品茗艺术以及人文故事，作家创作出各类文学作品，同时影视制作团队拍摄纪录片、电影或电视剧，通过文字与影像的方式生动展现普洱茶的魅力，极大地提升了普洱茶在国内外的文化影响力。普洱市政协组织编写的"普洱茶文化三部曲"（即《普洱古树茶》《普洱府史料》《普洱茶马古道》），详细介绍了有关普洱茶文化的相关内容，为研究普洱茶提供了官方资料。

普洱茶产业不仅关注实体产品的生产和市场流通，而且很好地发挥了茶叶作为文化载体的功能，促进包括茶器茶具制作、创意设计包装、文学影视创作在内的多个文化产业业态协同发展，形成产业融合、跨界合作的新格局，从而实现经济价值与文化价值的双重提升。

三　云南省茶文旅融合发展建议

（一）促进民族特色文化资源的创造性转化，激发民族茶文化的内生创造力和吸引力

各地政府及旅游项目开发者应当以展示当地少数民族茶文化为主，鼓励少数民族人群在旅游中积极发挥自己的主体积极性，将传统的茶文化与现代社会需求相结合，创造出新的茶文化产品。根据不同民族的饮茶风俗，结合节庆、展演等现代性的手段，建立少数民族茶文化博物馆，举办少数民族茶艺表演节，打造少数民族茶文化旅游景点，设置茶文化展览展示区等，吸引更多人体验茶文化。根据不同的时令，结合景点推出具有云南少数民族特色茶文化的茶饮，如在冬季游客欣赏元阳哈尼梯田的美景时，景区可以打造"冬季暖身·品哈尼土锅茶"围炉煮茶活动。提前准备好相应器具、食材，由当地村民作为指导者，帮助游客自己动手体验哈尼族土锅茶的魅力，游客既领略了梯田的壮观，又品尝了哈尼族的特色茶饮，旅游体验丰富而独特。

云南省茶文旅产业在融合发展时要时刻与云南省不同民族的茶文化相结合，激发云南茶文化的创造力与吸引力。

（二）延长茶文旅产业链，开发丰富的衍生文创产品

针对不同季节、不同人群、不同需求开发茶类衍生品，进一步延伸茶产业链条，提高茶叶科技水平和附加值，实现茶叶加工产品由价值链低端向价值链中高端的高水平转化。[①]

通过拓展产业链条和创新发展，推出与茶文化相关的多样化产品和服务，以满足消费者对茶文旅体验的多元需求。针对茶文化的核心要素和特色，开展文创产品设计工作，包括但不限于茶叶礼盒、茶具、茶叶工艺品、茶叶文化衍生品等，融入当地特色元素、创意图案和现代设计。在2022年云南省举办的首届"非遗伴手礼"大赛当中，与茶相关的银制茶叶罐、便捷式旅行套装茶具、凤凰沱茶普洱茶、团茶礼盒等多项作品入选，可见茶与文创的结合能够丰富茶旅市场的产品。同时要围绕云南省茶资源，突出茶山、茶园、茶叶主体，在探索生态农业、健康养身业、文化创意产业、休闲娱乐产业时，聚焦"吃、住、行、游、购、娱"六要素，加大旅游产品及服务供给力度，打造出更多集基地、加工、体验、休闲、观光、购物、文化于一体的茶小镇、茶主题公园、茶庄园。通过打造茶文化深度体验旅游目的地，延长茶文旅产业链，开发丰富的衍生文创产品，并探索多功能茶文旅业态，可以促进云南省茶文旅产业的创新发展，提升茶文旅的吸引力和竞争力，满足消费者对茶文化体验的多元需求，进一步推动云南省茶文旅产业的繁荣和发展。

（三）世界文化遗产申遗成功氛围带动云南茶文旅新模式，助力形成"茶文化+"多元产业

"普洱景迈山古茶林文化景观"申遗成功，成为全球首个茶主题世界文

---

① 王建荣：《我国茶旅融合的实践与思考》，《中国茶叶加工》2018年第2期。

化遗产，向世人展示了"活态"文化遗产保护的"中国理念"和"中国案例"。同时，景迈山的成功申遗，是继 2022 年"中国茶传统制作技艺及其相关习俗"入选"人类非物质文化遗产"后的又一茶界大事，极大地提升了中国茶、云南茶在世界的影响力。因此，要不断拓展国际视野，借助世界文化遗产的氛围推动云南茶文旅产业的发展，集中资源优势，形成连锁反应，以申遗成功为契机，加快以茶文化为切入点，深化中外文明交流互鉴。

以茶为媒，云南古茶树、古茶园、茶山，以及民族茶俗和茶文化系统等众多资源也正在成为云南文旅开发的自然旅游资源和人文旅游资源，等待游客的沉浸式寻茶体验。茶生态、茶文化、茶产业、茶科技和茶旅游"五位一体"的云南地方实践，对保育茶文化土壤、保护和传承核心传统制茶技艺、提升民族茶文化的传承力和生命力等具有重要参考意义。

茶文旅融合不是简单两个行业的相加，而是将茶与文旅一体化，形成茶文旅经济融合发展的整合生态链。以茶为主题，依托于茶资源，以茶基地为载体，以市场需求为导向，以旅游文化体验为核心内容，最终打造出独具地方特色与魅力的茶文旅产业品牌。茶文旅应不只拘泥于茶产地以及茶叶本身，而应整体融合茶元素，以旅游为抓手，使茶产业与其他产业融合，把茶产业嵌入文旅产业的整个链条，形成"茶文化+"的多元产业体系，进一步提升茶产业的附加值，注重个性化、产业化、细致化，因地制宜，形成独特的文化仪式感。茶文化将作为底蕴和核心，带动茶区乃至整个周边的整体融合发展，形成完整的茶文旅链条，这样才能真正发挥茶文旅融合发展的意义。

（四）加大宣传力度，充分发挥媒介作用，创新传播方式

把握时代发展机遇，充分利用线上线下两个宣传渠道，是云南省茶文旅融合发展的重要路径。

线上创新传播内容，利用传统媒体如电视、报纸、杂志等，以及新兴媒体如网络媒体、社交平台等，开展有针对性的茶文旅宣传报道和广告推广。通过媒体的力量，将茶文旅的特色、魅力和优势进行全方位、立体化的展

示，提高公众对茶文旅的认知度和好感度。采用短视频、微电影、动画等形式，强化宣传的视觉效果。旅游目的地还应加强与微博、抖音、今日头条等新媒体平台的合作。

线下进行城市形象整体设计，加强城市茶文化氛围建设。第一，在线上持续进行宣传时，开展茶文化进社区活动，依托高校和茶艺培训机构开展社区茶艺培训、茶文化讲座活动，通过说茶、唱茶、做茶、泡茶、饮茶等活动增添浓郁的市井茶文化气息。[①] 第二，通过开展茶事活动，提升云南省"世界茶源"的知名度，积极举办好全国性茶事活动，如中国云南普洱茶国际博览交易会、勐海国际茶王节等，充分发挥线下活动的吸引力。云南省茶文旅品牌方也要结合重大活动、节日、热门话题等内容推送云南茶文旅目的地，增强云茶的热度，利用自身的强势传播引发其他媒体平台的联动。第三，与具有影响力和号召力的KOL合作，邀请他们参与云南省茶文旅产品体验和推广，借助其影响力和粉丝基础，将云南省茶文旅产业推荐给更多潜在客户。

积极尝试创新的传播方式，如虚拟现实体验、沉浸式互动体验、线上直播带货等，结合科技和互联网元素，为云南省茶文旅产品和服务注入新的传播动能，吸引年轻人群体。通过线上线下两方面的宣传推广，在提升云茶知名度和影响力的同时，拓展市场和受众，创造经济效益。

（五）规划茶文化旅游线路，实现茶文化景区相互联动，为云南茶文旅融合开创新思路

应加强利用地域所拥有的旅游景区资源，开发设计，规划整理，设定新型茶文化旅游空间模式，进行区域之间茶文化旅游的整合，这样不仅可以丰富旅游产品，吸引不同文化爱好者前来旅游消费，也可以节约经济成本，提升旅游效益，彰显地域文化特征。在对云南茶旅产业的开发中，可针对云南

---

① 余芳：《洞庭湖区茶旅融合发展研究——以湖南省岳阳市为例》，《岳阳职业技术学院学报》2023年第4期。

各大茶区，设计规划出相应的"茶文化旅游专线"并开通专列供游客选择观光旅游，在"茶文化旅游专线"中将各地域景区相互串联，如"古茶树线路：普洱市普洱镇沅县千家寨—普洱市澜沧县景迈山古茶林—临沧市勐库大雪山野生古茶树群落—临沧市凤庆县锦秀茶祖""寻迹普洱：西双版纳易武古镇—茶马古道—勐腊县古茶山—普洱茶博物馆"等，名胜古迹秀美河山都包含其中，引导游客体验云南的独特生态美景。以茶园为主导，将周边自然资源、特色活动，以及其他文化元素与茶园联系起来，加入户外活动如爬山、徒步、骑行等项目，形成茶旅一体化"体验+游玩"的新型旅游项目，带动周边产业共同发展，为云南茶文化旅游开创全新面貌。云南茶文化独特的种植地理条件与旅游风景区有着相互作用的关系，共同发展可以大大提高旅游效益、拓展地域茶文化传播广度，带给消费者更加多样的旅游体验。

（六）整合茶文化各项资源，加强云南茶文旅品牌建设，打造专属的文化创意符号 IP

以云南地方特色文化资源为基础打造特色茶文化旅游品牌，突出地域文化、提升地域经济、彰显文化魅力，使地域文化影响力得到提升，从而提升茶文化品牌形象。借助之前的品牌形象和品牌文化，加上地域文化的特殊价值能力创建自主品牌，可以形成更加完善的设计体系与品牌体系，为地域性茶文化品牌创新发展奠定基础。[①] 云南在业或存续的茶企有 91525 家，以民营企业为主，央企、国企各 1 家；中小企业和微型企业居多，省级及以上龙头茶企有 75 家（国家级 8 家）[②]，却无法推出具有地域性文化特征的茶文化旅游品牌 IP，其根本原因还是在于对地域文化资源和文化内涵的挖掘较浅。云南茶文旅要想打造强有力的品牌，前期需要对当地的茶文化进行广泛收集，挖掘出有特色的民族故事，茶文旅创意设计体系的建构研究是一个漫长

---

① 程成：《文旅融合视域下"茶文化+"创意设计体系建构研究》，南京林业大学硕士学位论文，2023。

② 梁嘉睿、江凤琼：《试论云茶产业转型升级的路径》，《茶业通报》2022 年第 1 期。

的过程，这既可以宣传推广云南茶文旅品牌，还能够为云南增加新的记忆点，始终坚持"地域文化+茶文化"的设计方式，保证文化内涵不丢失，打造有趣、有质的茶文旅品牌。

茶文旅品牌的整合也离不开政府的推动与市场的运作。如果没有政府推动，企业之间的关系难以协调，也难以形成统一品牌，当地政府应多渠道鼓励当地茶企依据所拥有的茶山特色，因地制宜积极申报各级别旅游景区，积极打造茶文旅小镇、茶景区等，推动茶文化与旅游业的融合发展。如果没有企业的积极性，政府也无法继续推动，所以必须把企业的积极性调动起来，培养其品牌意识，突出其本地特色。同时利用龙头企业的优势，加快资源和企业整合，以品牌带企业，以行业带产业，有效地推动云南茶文旅产业发展，并将一定的发展成果回馈给当地民众，不断提升当地居民的幸福感和自信心，达成政府、企业、民众的多方合作，齐心协力共同构建云南茶文旅产业的发展，并为消费者群体带来文化认同感，塑造优质新品牌。

（七）用好"茶马古道"原创学术品牌，同高校、研究院所联动，产政学研合力推动云南茶文旅产业的可持续发展

"茶马古道"不仅是云南历史上重要的以茶为主的贸易商道，沿线串联和带动着诸多历史文化、地方文化和民族文化的交流、交融，在被"茶马六君子"发现之后，也成为云南的原创学术品牌。今天，云南多个享誉全国的历史文化名城、名镇、名村，如丽江束河、剑川沙溪、普洱那柯里等，都与茶马古道有着密切的联系。在推动茶文旅融合发展的过程中，茶马古道不仅在线路、景点的设置上提供了品牌效应突出的优势基础条件，更应当成为云南茶文旅融合发展中可以整合和贯通全产业链的核心引领品牌。

同时，要鼓励支持更多高校聚焦"云南茶文旅产业"的研究，使高校与云南茶文旅产业园区达成合作，双向互动，开展一系列相关的学术研讨，为云南茶文旅产业注入持续不断的活力，为未来云南茶文旅产业发展提供新机遇，走产学研结合的道路。高校对于云南茶文化的学术研究早有先例，2006 年，西南大学在重庆举办了"古道新风——茶马古道文化国际学术研

讨会"；2009 年 6 月，云南大学茶马古道文化研究所和丽江马帮路博物馆在丽江联合举办茶马古道学术研讨会。文旅产业园区可以提供调查点资料供高校老师和学生进行探讨研究，为其带来便利；高校通过自身平台促进云南茶文旅的发展和传播，进一步深化对云南茶文旅产业的研究，取长补短，并为其提供科研成果。同时，对云南茶文旅产业的研究可以使学生更好地以发散性思维创新茶文旅产业原有的发展模式，并借助学科的专业视角为云南茶文旅产业赋予新时代特色，注入新时代活力。这是一个双向的互惠互利的合作模式，一方面可以不断提升高校学生实践能力以及专业素养，另一方面也在助力云南茶文化的创新性发展，不断获得理想的发展效果，成为吸收创意型人才的重要途径。企业、高校、师生团队共同探讨云南茶文旅的转型发展。创意型人才的注入，将带来新的创意和机遇，转变传统的茶文旅发展模式。

云南省的茶文旅融合具有广阔的发展前景和巨大的经济价值，通过多方合作和创新发展，可以实现茶文旅产业的可持续发展，为云南省经济发展和文化传承作出更大贡献。在未来的发展中，我们应该坚持创新驱动，加强产学研合作，不断提高茶文旅的核心竞争力和市场竞争力，推动茶文旅产业的健康发展。同时，应该注重保护生态环境和传统文化，加强政策引导和监管，促进茶文旅融合发展与生态文明建设相协调，实现经济效益、社会效益和生态效益的良性循环。

B.15

绿叶子到金叶子

——勐海县茶产业绿色减贫实践

周麟欣*

摘　要：　勐海县作为"中国普洱茶第一县"，通过精准定位，以茶产业作为支柱产业，构建现代化茶产业发展格局，强化茶叶品质提升系统工程抓手作用，在茶产业发展的理念、模式、措施上进行了适当的创新与完善，走出了一条兴茶兴业、生态减贫的绿色发展之路。在实践层面，实现了茶产业发展和脱贫攻坚、乡村振兴之间的同频共振、协调发展。本报告通过梳理勐海县茶产业发展现状，概括了勐海县茶产业在乡村振兴中采取的相关措施与经验总结，再结合当前社会经济发展趋势，给出了未来勐海县深化茶叶产业和乡村振兴之间系统、协调、可持续发展的路径建议，以期进一步促进勐海当地社会、经济、生态高质量发展。

关键词：　茶产业　乡村振兴　勐海县

勐海县位于西双版纳傣族自治州西部，普洱茶产业是勐海当地的支柱产业。县域境内有拥有1700余年历史的野生"茶树王"以及星罗棋布的古茶树群。随着勐海县多年来对普洱茶产业的打造，勐海县稳居"中国普洱茶第一县"，普洱茶产业发展领跑全省，被评为全国"十三五"茶业发展示范县。茶产业在贫困群体实现脱贫摘帽、村民群体发力乡村振兴进程中扮演着关键角色。

---

*　周麟欣，云南省人民代表大会常务委员会机关工作人员，主要研究方向为民族文化产业。

一 勐海县普洱茶产业发展现状

勐海县是全国唯一普洱茶产业知名品牌创建示范区，2023 年普洱茶全产业链综合产值 250 亿元①。勐海县获得了"中国普洱茶第一县"、云南省"一县一业"创建示范县、"中国西部最美茶乡"等荣誉。

（一）普洱茶支柱产业地位稳固，税收产值领跑全省

勐海县茶产值、产量和税收一直位居云南各县榜首，截至 2023 年 11 月底，勐海县茶叶种植面积 90.59 万亩，位居全国县级第一。其中，现代茶园面积 84.97 万亩，古茶园面积 5.62 万亩，茶叶总种植面积与 2022 年持平；采摘总面积 85.77 万亩。现代茶园开采面积 80.15 万亩，古茶园开采面积 5.62 万亩；干毛茶总产量 3.84 万吨，干毛茶农业产值 23.02 亿元。全县茶产业税收达 4.54 亿元，占云南全省茶叶税收的 70.4%。

表 1 2008~2023 年勐海县茶叶种植面积

单位：万亩

年份	种植面积	年份	种植面积
2008	33.20	2016	61.36
2009	35.10	2017	68.95
2010	35.90	2018	80.97
2011	38.60	2019	87.54
2012	39.00	2020	90.72
2013	45.06	2021	90.60
2014	51.16	2022	90.60
2015	57.75	2023	90.59

资料来源：根据勐海县人民政府官方网站相关资料整理。

---

① 《解读〈勐海县贯彻落实云南省 2023 年推动经济稳进提质政策措施实施方案〉》，https://www.ynmh.gov.cn/12.news.detail.dhtml? news_ id=454050，最后检索时间：2024 年 2 月 16 日。

表2 2008~2023年勐海县干毛茶产量

单位：万吨

年份	产量	年份	产量
2008	1.32	2016	2.45
2009	1.23	2017	2.57
2010	1.22	2018	2.67
2011	1.38	2019	2.84
2012	1.60	2020	3.17
2013	2.02	2021	3.53
2014	2.25	2022	3.81
2015	2.38	2023	3.84

资料来源：根据勐海县人民政府官方网站相关资料整理。

2022年末，勐海工业园区升格为省级产业园区，67家知名茶企入驻，形成了以普洱茶精深加工为主导的特色农产品加工产业聚集区，集聚效益明显。园区规模以上茶产值占全州总量的74.3%，工业增加值占73.9%，主营业务收入占88.3%，茶产业产值占比达94.7%，持续引领云茶产业发展新方向。①

（二）品牌企业"量质"双优

全县共有注册登记各类茶叶经营主体14000多家（截至2023年11月），有SC证茶叶企业450多家，规模以上茶企26家，国家级龙头茶企2家，省级龙头茶企7家，州级龙头茶企10家，县级龙头茶企2家。拥有涉茶类驰名商标5件、马德里商标8件、地理标志证明商标17件（居全省县级第一）。

大益、陈升、八角亭、雨林古茶坊等著名茶业品牌公司的产品纷纷荣获云南省"十大名茶"称号；陈升、八角亭、中吉号3家茶企荣膺云南省绿色食品20佳创新企业称号，勐海茶业有限公司连续5年荣登云南省"10强企业之榜"。雨林古茶坊获2018年云南脱贫攻坚奖——扶贫明星企业。

---

① 《勐海县普洱茶产业发展势头强劲》，https://www.xsbn.gov.cn/107.news.detail.dhtml？news_id=2906639，最后检索时间：2024年2月16日。

（三）茶叶品种品类丰富，市场认可度高

勐海县境内主要种植国家定名的云南普洱茶专属茶种"云南大叶种茶"。云南大叶种茶又可细分为云南勐海大叶茶、云南大叶红芽茶、云南大黄叶茶等品系。勐海境内野生茶树资源丰富，茶叶风味独特，老班章、南糯山、巴达山等产区所产茶叶受到广大消费者的喜爱与追捧，茶叶价格普遍高于同类产品市场均价。

二 勐海县普洱茶产业助力乡村振兴的经验举措

（一）构建现代化茶产业格局，走绿色减贫之路

2021 年 3 月，习近平总书记在考察武夷山时指出，"要把茶文化、茶产业、茶科技统筹起来，过去茶产业是脱贫攻坚的支柱产业，今后要成为乡村振兴的支柱产业"。勐海县在乡村振兴方面所取得的成就，正是对习近平总书记重要讲话中茶产业定位的鲜活例证。

勐海自古就有种茶传统，全县 35 万人口中，涉茶人口 28 万左右，占全县总人口 80% 左右。经过多年发展，勐海茶产业积淀了深厚的发展优势，是勐海当前最具基础、最富特色、最有核心竞争力的产业。茶产业是维护勐海经济社会健康发展的支柱产业，是少数民族群众增收致富的重要来源，在当地具有不可替代的经济价值、社会价值、生态价值。

基于茶产业在勐海基础较好、覆盖面广的优势，勐海县在脱贫攻坚伊始就准确定位，大力发展茶产业，构建现代化茶产业体系，走兴茶扶贫、绿色减贫、生态发展之路。在产业发展趋势上，围绕建设普洱茶现代产业示范县，筹措专项资金 500 万元以上，深入开展普洱茶"转型升级、再创辉煌"活动。在产业融合上，着力打造"勐海茶+"和"勐海味+"特色茶品，加强茶产业同相关产业融合。在推进农业供给侧结构性改革方面，各乡镇积极开展茶园升级专项行动以增产提质，主要产茶乡镇茶叶种植面积、茶叶产量如表3、表4所示。

表3　2016~2021年勐海县主要产茶乡镇茶叶种植面积（前五）

单位：亩

年份	勐宋乡	格朗和乡	布朗山乡	西定乡	勐混镇
2016	79633	71245	126745	53605	68403
2017	87173	89372	136228	55818	69491
2018	103804	105802	249771	64373	71666
2019	119413	109230	268482	76211	75954
2020	127927	109314	268482	80295	86722
2021	127927	109234	268752	80295	86722

资料来源：根据勐海县人民政府发布的统计公报整理。

表4　2017~2021年勐海县主要产茶乡镇茶叶产量（前五）

单位：公斤

年份	勐宋乡	格朗和乡	布朗山乡	勐海镇	勐混镇
2017	2247168	3726959	4225480	3550100	2529510
2018	2573856	3930834	5035255	3911018	2531369
2019	2920665	3908700	6041365	2951000	2506459
2020	3118732	4230510	7197905	3064836	3195526
2021	3364487	4247780	7256304	3303900	4236915

资料来源：根据勐海县人民政府发布的统计公报整理。

茶产业健康良性发展，筑牢了勐海县以茶扶贫的根基，巩固了过去"兴茶扶贫"、当前"兴茶振兴"的发展道路，实现了茶农的稳收、增收和创收，证明了茶产业承担产业扶贫、"一业兴百业兴"的突出作用。

（二）茶叶品质提升系统工程

茶叶品质是现代化茶产业竞争的核心指标，而茶叶品质的好坏又受众多因素的影响。先天自然条件让勐海地区成为云南大叶茶的天然优质产区，良好的先天禀赋加上该地区悠久的产茶历史、丰富的饮茶文化和坚实的产业基础都内在要求勐海县在茶产业发展和乡村振兴过程中必须重视提升茶叶品质这一系统性工程。

勐海县立足茶产业，依托茶企，以提升茶叶品质为重要抓手，提出"喝好茶、好喝茶、茶好喝"发展理念，该理念打通了普洱茶产业发展同地方经济发展之间双向正反馈连接通道，实现了困难户与企业、困难地区与当地特色产业之间的互利发展良性循环，在茶农增收创收与优质原料产地建设、地方企业成长与茶产业高质量发展、古茶树资源保护与利用开发之间形成了有机统一。

1. 提升茶产业绿色化水平，提高茶叶原料质量

茶产业绿色化水平的提升，一是可以直接增加茶农售茶收入。通过在茶叶种植环节提升茶叶品质，进而提高茶叶收购价格，直接增加茶农收入。二是能够夯实茶产业现代化发展优质原料供应基础。当前茶叶市场竞争激烈，通过提升茶产业绿色化水平，建设一批稳定可靠的优质原料生产基地，为勐海地区茶产业现代化、规模化、精细化发展奠定良好基础。三是利于区域品牌打造。稳定性高、质量过硬的茶叶品质有助于勐海树立区域公共品牌，有助于地方企业打造自有品牌。

从生产端提升茶叶品质、增加茶农收入。勐海全县茶园通过土壤改良、良种推广、完善设施、改善茶园环境等措施改良低效茶园、提升茶园生产能力。全域推广运用"物理防控+生物农药+生态农艺"模式防治病虫害。采取综合措施防治草害，阻止化学除草剂进茶园。

深入实施"提质增效"行动，开展生态有机茶园创建等基础性工程，共建设绿色生态现代茶园核心示范区 47 万亩，绿色古茶园生态核心示范区 3.19 万亩，"三品一标"茶园认证面积 59.3 万亩，绿色、有机茶园面积 19.6 万亩，茶产业绿色化水平指标平均增幅为 41.5%。[①] 扶持贫困户提质增效茶园 6.93 万亩，人均拥有茶园达 3 亩以上，通过提质增效，每公斤毛茶收购价平均提高 25 元以上，年人均增收 2000 元左右。[②]

---

① 《兴茶扶贫双推进　企业茶农共发展》，http：//xsbn. yunnan. cn/system/2023/12/12/032869213. shtml，最后检索时间：2024 年 2 月 8 日。
② 《云南十五个县（市）脱贫摘帽 | 勐海："一片叶子"富百姓》，https：//baijiahao. baidu. com/s？id=1614470048236391924&wfr=spider&for=pc，最后检索时间：2024 年 2 月 19 日。

2.培育新型茶农，助力攻克素质型贫困难题

随着当代茶叶消费市场的升级，消费者对"一口好茶"的要求不仅仅是长在树上的茶叶要好，消费者还对影响茶叶质量的采摘方式、加工手法和物流仓储等环节愈加重视。这就客观要求茶产业从业人员必须具备良好的综合素质，保证茶叶在种植、加工、物流、仓储、销售环节都保持较高水准，以满足消费者消费需求。因此，提升从业人员综合素养的实际产业需求与勐海脱贫攻坚必须解决素质型贫困问题不谋而合。

勐海针对茶农开展种植、养护、初制技术培训，"授人以渔"式培育新型茶农，让茶农能够种好、采好、制好高品质茶叶。2016年启动实施《勐海县人才扶贫行动计划》和《勐海县技能扶贫专项行动实施方案》，持续推进绿色实用技术培训。经过培训后的茶农不仅学到了种植、采摘、制作茶叶的技巧，也增强了致富的决心和信心。

纳丙村，按照标准化采摘标准只采摘一芽一叶，经过茶叶初制所十几道程序精加工，实现茶叶鲜叶收购价格每公斤平均上涨20元。勐宋乡2020年举办茶叶种植管理、生态茶园建设、古茶树保护以及茶叶采摘、初制加工等各类培训30余期共2000余人次参加，[①] 为地方茶产业持续发展奠定了人才基础。南糯山村特别选派茶产业人才参与各类比赛，多次荣获勐海（国际）茶王节茶王奖、"万人采茶制茶"大赛金奖，提升了南糯山茶产业影响力。勐往乡曼糯大寨党支部发挥战斗堡垒作用，以"人人都是采茶制茶能手"为目标，组织茶产业相关技能培训，共计1000余人次参与。随着茶农茶叶种植、管养、采摘、加工技能水平的提高，曼糯村古树逐渐获得消费者认可，推动了"曼糯古茶"品牌的走热。截至2023年，曼糯村茶产业产值已经连续三年超过2600万元，村民年人均纯收入超过5万元。[②]

---

① 《2020勐宋乡政府工作报告》，https://www.ynmh.gov.cn/msx/73083.news.detail.dhtml？news_id=449642，最后检索时间：2024年2月16日。

② 戴振华：《西双版纳州：红旗做引领 激发新动能》，《云南日报》2023年12月20日。

（三）加强茶企、茶农血肉联系，构建新型"民、企"共赢关系

勐海摸索完善了适合地方特色的扶贫模式，探索出公共品牌—龙头企业—服务厂商协同发展链条，做大做强地方龙头企业。构建茶企—合作社—茶农利益联结机制以稳定互惠合作关系。贯彻"企业+合作社（党支部）+农户"模式以加强茶企、茶农血肉联系。新型"民、企"关系下，企业与茶农之间权责分明、风险共担、利益共享、感情深厚。

1. 真金实策培育地方企业，厚植企业为民情怀

全县共有注册各类茶叶经营主体超万家，获 SC 证茶叶企业 450 多家，规模以上茶企 26 家，国家级龙头茶企 2 家，省级龙头茶企 10 家，县级龙头茶企 2 家[1]，各类茶叶企业每年收购加工毛茶近 3 万吨，惠及 12 个乡镇农场92 个村（社区）的 26 万名茶农，纳税额突破 4.5 亿元[2]。出台实策，建立县级领导挂钩联系县内规模以上茶企全覆盖制度。在税收、信贷、政策方面给予支持培育龙头企业。积极推动大叶种茶种质资源的推广、利用和成果转化，实现农户、企业、产业多方共赢。利用金融资本助力产业强势发展，进行财税改革，降低企业运营成本。发挥财政资金投入的引导性、撬动性作用，运用财政资金引导社会资本进入茶产业，2020～2022 年累计 9.4 亿元投入勐海"一县一业"示范创建。[3] 在税制改革中，勐海县出台了一系列税收优惠政策，减轻茶企负担，有效地促进了勐海县茶产业的发展。根据2015～2019 年勐海县统计年鉴，勐海县茶产业 5 年来宏观税负平均为 16.19%。2016 年 5 月全面开展历史性的营改增税制改革，2018 年陆续出台涵盖诸多税费种的减税降费优惠政策，2019 年启动设计 12 个税种和 19 个费种的减

---

① 《勐海县普洱茶产业发展势头强劲》，https://www.xsbn.gov.cn/107.news.detail.dhtml? news_id=2906639，最后检索时间：2024 年 1 月 16 日。
② 《种质优 "云茶"香》，https://ylxf.1237125.cn/NewsView.aspx? NewsID=366048，最后检索时间：2024 年 8 月 8 日。
③ 《勐海县普洱茶产业发展势头强劲》，https://www.xsbn.gov.cn/107.news.detail.dhtml? news_id=2906639，最后检索时间：2024 年 1 月 16 日。

税降费，使 2019 年勐海县茶产业宏观税负降至 2.97%①

在各类政策支持中，勐海县始终突出茶企在茶产业发展过程中的关键作用，构建企业同当地社会与广大茶农群体荣辱与共、合作共赢、和谐共生的关系，激发企业为民情怀，主动回馈奉献社会。

2. 充分发挥龙头企业在助农增收中的带动示范作用

构建龙头企业绑定专业合作社、专业合作社绑定农户的双绑利益联结机制，将地方龙头企业同乡村振兴紧密结合，1.8 万人在大益、雨林古茶坊等企业带动下，实现致富。

勐海茶厂作为勐海县龙头企业，10 余年间（截至 2023 年）收购毛茶资金累计 54.4 亿元，累计带动勐海县近 30 万茶农增收致富②。勐海茶厂根据自身上万吨的生产能力，将毛茶原料的收购同脱贫攻坚相联系，对于建档立卡贫困户的干毛茶或茶叶鲜叶优先收购，通过"公司+合作社+茶农"的方式，签订保底收购协议。收购协议解决了过往茶叶价格贵企业惜买、茶叶价格便宜茶农惜卖的两难困境，实现了企业有优质稳定原料供应、茶农有温度增收致富渠道的双赢。曼班三队村民扎培种植 32 亩茶园，勐海茶业有限公司以每公斤 200 元左右的价格收购春茶，实现扎陪家 2019 年人均 7976 元收入。③

积极探索利用金融工具激活社会资金，为脱贫攻坚提供资金支撑，减轻政府、企业负担。成立云南大益爱心基金会，2022 年启动大益乡村振兴行动，专项支持茶农群体，用于改善其生产居住环境、道路交通、水电等基础设施建设。

（四）普洱茶一、二、三产业融合发展，激发地区经济活力

勐海县立足地区优势、特点和普洱茶产业发展基础，积极探索普洱茶产

---

① 曾桢：《勐海县茶产业发展的税收支持研究》，云南大学硕士学位论文，2021。
② 《云南"大益乡村振兴"一路前行，倾心要为茶农谋幸福》，https://society.yunnan.cn/system/2023/02/032475562.shtml，最后检索时间：2024 年 9 月 16 日。
③ 《扎培：从以物易物到网上购物》，https://yn.yunnan.cn/system/2020/11/03/031094194.shtml，最后检索时间：2024 年 2 月 17 日。

业同一、二、三产业融合模式。融合过程中创造了众多工作岗位、增加了困难地区群众的工资性收入。全县茶企业、合作社开创务工岗位 2.15 万个，吸纳贫困人口务工就业 1612 名，每个贫困家庭每月增收 2000~3000 元。①

持续高水平打造特色节庆。"十三五"期间，勐海茶王节共接待国内外旅游者和旅游总收入分别是"十二五"时期的 4.98 倍、4.46 倍②。2023 年举办第十二届勐海（国际）茶王节，首次走出勐海，在上海、深圳、鄂尔多斯设立了分会场，同步进行连线开放活动，让勐海国际茶王节更具影响力。在茶王节举办期间，推出"茶山行越野跑""万人茶山行""1314 烤鸡音乐节"等活动。

深挖中国普洱茶第一县文化价值、经济价值，进行县城茶文化旅游整体开发、整体打造。一个县城就是一个景区，以进入县城就是进入景区的理念开发建设勐海县城。积极支持建设具有茶文化特色的体验园、游乐园和科技园，如大益庄园（茶马古道）国家 4A 级旅游景区、雨林古茶坊、勐巴拉雨林小镇等。格朗和乡村南糯山村主动融入七子饼旅游环线，根据地方民族特色建设哈尼文化园、半坡古茶园、月光寨茶园文旅项目，同时积极引入匠庐、南山隐等特色民宿。充分利用旅游服务业用工灵活的特点，提供数量庞大的就业岗位。

三　勐海县茶叶产业未来发展路径

乡村振兴以脱贫攻坚成果为基础，在乡村振兴过程中必须巩固拓展脱贫攻坚成果，杜绝返贫情况出现。尤其是对于勐海县来说，成为"中国普洱茶第一县"、完成脱贫攻坚绝对不是终点。在新发展格局下，勐海必须充分发挥茶产业对乡村振兴起到的支撑作用；坚定不移走绿色振兴、生态发展之

① 《云南十五个县（市）脱贫摘帽丨勐海："一片叶子"富百姓》，https://baijiahao.baidu.com/s? id=1614470048236391924&wfr=spider&for=pc，最后检索时间：2024 年 2 月 19 日。

② 《2022 年勐海县政府工作报告》，https://www.ynmh.gov.cn/18.news.detail.dhtml? news_id=437747，最后检索时间：2024 年 2 月 16 日。

路，实现永续发展；调动创新融合上的动力，积极探索科技赋能、茶文旅融合发展新模式，走多元高质量发展之路；激发广大群众自发动力，主动融入茶产业高质量发展中，发力乡村振兴，走发展成果共享之路。

（一）持续推进优质生态茶园建设，夯实茶产业发展基础

高品质的茶叶原料是勐海茶产业高质量发展的生命线。勐海必须全方位抓好优质生态茶园建设，严格把控茶叶原料质量，夯实茶产业现代化发展基础，这样才能在乡村振兴大背景下，依托茶产业实现当地经济、社会高质量发展。

应持续建设优质茶叶原料生产基地，依托基地鼓励茶叶企业与茶叶初制所、专业合作社、农户建立紧密利益联结机制。发挥全省茶产业综合产值唯一突破百亿元重点县的优势，落实生态安全屏障建设、古茶树（园）保护、生态有机茶园创建、茶园基础设施完善、新型茶农培育"五大工程"，全面推进生态茶园提质增效。以布朗山乡、勐混镇、格朗和乡、勐宋乡、西定乡等为重点，开展茶园集中连片提升行动，提高茶园适度规模经营水平。加大有机茶园的认证力度和绿色有机发展政策支持力度，引导勐海茶产业向绿色、有机、高端转型，以进一步提升茶叶质量、提高茶叶售价、提高茶叶亩产收益。构建"法制古茶""科学古茶""人文古茶"三位一体的古茶树资源保护与可持续利用体系；建立古茶树资源档案，对古茶树资源进行整理编目、造册建档，提高古茶树（茶园）产量、质量，在科学保护前提下最大限度实现其经济效益。

（二）提升茶产业现代化水平，优化乡村振兴现有布局

通过提升茶产业现代化水平延伸茶叶产业链为乡村振兴提供更多创新点、发力点、落脚点。产业现代化涉及产业上下游多要素，勐海县应着力提升茶产业现代化水平，完善"种植—加工—营销—品牌"一条龙发展链条和"观茶—采茶—制茶—品茶—买茶—存茶"全产业链。乡村振兴应紧紧围绕一条龙发展链条，进一步提升茶叶经济价值、社会价值、生态价值；

立足各乡镇自身特点放眼全产业链条布局各村、寨现有茶叶发展规划，深挖链条环节延伸价值，实现县域内各乡镇茶产业链条合则互补、分则自立。

进一步整合脱贫攻坚建设成果，制定科学系统的茶叶标准体系，着力推进茶产业标准化建设，提升茶产业标准化生产水平，推进茶叶初制所规范化、标准化建设。鼓励企业、合作社提升初制所产能、技术和装备水平，新建、扩建标准化精深加工生产线。规范普洱茶产品标准化生产工艺，推进标准化茶叶加工厂建设。科技赋能茶产业发展，支持高校、科研院所与企业共建研发平台、示范基地和合作开发项目。创建茶产业科研成果转化"云平台"，提升茶产品精加工程度和产品附加值。

积极打造产销一体化市场体系。推广"茶产业+互联网+金融+现代物流"的创新运营模式，健全线上线下产销衔接机制，促进线上市场与茶业生产统筹协调发展。为茶企、茶农拓宽茶叶销售渠道。完善现代物流体系，完善当前交通基础建设，解决交通瓶颈问题。

（三）推动茶产业一、二、三产融合发展

继续强化勐海茶、勐海味品牌效应，提升勐海茶产业人气关注度、资源密集度、政策支持度。立足民族文化、茶文化体验与传承、自然和文化遗产保护与创新，大力促进区域内茶产业跨行业融合、区域外跨区域协同，不断扩大茶产业相关规模，为勐海地区乡村振兴提供广阔发展空间。

强化茶叶品牌培育、地理标志保护、开放多元发展导向，不断增强茶产业区域品牌、企业品牌、产品品牌综合效应，推动"普洱茶地理标志+名山区域公用品牌+企业品牌+产品质量追溯二维码"的品牌体系建设，积极组织引导茶企参加国内外巡展、品牌推介活动，巩固和提高品牌可信度和影响力。进一步办好勐海（国际）茶王节和"万人茶山行""万人采茶大赛""万人制茶大赛"等系列活动，把勐海（国际）茶王节打造成为省级文化品牌，提高勐海茶在国内外市场的知名度。

统筹县域内茶产业资源，形成点、山、寨、线、区（县城文化体验）系统多元的发展格局。依托高标准生态茶园建设，发展观光茶业、体验茶业、

创意茶业等新业态，促进茶旅融合发展。继续打造版纳春城、勐海县城景区。挖掘茶文化内涵，立足茶产业优势和茶文化遗产资源，因地制宜建设名茶庄园，推动茶叶特色小镇建设。突出茶产业的健康养生属性，发展茶康养产业。在茶叶主产区域及交易主要地区，实施国际普洱茶交易中心、国际普洱茶加工中心和普洱茶博物馆建设项目，促进茶文化走廊建设。组织开展古茶园申报世界自然遗产和世界文化遗产，利用遗产效应提升茶产业发展同乡村振兴的融合度。

企业篇

B.16
文化植入与品牌培育

——老马帮茶业发展实录

苏婉婷　曾庆志　吴　染　余海林*

摘　要：　企业主体在文化植入、品牌创意等方面与普洱茶产业以及地方经济社会发展之间存在紧密的关系。企业主体通过对普洱茶文化的深度挖掘和创新性植入，可以赋予产品更深厚的文化内涵。普洱茶本身就蕴含着丰富的历史和文化，企业主体通过对这些文化元素的深度挖掘，将其融入产品设计和品牌传播中，使产品不仅仅是一种消费品，更是一种文化的载体。这种文化的植入，可以提升产品的附加值，使产品在市场上具有更强的竞争力，从而推动普洱茶产业的发展，提升普洱茶产业的整体竞争力。企业通过品牌创意，还可以提升品牌的知名度和影响力，品牌创意包括创新的产品设计、包装设计、营销策略等，这些创新的元素可以有效打造品牌文化属性与差异

---

　*　苏婉婷，云南大学民族学与社会学学院在读博士，主要研究方向为文化产业与区域社会发展；曾庆志，云南大学民族学与社会学学院在读硕士，主要研究方向为文化产业；吴染，云南大学民族学与社会学学院在读硕士，主要研究方向为文化产业；余海林，老马帮茶业创始人，主要研究方向为普洱茶加工工艺以及技术优化。

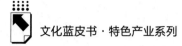
性，吸引消费者，而消费者的增加，将进一步拉动普洱茶的销售，从而推动地方经济的发展。品牌价值的提升也可以吸引更多的投资者、优化地方投资环境，进一步推动地方经济社会的发展。

关键词： 老马帮茶业　文化植入　品牌创意　普洱茶产业

在全球化背景下，文化因素对企业发展的影响日益凸显，文化赋能已逐渐成为企业追求持续发展的重要策略，企业与地方经济、文化之间也随之形成一种双向动态的互动关系。具体表现为，文化赋能企业实现可持续发展，地方企业发展有效推动地方经济社会进步、带动地方经济增长，企业通过深度挖掘利用地方文化，进一步促进地方文化再生产与传承。这种互动关系在勐海县老马帮茶业有限责任公司（以下简称"老马帮茶业"）的发展过程中得到了生动体现，老马帮茶业在普洱茶产业的创新发展中，深度融合"茶马古道"与"马帮文化"，对其进行现代化转译，使传统文化得以在现代社会中焕发新的生机，从而实现文化的再生产，也为地方经济的发展注入新活力。

一　老马帮茶业发展缘起

普洱茶的历史最早可追溯至雍正七年（1729），云贵总督鄂尔泰奏请雍正同意设立普洱府。自此，管辖一县三厅一宣慰司的普洱府因置办贡茶盛极一时，成为茶叶加工与集散之地，优良的茶叶品质吸引了大量外来茶商来此购茶，来往的马帮络绎不绝，自然发展出茶马古道，马帮文化兴盛。勐腊一马锅头为照顾年长有功的马脚子，建立了"老马帮茶马驿站"，这不仅为过路商人提供了补给，也使马脚子有机会通过售卖普洱茶维持生计。随着时间的推移，这个驿站不仅成为普洱茶的收购和手工作坊中心，也成为茶叶销售的重要枢纽。然而，随着历史的变迁，老马帮茶马驿站最终消失①。

---

① 资料来源于勐海县老马帮茶业有限责任公司。

但外物的消逝并不代表文化的结束，为传承这段历史与文化，自 2004 年老马帮茶业成立之初，团队就开始深度探索中国传统茶文化，遍访中国各大名山名寨。在寻找最优质茶叶资源的同时，老马帮茶业就坚定要承袭、复兴普洱茶传统制茶方法，秉承百年古法制茶工艺，以实诚做茶、坚守本真的制茶理念，确保老马帮茶业普洱茶产品的品质，保证每一片茶叶都能传递其最原始、真实的味道；同时也开始注重对中国茶文化历史的梳理，通过拜访地方文化人士、专家和学者，系统梳理、研究、挖掘普洱茶深厚的文化底蕴，希望将老马帮茶业、"老马帮"普洱茶做成一个独具特色的文化企业、文化饮品。2006 年，老马帮茶业正式注册品牌商标，标志着其作为专业普洱茶品牌的正式成立，进一步确认了老马帮茶业在普洱茶界的品牌地位。品牌商标注册后，老马帮茶业在普洱茶界迅速成长。2012 年 5 月，在云南注册成立勐海县老马帮茶业有限责任公司，将运营中心设在素有"藏茶之都"美誉的东莞市，进一步强调其在传统与现代茶文化融合中的重要角色。2014 年，老马帮茶业通过在全国范围内举行的招商加盟活动，有效地将品牌推向市场前沿，不仅提升了老马帮茶业在国内的影响力，也彰显了其市场策略和品牌力量，老马帮茶业因此成功获取更多市场份额；同时在云南、北京、上海、天津、广东、郑州等多个省市建立起强大的分销网络，并获得河南省"名优普洱茶评比银奖""东莞国际茶叶博览会金奖"等众多荣誉，有效提高了"老马帮"的品牌知名度和美誉度。

2022 年，老马帮茶业在勐海建立了占地近万平方米，涵盖产品生产储存基地、老马帮文化博物馆、茶文化休闲中心、行政办公大楼四大分区，集生产、研发、仓储、休闲与茶文化体验于一体的综合性庄园，探索传统茶文化的现代化诠释方式，引领茶文化新潮流。老马帮茶业坚持以原始自然的古茶树为原料，严格执行 SC 证生产质量管理标准，并在勐海、勐腊、临沧等多地打造茶叶初制所，与云南多个知名茶园达成长期战略合作协议，以现代方式推动马帮文化的建设、茶脉历史的传承、品牌知名度的打造和市场份额的提升。

自老马帮茶业开展品牌建设以来，始终深耕茶马古道与马帮文化，依托茶马古道的历史底蕴，向新时代传播"义信实帮"的老马帮精神，以"品味历史，回归真实"为核心价值观，将最自然原始的普洱茶运出大山，传播地方文化，带动地方经济社会发展。坚持创新发展，保持企业活力，在对传统茶文化创造性转化和创新性发展的过程中，老马帮茶业不仅作为茶叶的经销商，更是作为新文化和新生活方式的引导者，展现出新时代的马帮精神。经过在普洱茶领域12年的深耕，老马帮茶业拥有自主的工厂、品牌生产宣传基地，已在普洱茶行业中打牢自身根基。面对消费市场的转型升级，老马帮茶业也将面临新市场新趋势的新要求，在寻求长期可持续发展的战略布局中，老马帮茶业将在作为茶生产企业、茶加工饮品和茶文化品牌的发展过程中继续深化产品的文化属性，将产品从生产端向生活端转变，成为新生活方式的引领者，依托现阶段的品牌发展优势，持续擦亮老马帮茶业品牌招牌。

二 老马帮茶业文化品牌现状

老马帮茶业是一家从原料基地、茶品研发，到生产加工、终端渠道建设全程管控、全产业链经营的普洱茶知名品牌。老马帮茶业通过挖掘茶马古道文化，打造以马帮文化为核心的系列产品，传承和弘扬马帮精神，提升了品牌产品文化附加值，构建以马帮文化为核心的企业精神、产品识别系统，增强了企业市场竞争力。目前老马帮茶业拥有高、中、低数百款产品，企业品牌享誉海内外，马帮文化在企业发展、产业可持续发展过程中发挥了明显的带动和引领作用。

（一）马帮文化赋能企业发展

推动企业高质量发展，文化是重要支点，马帮文化是普洱茶文化和茶马古道文化系统中的重要组成部分，在普洱茶营销及品牌价值提升、拓展市场方面发挥了积极作用。

1.挖掘茶马古道文化，打造系列产品

茶马古道起源于古代的"茶马互市"，"茶马互市"是我国西部历史上

民族间一种传统的以以茶易马或以马换茶为主要内容的商贸往来，主要进行的是以滇、川等地的茶叶与西藏的马匹、药材交易，以马帮运输为主。[①] 茶马古道是一条商道，承载着马帮千年商贾文明，是一条各民族交往融合及经济往来、文化交流的大通道，承载着十分厚重的历史文化内涵。马帮在茶马的贸易往来中诞生，见证了千百年来商旅往来的繁荣和辛酸，承载着茶叶的香气和文化的传承，形成了茶马古道上独特的马帮文化。

坚持守正创新，从优秀传统文化中汲取养分，开发系列普洱茶，致力自主品牌建设。产品是文化的表现形式，老马帮茶业结合茶马古道深厚的历史底蕴，以"品味历史，回归真实"为核心，主打"一杯有历史传承的茶"，推出一系列与茶马古道文化、马帮文化有关的普洱茶产品，如老马帮茶业1729系列的"马帮岁月""古道锅头情"等产品。通过将马帮文化元素与产品名称融合，为产品名称寻找历史依据，增添文化价值，提升茶叶的文化底蕴。此外，老马帮茶业将国粹生肖文化与华夏茶文化融合，与名山名寨的普洱茶搭配，使其成为可纪念收藏、值得品饮的茶品。老马帮茶业传承于1729年勐海"老马帮驿站"，2015年老马帮茶业推出第一批羊年贺岁纪念版"马帮情"，其茶饼重为1.729千克，并限量发行1729饼，以"1729"为符号代表马帮文化，使其产品独具纪念意义。

2. 传承马帮精神，做传世普洱茶品牌

产品质量是企业发展的根基，企业信誉是赢得市场的法宝。马帮作为一种独特的职业群体，如今其身影渐渐消失，但他们所传达出来的冒险与开拓精神、宽容亲和与讲信誉守信用的精神等，仍然值得传承和弘扬。老马帮茶业拥有各大茶山的原料基地，坚持古法选料标准"五选八弃"，保证原料的品质，拥有老茶师、国家级评茶师、专业人士和本土人才相结合的技术研发团队，采用传统手工制作工艺，产品通过了ISO国际质量管理体系认证、HACCP食品质量科学管理认证、QS认证并达到了国家AAA级水平，均是符合高品质要求的好茶。老马帮茶业以老马帮庄园为起点，凝聚全国新马帮人，

---

① 敏塔敏吉：《茶马古道上的马帮文化》，《思茅师范高等专科学校学报》2008年第4期。

传承马帮文化，马帮精神成为企业文化价值的引导力和精神推动力。

"守职循业，不敢损益，可传世也"，此乃老马帮茶业传世好普洱茶的口号寓意所在，一款茶叶要在滚滚历史长河中流芳百世、不被遗忘，需经历时间的千锤百炼，这样才能成为传世好普洱。老马帮茶业以"百年老马帮，传世好普洱"为企业口号，坚持用原始自然的古茶树做原料，传承百年制茶工艺，为传世质量做品质保证，强化企业品牌形象。

3. 弘扬马帮精神，提升企业竞争力

随着我国居民对健康养生需求不断增加，普洱茶产业进入快速发展时期，呈现产量持续增加、消费市场持续扩大、空间跨度扩大化趋势①，普洱茶市场竞争加剧。中华茶文化源远流长，老马帮茶业以"普及普洱茶文化、倡行健康慢生活"为己任，采用古茶树为原料，传承百年纯手工技艺，不定期地在全国各地开展茶博会进行品牌宣传以及招商，在品牌培育过程中成功植入普洱茶文化和马帮文化。老马帮茶业成功入选 2017 年广东 21 世纪海上丝绸之路国际博览会指定用茶，得到官方和市场的认可，推动了马帮文化、茶马古道文化的国际传播。

马帮文化是茶马古道文化传播体系的组成部分，以其特有的历史和情感，赋予普洱茶产品特有的精神意涵，包括闯劲的开拓精神、韧劲的坚持精神、和气的团结精神以及灵气的学习精神等。老马帮茶业将马帮精神和普洱茶文化应用于产品名称和包装设计，推出"义信实帮"系列好茶产品，借助以 1729 年为源的马帮文化，向新时代传播"义信实帮"之老马帮精神。老马帮茶业以马帮文化和茶马古道作为其文化品牌重点打造，不仅深入研究马帮文化元素，寻求马帮精神的现代表达，还将马帮文化与中国民俗文化融合，在产品包装中加入中国喜庆元素，打造节日礼盒，以普洱茶为媒，促进多元民俗文化融合。

---

① 《我国普洱茶市场与产业调查分析报告》，https://txpe.yunnan.cn/system/2021/02/01/，最后检索时间：2024 年 2 月 8 日。

（二）创建老马帮茶业文化符号体系、企业产品识别系统

产品识别是企业竞争的重要资源，老马帮茶业围绕 1729、马帮、茶马古道和普洱茶等元素建立其产品文化符号，提高了产品辨识度，形成了差异化的产品竞争优势。

1. 构建以马帮文化为核心的企业精神、产品文化符号体系

"老马帮茶马驿站"是马帮最初的符号标识，也是马帮文化曾经的物质载体，如今外物消逝，马帮已演变为一个文化符号，马帮文化构成老马帮茶业企业精神和产品文化符号的主要部分，得以口口相传。老马帮茶业围绕赶马人的闯劲、韧劲、和气、灵气提炼出团结、诚信、宽容、勤勉、开创、自强的企业精神，使其成为企业的灵魂，在企业的经营发展中具有不可替代的核心作用。老马帮茶业坚守弘扬马帮精神、传播普洱茶文化的企业信念，以弘扬健康普洱茶文化为使命，向新时代传播"义信实帮"之老马帮社会理想，把高性价比的普洱茶送到茶友面前，以产品为载体传承马帮文化。老马帮茶业致力于打造独特的品牌文化，以现代茶企传承马帮的努力、坚韧和奉献精神，开启老马帮新征程，成为中国马帮文化的当代表达者。"1729"浓缩了马帮与普洱茶的历史渊源，代表老马帮茶业传承马帮精神、发扬普洱茶文化的初衷，老马帮茶业依托马帮文化，在众多普洱茶文化品牌中确立了自己的市场，使老马帮茶业文化品牌及其系列产品富有市场竞争力和文化识别度。

2. 确立老马帮企业文化和系列产品独有的识别系统

老马帮茶业取名自"老马帮茶马驿站"，"老马帮"三字一脉相连，融会贯通，稳重灵动，不仅连接着滇藏茶马古道的民俗文化，也体现了马帮护茶之路的闯劲、韧劲、和气及灵气。老马帮茶业品牌 logo 以简约抽象的三匹马，代表由"马锅头、群头、伙头"组成的马帮团队；三为多，三生万物，也蕴含着生生不息、使命必达的马帮精神。传承百年古法制茶工艺也是老马帮茶业产品特有的标志，坚守"以古茶园之材为料、以古技法之艺为魂、以古贡茶之质为标"的初心，构建老马帮茶业特有的产品识别系统，

产品内部识别主要以古茶树茶叶和古法制茶技艺为核心，产品外部识别主要是以茶马古道上的马帮文化与普洱茶文化为核心的创意设计。老马帮茶业将其企业产品形象同与古道文化、马帮、普洱茶有关的文案和图案设计结合，予以视觉化、规范化，并通过整合宣传，让消费者对老马帮茶业的普洱茶产品产生认同感。

3. 创意设计企业和营销中心的马帮文化体验空间

茶空间承载着茶的展示与品尝，是体验者感受茶文化的地方，老马帮茶业依托庄园工厂、招商营销会等多元场景打造马帮文化、普洱茶文化体验空间，创新文化传承方式。

一是通过举办大型文化品牌推广活动，如品鉴会、新品发布会、分享活动等，以茶会友，茶礼待客，展示普洱茶传统冲泡技艺，弘扬茶道文化。老马帮茶业每年举办至少30场小型品鉴会、重点巡品会和1场年度品牌活动，将新品与活动紧密结合，并策划古道驿站文化体验、马帮精神传承人文展示、一对一工艺和冲泡服务等一系列公众活动，宣传老马帮茶业普洱茶品牌产品，传承和弘扬马帮精神。目前，老马帮茶业现代化综合庄园茶厂已建成马帮文化展示及茶体验空间，开展相关制茶体验活动，可以让游客消费者亲身体验普洱茶的生产加工，了解马帮历史，学习普洱茶文化，感受青山绿水，陶冶情操。

二是组织茶马古道体验、马帮文化分享活动，让更多的人在参与过程中体会马帮文化的魅力。老马帮茶业在2015年举行茶马古道体验之旅活动，组织200余人重走茶马古道，弘扬马帮精神，马帮文化和茶马古道文化体验成为老马帮茶业文化品牌的亮点。2018年与茶马古道研究会、东莞茶促会联合举行"茶马古道与文化交流分享会"，叙述马帮与普洱茶之缘，在马背上形成的茶马古道文化和普洱茶文化在西南地区文化交流、民族融合、商业贸易等方面产生了广泛的影响。老马帮茶业正以多种形式开展马帮文化寻根之旅，把历史底蕴与企业文化有机融合，开设茶学院，提供茶文化传播空间，举办培训、茶文化讲座及茶事活动，推广普洱茶，普及茶文化知识，有利于各地经销商和客户感受马帮历史与文化特色，提升品牌认同感。

（三）老马帮茶业发展现状

老马帮茶业以悠久的马帮文化赋能品牌设计，推出一系列极具文化底蕴的产品，在普洱茶市场中建立了独有的品牌文化符号标识，通过线上线下招商营销活动，获得了众多市场消费者的认可和支持。

1. 丰富的产品类型

老马帮茶业专做古树普洱茶，致力于开发、研究、生产加工百年以上古茶树茶叶。拥有"珍藏限量""生肖""精品礼盒"等多系列普洱茶产品矩阵，2020 年老马帮茶业有机茶面市，冰岛地界和孔雀系列等产品陆续发布。目前老马帮茶业以七星孔雀领航品质巅峰，拥有高、中、低全系列适配百个款别，产品成为文化的载体、传播文化的媒介，以饼茶传承马帮精神、普及普洱文化，老马帮茶业的系列产品名称和包装图案文案设计融合了马帮、马帮情、茶马古道等文化元素，通过文案、图案传递马帮文化特有的精神内涵。

2. 提升企业品牌，开拓普洱茶市场

老马帮茶业产品的成功与否不仅取决于其茶叶的实用价值和营养含量，还取决于其文化内涵。1729 年普洱府设立，借助马帮运输，成就了普洱茶发展的高光时代，也是马帮发展的兴盛时期。老马帮茶业以"1729"作为其文化标识推出系列产品，包括"马帮岁月""古道锅头情""幽谷芳香""深山马蹄归""晨露采春""古道神韵""驿站留香"七大产品，均与茶马古道上马帮的生活习俗密切相关。系列产品包装棉纸画面以 1729 年为源的马帮文化为素材，既有历史回溯的厚重，又有当代东方美学的时尚感，每一个棉纸画面都诉说着不同的马帮故事。

马帮文化是老马帮茶业品牌市场竞争力的重要组成部分，为老马帮茶业系列产品增添文化附加值，依托古道文化、马帮文化和普洱茶丰厚历史文化底蕴立足市场。老马帮茶业拥有占地 1200 多亩的自有茶园，在各大古茶山都建有原料基地，全国范围内的老马帮茶业品牌加盟店已超过 200 家，在全国 23 个城市设有老马帮茶业品牌加盟店，包括东莞、长沙、郑州等，此外

在 2019 年全国经销商达 300 余家，加盟分销点以及营销网络遍布云南、北京、上海、天津、广东、郑州等全国多个省市。目前，老马帮茶业完成在广东、河南、山西、吉林、上海等多省市布局线下经销门店，线上通过新媒体、行业的传播，已成为中国知名的专注于普洱茶高端产品制造的知名企业。每一处招商会、经销门店都以产品为重要载体，以马帮文化为主要内容，通过各种文化活动，打造特定文化体验空间，传播普洱茶文化，提高了消费者对老马帮茶业品牌的文化认可度。

3. 企业获得的荣誉

品牌是企业向外界展示自身形象和价值观念的重要手段，老马帮茶业通过挖掘马帮与普洱茶的关系，以马帮精神、马帮情建立了特有的品牌形象，在生产过程中践行马帮精神，坚持高标准、高质量、高品位的品牌定位，为企业争取行业及消费者认可提供文化动力和品质保证。"老马帮"作为企业名称和宣传品牌已超过十年，在中国茶叶行业享有极高知名度，老马帮茶业出品的附有以企业名称"老马帮"为注册商标的产品行销全国，2006 年获得马帮贡茶万里行广州普洱茶精品交易会暨普洱茶王评比大赛金奖和首届广州茶叶购物节暨品牌兴茶铸辉煌系列活动畅销品牌，2014 年荣获河南品鉴展示会——河南省第三届名优普洱茶评比"银奖"且被评为首届东莞消费者信赖茶叶品牌，2018 年荣获东莞国际茶叶博览会茶叶评选"金奖"，2023 年荣获"中国绿色健康食品""全国消费者放心满意品牌""百年老字号"。老马帮茶业品牌系列产品，历史文化悠久，技艺精湛，赢得社会广泛认可。

（四）以文化赋能企业可持续发展

企业文化是企业的灵魂和力量，决定着企业的发展空间和前景，马帮文化为企业成员所认同和共享，渗透到老马帮茶业的产品业务、组织管理和市场销售各个方面，有助于推动企业发展和产业可持续发展。

1. 以现代马帮精神推动企业发展

马帮精神现代表达，不仅是对过去马帮精神的凝练总结，而且是老马帮茶业公司成员需要具备、学习的企业精神，具体为团队、诚信、宽容、勤勉、开创、自强。创始团队探寻云南茶山，从源头确保茶的品质与纯正，尽显闯劲开拓精神。从采摘到出库，老马帮茶业团结协作，严格把控各个环节，坚持和气的团结精神，只有做好这样，才有可能在传承中创新，帮制好茶。老马帮茶业坚持以义取信、以实帮茶，推出义系列、信系列、实系列、帮系列茶产品，将企业文化融入产品理念之中，用茶叶生产的实际行动诠释其现实意义。传承马帮精神有助于促进创新和提升文化附加值、提高产品和服务的质量，还能内化于心、外化于行，激发员工生产积极性，提高生产效率，进而助力企业发展和马帮文化、普洱茶文化的传承。

2. 绿色文化成为普洱茶产业发展的新动力

老马帮茶业以"诚信为本，追求卓越，合作共赢"为宗旨，以"普及普洱茶文化，倡行健康慢生活"为企业目标，致力于打造一流企业、铸就百年品牌，顺应社会发展及市场需求。老马帮茶业坚持"以消费者的需求为中心，以客户的满意为目的"的经营理念，2020年老马帮茶业首款大树有机茶面市，大力推广绿色健康的品饮理念，响应国家有机茶饮升级工程和云南省政府推出的"绿色云茶"行动，为企业转型升级开辟新路径。绿色文化是一种人与自然协调发展、和谐共生，能使人类实现可持续发展的文化，老马帮茶业推出生态有机茶产品，以绿色有机作为产品新形象，顺应市场及相关政策的变化，绿色文化成为企业新的品牌竞争力。此外，老马帮茶业在庄园和经销店打造茶马古道文化墙等文化元素，打造文化场景空间，一方面通过文化赋能市场，助力当地普洱茶文化的传播，壮大客群，增强企业市场活力；另一方面通过文化赋能业务，通过企业文化塑造和影响企业员工的行为，提升员工素质，进而提升企业的战斗力、凝聚力、竞争力，从而实现企业可持续发展。

三 老马帮茶业发展模式

（一）优秀传统文化赋能茶文化企业

老马帮茶业作为一家享有盛名的茶叶品牌，不仅以其卓越的品质著称，更以其深厚的文化底蕴为荣。企业秉承着对传统茶文化的不懈追求与传承，将中国茶文化的精髓、茶马古道的历史韵味以及千年马帮文化的精髓，与现代商业实践巧妙融合。通过这种独特的文化赋能，老马帮茶业不仅提升了自身的品牌价值，也为茶文化企业的发展注入新的活力。

企业理念方面，老马帮茶业的品牌故事源自茶马古道与马帮文化，本着向历史和传奇致敬的执着，为了传承茶马古道与千年马帮商旅的文化，让更多人能够感受到茶马古道的历史韵味和情感温度，老马帮茶业将优秀传统文化中的精神与经验凝练、继承，成为中国的马帮文化当代表达者先驱之一。文化传承方面，2004年老马帮茶业成立之初，茶业团队对于中国传统茶文化进行了深度探索，同时对中国茶文化历史进行系统梳理、研究，并挖掘了普洱茶深厚的文化底蕴，旨在打造一个独具特色的文化企业。2022年老马帮茶业仍坚持最初精神，为了将茶马古道的魅力传递出去，让更多人了解马帮文化，让这千年文化得以延续，计划于老马帮茶业庄园内建设一个马帮文化博物馆。这个博物馆将陈列关于马帮文化的各种物件，为游客提供一个深入了解普洱茶和马帮文化的平台，在这里，游客可以亲身感受到中国茶文化的悠久与深厚，了解马帮对普洱茶传播到全国各地甚至全世界所作出的巨大贡献。产品方面，老马帮茶业坚定要承袭、复兴普洱茶传统制茶方法，弘扬传统普洱茶文化，秉承百年古法制茶工艺，确保老马帮茶业普洱茶产品的品质，保证每一片茶叶都能传递其最原始、真实的味道，成为茶客与自然、历史和现代交流的桥梁。

（二）探索优秀传统文化的创造性与创新性发展

老马帮茶业品牌以现代商业实践为载体，承载并弘扬历史文脉。凭借独特的视角和创新的方法，该品牌成功地将马帮文化与现代商业活动相融合，为传统文化的传承与发展开辟了一条富于创造性和创新性的新路径。

企业文化方面，老马帮茶业继承了茶马古道的文化底蕴，以"品味历史，回归真实"为核心价值观，主张"实"之企业文化，继承了"闯劲、韧劲、和气、灵气"的马帮精神，并开展了"老马帮茶学院"弘扬马帮精神，传播普洱茶文化。老马帮茶业通过自身对于传统文化的引领与继承，完成了在新时代的创造性与创新性发展。产品方面，老马帮茶业推出了数个基于传统文化进行创新的系列产品。如 1729 系列每一款产品的包装设计都采用了著名绘画大师手绘的作品，以茶马古道的历史为背景，以 1729 年为源的马帮文化为素材，每一幅画面都讲述了一个独特的马帮故事，在传统的历史文化中赋予现代性的设计，在体现文化价值的同时又紧贴市场需求。如 2015 年推出的羊年贺岁纪念系列"马帮情"将生肖民俗文化与茶文化融合，在对传统文化的创新构思中赋予其更多收藏、纪念价值。老马帮茶业在产品系列的设计中，将历史文化传统与现代美学流行相结合，展现出既厚重又时尚的美感。文化设施方面，老马帮茶业 2022 年在勐海建立了现代化庄园式茶厂，旨在探索传统茶文化的现代化诠释方式，引领新的茶文化潮流。庄园内的茶文化休闲中心是对于传统文化的创新研学体验胜地，为游客提供了亲身体验普洱茶生产加工过程的机会，并可以在这里学习普洱茶的历史文化，感受青山绿水带来的宁静与放松，以沉浸式的体验让游客更加深入地了解普洱茶和马帮文化。

（三）优秀文化提升产品和品牌的附加值

老马帮茶业品牌凭借茶马古道与马帮文化深厚的历史文化底蕴和老马帮茶业独特的品牌理念，成功地将"老马帮"三个字的文化内涵转化为产品的高附加值，实现了品牌价值的最大化。这种独特的文化内涵使老马帮茶业品牌在市场上具有极高的辨识度和吸引力。

他们坚持传承马帮的努力、坚韧和奉献精神，以这种精神内核作为品牌的核心竞争力。通过不断创新和优化产品，老马帮茶业不仅成功地将马帮精神文化转化为产品的附加值，还在产品中融入更多优秀传统文化，在珍藏限量系列中，能读到诗人卢仝的《七碗茶歌》；在柑普系列中，能品到两个国家地理标志产品的融合；在传统系列中，能看到茶匠精神的坚守。文化对于产品的附加，使消费者在品味好茶的同时，感受到文化的魅力，在选择老马帮茶业产品时，不仅仅是在购买一杯好茶，更是在体验一种文化的传承和情感的共鸣。

老马帮茶业注重品牌文化的传播，他们致力于做自然与茶客的连接者，通过各种方式将马帮文化、传统文化传递给消费者。不论是通过产品的包装设计、广告宣传，还是建立马帮文化博物馆、茶文化休闲中心，老马帮茶业都在不断地向消费者传递着品牌文化的精神内涵。这种以文化提升品牌与产品附加值的发展模式，不仅让老马帮茶业品牌在市场上获得了极高的辨识度、认可度和口碑，更为品牌的长期发展奠定了坚实的基础。

（四）优秀传统文化与现代企业文化的双向赋能

老马帮茶业以"诚信、创新、服务、共赢"为企业理念，以"打造一流企业、铸就百年品牌"为企业愿景，以"弘扬马帮精神、传播普洱茶文化"为企业信念，以"团队、诚信、宽容、勤勉、开创、自强"为企业精神，依托茶马古道的历史底蕴，以1729年为源的马帮文化，向新时代传播"义信实帮"的老马帮精神，包括义之开拓精神：探寻茶山，确保茶源头的品质与纯正；信之坚持精神：专注与坚守制茶技艺；实之团结精神：马帮与商贾的人文和气让茶从产地进入市场；帮之学习精神：坚守传统工艺，同时学习现代科学制茶工序。老马帮茶业将传统马帮精神融入企业精神，在传承中作出自己对于马帮精神的现代表达。老马帮茶业以其深厚的传统文化底蕴和独特的企业文化，走出了一条传统文化与企业文化双向赋能的发展之路。茶马古道既是承载着马帮千年商贾文明的古道，也是文化交流融合的桥梁。老马帮茶业深知这一传统文化的价值，从2015年开始组织大规模的茶马古道重走活动，旨在弘扬马帮精神、传承古道文化，对优秀传统文化的尊重与传承，不仅增强了企业的文化底蕴，也为品牌注入了独特的魅力。同时，老马帮茶业积极与茶马古道研究会、东莞茶促会等机构合作，通过文化交流分享会等形式，将马帮文化、普洱文化推向更广阔的舞台。对外的文化交流不仅让更多的人了解茶马古道与马帮文化、爱上普洱茶，也为企业文化带来了更广阔的发展空间。

老马帮茶业将传统文化融入企业，深化与各界机构的合作，推动马帮文化与普洱文化的国际传播，在企业文化中强调茶马古道文化，在企业精神中传承传统马帮精神并赋予其新时代适合企业的意义。这种尊重传统又拥抱现代的发展模式，让老马帮茶业在激烈的市场竞争中脱颖而出，成为兼具文化底蕴和商业价值的优秀品牌，实现了优秀传统文化与现代企业文化的双向赋能。

四 老马帮茶业品牌培育的愿景

随着数字经济的高速发展和消费市场从实用型消费向文化型消费的转变，新的普洱茶行业竞争格局正在加速重塑，同时，消费需求的转向引导了市场重构，带动产品结构、产业结构、市场结构与消费结构也迎来多重改革。消费人群的代际更替促使普洱茶消费逐渐从中老年消费群体向年轻群体过渡，消费多元化引领下的差异化竞争日渐凸显，消费环境和营商环境面临巨大变化。老马帮茶业从需求端出发，在适应当下市场变化、品牌形象构建以及数字化协同过程中还存在一定不足，虽有意识通过建设老马帮文化博物馆、茶文化休闲中心等方式传承创新茶文化，但在一定程度上存在文化与市场脱节、品牌知晓度不足等问题，在充分利用优秀传统文化促进企业创新、可持续发展方面还需要进一步强化。

（一）文化植入和品牌培育的愿景与目标

老马帮茶业需要通过对竞品的产品、价格、销售渠道、品牌影响力等进行全面的市场分析，明确其在普洱茶领域的差异化定位，识别自身的独特卖点和潜在机会，将这些优势转化为品牌的核心竞争力。考虑到普洱茶文化有着丰富文化内涵和深厚历史底蕴，并且随着传统普洱茶文化在现代生活方式的冲击下，衍生出一系列新式饮茶潮流，市场边界被拓宽，这也为传统茶企的现代化转型提供了一种新思路。面对这种市场变革，老马帮茶业可以在打造老马帮品牌标识的基础上，进一步拓宽赛道、大胆创新，引领新饮茶方式，将以销售为主的传统茶企升级为以打造生活方式为主的现代茶企。讲好品牌故事，建立辨识度高的品牌形象和品牌文化，助力老马帮茶业成为行业标杆，有效地讲述品牌故事不仅是传递信息的手段，更是构建情感联系和品牌认同的桥梁。老马帮茶业可以将普洱茶的历史渊源、文化精髓与品牌的核心价值观紧密结合，通过叙事的形式传达其独特性和深厚的文化底蕴。还可以通过系统化的视觉标识打造品牌形象，老马帮茶业在视觉标识、品牌语言和产品设计等方面要保持高度的一致性和创新性，构建品牌形象要充分考虑目标市场的文化特征和消费者的审美偏好，以便更好地与消费者产生共鸣。除直接向外开拓市场外，老马帮茶业还可以进一步规范企业的生产管理流程，致力于创造一个包容、创新的企业文化，鼓励员工深入理解和传播普洱茶文化，同时通过社会活动、文化交流等方式，加强与消费者和社会团体的互动，构建深入人心的企业文化。

老马帮茶业品牌培育的目标在短期内可以侧重于提升品牌知名度和市场份额，努力开拓市场，形成老马帮茶业的全国性布局；而长期目标需更加注重于品牌深度和持久力的构建，包括通过提高产品质量、客户服务体验和持续的文化营销活动，培养消费者的品牌忠诚度，整合源头、工厂、仓库、物流、品牌等全方位布局，逐步走向全产业链发展的道路。

（二）文化与企业双向赋能的思路与措施

老马帮茶业最核心的文化支撑是"茶马古道"，有了"茶马古道"才有"马帮文化"。在过去，茶马古道既是一条商道，也是文化交流的纽带，不仅见证了古代中国的商业活动和交通发展，也蕴含着丰富的文化价值和商业潜力。通过挖掘和利用这些文化资源，老马帮茶业可以有效增强企业的品牌价值，促进传统文化的保护和传承，实现文化传承与企业发展双向赋能。整合多方优势资源、加强品牌文化建设、数字化等手段助力企业现代化转型是老马帮茶业由生产端向市场端过渡的重要方式。

1.深度挖掘文化特征，构建品牌故事

在前期的发展中，老马帮茶业已利用"茶马古道"和"马帮文化"相关内容，开发出系列产品，得到较好的市场反馈。在此基础上，老马帮茶业可进一步思考如何利用茶马古道和马帮文化优化品牌推广和产品营销，进而

将这些文化元素演化为老马帮茶业的文化符号，整合到品牌故事、产品升级和营销策略中。

品牌故事的讲述是增强品牌吸引力和消费者忠诚度的有效手段，在品牌成立之初，老马帮茶业便组织过研究团队对"茶马古道"和"马帮文化"进行深度研究，形成较为翔实的资料，但这些资料仅作为史料记载并不能充分发挥其价值，从庞大的"茶马古道"文化系统中抽离出与本企业发展理念紧密相连的文化符号，对这些具有针对性的文化符号进行重构，形成系统的符号标识，贯穿"研发—生产—销售"全生产链中对老马帮茶业构建品牌形象具有重要意义。抽离文化符号，转译文化符号，利用文化符号，以产品的包装为表达载体，打造系列产品，以此讲述普洱茶的历史故事和文化内涵，增强品牌的文化底蕴和吸引力。以文化符号作为品牌故事的核心内容，通过品牌官方网站、社交媒体平台、线下活动等多种方式进行传播，扩大品牌的影响力，进而提升品牌知名度和市场份额。

2. 文化植入，引领产品创新升级

在现代市场变革的背景下，老马帮茶业可以依托老马帮茶业庄园的建设，通过产品升级和打造差异化消费、体验消费等一系列策略来提升自身的市场竞争力。利用已打造的老马帮文化博物馆进行现代化、叙事性的展示设计，更好地传承和发展普洱茶文化，让人们了解普洱茶、走进普洱茶，最后爱上普洱茶，以文化润泽产业的方式扩展消费人群。利用茶文化休闲中心引导新饮茶方式，将生产模式从"生产—销售"向"生产—展示—体验—销售"转变，延长产业链，增加产品附加值，向引领消费行为和生活方式升级，实现企业从生产端向生活端转变。

"茶马古道"是老马帮茶业主要的文化依托，通过深度挖掘"茶马古道"和"马帮文化"，将其文化元素整合到产品设计中，开发系列主题产品。以"茶马古道"为重要的文化元素，挖掘沿线的古镇、古村落、古茶树林以及沿线的各民族文化，以"茶马古道"线路上的重要文化节点策划对应的茶品牌，突出产品的文化特色，适应市场从产品消费向文化消费的转变。

茶产品创新也是提升市场竞争力的关键,在保持普洱茶传统生产工艺的基础上,老马帮茶业可以尝试开发一些新的茶产品,比如将普洱茶与其他产品(如咖啡、坚果等)进行融合,创新茶叶口感和饮茶体验。同时,也可以考虑开发一些便携式的茶叶产品,如茶包、即溶茶粉、茶咖等,以满足现代消费者快节奏生活的需求,扩展消费群体,开拓消费市场,从追求通过规模占领市场份额转向以高质量发展提升市场份额。

3. 优化营销手段,提升品牌知名度

在营销策略方面,老马帮茶业可以将"茶马古道"和"马帮文化"的元素融入其中,通过广告宣传、公关活动、社交媒体推广等方式,传播"茶马古道"的历史故事和"马帮文化"的民族精神。举办与"茶马古道"和"马帮文化"相关的文化活动,如"茶马古道"深度游、"马帮文化"展览等社会活动,吸引消费者的关注和参与,提高品牌的曝光度和知名度。进一步深化利用老马帮综合性庄园这一理念,通过体验营销的方式提升品牌影响力和口碑,通过研学、体验、家庭承包种植等方式,让消费者亲身体验普洱茶的生产工艺和饮茶文化,通过打造消费场景来提升品牌影响力。还可以举办茶艺比赛、茶文化讲座等活动,吸引更多的饮茶爱好者参与,从而精准对标消费群体。通过这些活动,消费者不仅能深入了解文化,还能亲身体验泡茶、品茶的乐趣。这些活动有助于增强文化的吸引力和黏性、提升品牌的社会影响力,与新消费人群实现更有效的连接,完成从接触到尝试再到销售的升级。

4. 数字化转型,助力企业实现现代化发展

在当今数字化日益普及的时代背景下,数字化转型已经成为老马帮茶业进行现代化发展的重要方向。这种转型不仅可以帮助老马帮茶业拓宽市场边界、提升市场竞争力,也可以帮助其更好地理解和满足消费者的需求,提升消费者的满意度和忠诚度。老马帮茶业可以通过搭建自己的电商平台或与其他电商平台合作,通过线上销售来拓宽市场边界。电商平台可以突破地理限制,让老马帮茶业的产品可以迅速触达全国甚至全球消费者。同时,电商平台也可以提供丰富的商品信息和便捷的购物体验,满足现代消费者对于便捷、个性化购物的需求。平台还可以提供丰富的数据资源，帮助老马帮茶业更好地理解市场动态和消费者行为。

利用大数据和人工智能等技术分析消费者的购买行为和喜好，以此来优化产品设计和营销策略。大数据可以提供丰富的消费者行为数据，帮助老马帮茶业更深入地了解消费者的需求和喜好；人工智能可以通过机器学习等技术，对这些数据进行深度分析和挖掘，发现消费者的潜在需求和行为模式。老马帮茶业基于数字技术不仅可以优化产品设计，更好地满足消费者的需求，还可以优化营销策略，提升营销效果和效率，为老马帮茶业在全国范围内形成品牌布局奠定基础。

结　语

老马帮茶业作为典型个案，在一定程度上反映出目前我国发展潜力较大、注重文化品牌建设的普洱茶企业普遍面临的状况。面对市场转型的进一步深化，这类企业可以充分挖掘普洱茶的文化潜力，进而转化为商业价值，以文化赋能的方式，推进茶文化、茶产业、茶科技全面深度融合。顺应市场规律，积极拓展融合创新的数字经济新渠道、新模式、新业态，谋求更大市场份额，逐步挖掘品牌深度，丰富文化消费场景，满足消费者的精神文化需求，引领饮茶生活美学方式，使普洱茶不仅作为一种饮品，更成为一种生活艺术和美学的体现，为消费者提供更丰富、更深层次的消费选择，助力这类企业实现从生产端向生活端的转变。深度融合普洱茶产业与地方文化，积极构建与之相符的企业文化，以此提升普洱茶产业的持续发展力和企业的竞争力。

B.17

为云茶赋能，为行业发声的
普洱茶电商新兴力量

——南滇古茶企业发展报告

范欣蓓　罗瑞玉　刘德刚　肖雪欢*

摘　要：　南滇古茶，作为普洱茶电商的新兴力量，通过直播电商模式迅速崛起。公司创始于数字经济繁荣期，专注于普洱茶电商运营，特别是年份茶的产品细分领域。近年来，南滇古茶在直播领域取得了显著成绩。尽管普洱茶电商市场竞争激烈，但南滇古茶凭借其独特模式、创新思维和技术应用，在普洱茶市场上确立了自身的竞争优势。报告详细分析了该企业在直播电商方面的发展现状、技术支持、营销策略，同时指出面临的品牌识别不足、直播人才短缺及品质信誉维护等挑战。然而，报告也乐观地揭示了南滇古茶面临的诸多机遇，如消费市场年轻化、人工智能技术在电商领域的广泛应用，以及智能化管理兴起的趋势等。

关键词：　普洱茶　电子商务　直播　南滇古茶

近年来，直播电商成为产品推广与销售的新渠道，使消费者可以通过实时视频观测产品、解开疑问。普洱茶行业也搭上直播电商的宣传推广快车，形成新的营销渠道。这种转型不仅对普洱茶行业，更对整个产业链的发展起

---

* 范欣蓓，云南大学民族学与社会学学院在读硕士，主要研究方向为非物质文化遗产、文化产业、跨文化研究；罗瑞玉，云南大学民族学与社会学学院在读硕士，主要研究方向为文化产业理论与实践、非物质文化遗产保护与利用、粤文化；刘德刚，南滇古茶创始人、总经理，主要研究方向为电子商务；肖雪欢，南滇古茶合伙人，主要研究方向为电子商务。

到了重要的推动作用。以技术为支撑，整合资源，形成产业生态闭环，不仅可以提升产品的知名度和美誉度，还能够为消费者带来更好的购物体验。

一 南滇古茶网络营销平台创建历程

随着数字经济蓬勃发展，电商行业正处于蜕变中。南滇古茶以紧随热点、稳抓机遇为核心策略，成功建立起以直播为核心的综合型服务企业，取得了普洱茶品类直播的优异成绩。通过优化模式、稳步扩张，南滇古茶年份茶甄选平台在直播电商领域取得了令人瞩目的成就，为中小茶企打通线上营销通道、构建了线上线下联动特色消费体验，为消费者提供安全保真的优质购茶服务。

（一）紧随热点、稳抓机遇

2021年，伴随数字经济蓬勃发展，作为数字经济重要一环的直播电商，成为电商行业核心消费渠道之一。公司创始人刘德刚带领团队建立起以直播为核心的综合型服务企业，围绕自身"电商运营"基因，发力布局茶行业，在云南西双版纳州勐海县开设直播间。当年单个直播间累计粉丝近30万，累计直播观看次数超4000万次，帮助勐海地区中小茶厂销售库存积压产品近600吨，主播荣获"2022年西双版纳州首席好茶推荐官"称号，成为云南广播电视台唯一受邀专访助农主播。[①] 2022年，为探索年份茶消费多元可能，南滇古茶年份茶甄选平台正式创立，以精选"真产地、真原料、真年份"普洱茶产品为初心，以"赋能云茶，为行业发声"为愿景，依托团队丰富的直播运营经验和专业的供应链管理能力，为更多中小茶企打通线上营销通道，为消费者提供安全保真的优质购茶服务。

（二）优化模式、稳步扩张

2023年，为复制直播间成功经验，扩大直播间规模，团队由勐海搬迁至昆明经济技术开发区，投资1000万元打造体验式直播场景。平台由选品中心、

---

① 本报告除个别已标明出处的数据外，其他数据均由南滇古茶企业提供。

直播运营中心、客服体验中心、品牌中心及物流中心构成,解决了近200人就业问题。除与中茶、大益、老同志等知名品牌保持战略合作关系外,还独家代理大渡岗、景谷茶厂、朗河等老国营、老品牌茶厂线上经销权,与近30家中小生产型茶企达成稳定合作。现拥有茶叶分类、制作工艺、存储等11项专利,并利用AI开发了"AI泡茶机器人"。实现了全线产品源头采购、直播间矩阵销售、统一分发物流配送、支持线下体验试饮的服务闭环,形成了平台的品质保证和核心竞争力,实现了普洱茶产品信息透明化,回归年份茶品饮价值,为消费者提供了"价格优、方便购、放心藏"的线上线下联动特色消费体验。旗下3个直播间全年实现销售额共计约3亿元。

二 南滇古茶网络销售现状

从2021年入局茶叶直播,南滇古茶通过企业微信进行承接,发布产品宣传、福利活动、直播预告等内容,已由直播间转化积累了近5万私域粉丝,产品复购率超30%,2023年私域销售额接近600万元。除此之外,由于茶叶的消费模式及细分场景也在不断发生变化,2023年南滇古茶已与故宫文创签订合作协议,取得全面运营故宫文创旗下茶叶及茶器品类产品线上销售授权,积极布局年轻化市场。

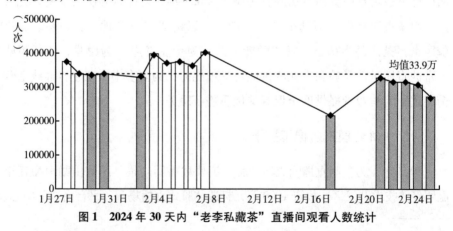

图1 2024年30天内"老李私藏茶"直播间观看人数统计

资料来源:蝉妈妈数据平台。

表1　2024年"老李私藏茶"直播间消费者地域分布

单位：%

地域	占比	地域	占比
广东	11.76	浙江	5.28
山东	8.89	云南	4.39
江苏	5.67	辽宁	4.32
河北	5.61	陕西	4.28
河南	5.56	四川	3.71

资料来源：蝉妈妈数据平台。

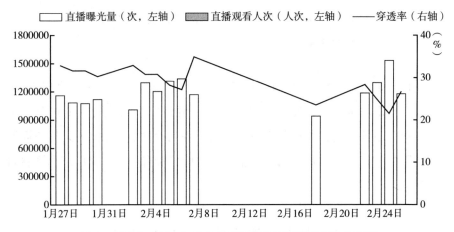

图2　2024年30天内"老李私藏茶"直播曝光量和穿透率

资料来源：蝉妈妈数据平台。

南滇古茶团队打造的抖音"老李私藏茶"直播间，由云南中老期茶交易服务中心董事长李云北担任主播，以直播方式分享其多年藏茶收茶玩茶心得，传播饮茶文化，分享私藏产品。2023年3~12月，上架产品超350款，场均观看人次33.8万，累计场观超5900万人，场均销售超100万元，总销售额1.9亿元。为积极维护行业健康正向持续发展，南滇古茶及旗下直播间严格规范自身经营交易行为，严格遵守国家相关法律法规，自觉接受政府、舆论和社会广大消费者监督，切实规范普洱茶促销活动和品牌使用行为，保障消费者合法权益。同时，要求各位主播认真对待自身职业形象和声誉，积

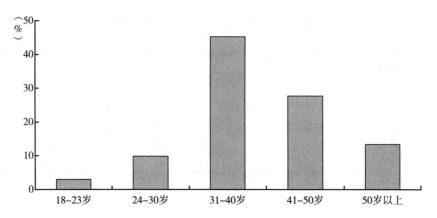

图3　2024年"老李私藏茶"直播间观众年龄分布

资料来源：蝉妈妈数据平台。

极传播普洱茶科学品藏知识。杜绝制假售假，不采购、不销售不合格产品，不虚标哄抬市场价格，确保向消费者提供来源清晰、质优价实的产品。因此，在售后服务方面，老李私藏茶成为茶行业首个坚持提供90天超长周期退换货服务的直播间，每月抽查食品卫生送检，所有产品提供厂家溯源材料等质量服务保障。

三　南滇古茶营销平台发展现状

南滇古茶以先进的技术支撑和完善的组织架构为基石，不断探索创新，致力于打造年份普洱茶供应链服务平台，推动普洱茶市场的标准化进程。通过数字化运营和全链路服务，构建用户友好型品饮体验，倡导科学专业品质，为消费者提供更加优质的购茶服务。

（一）平台技术支撑

2023年，南滇古茶控股猎户星空人工智能公司，技术团队会聚来自美国硅谷及中国北京、深圳、台湾等地全球一流科技公司的人工智能精英人才，致力于以人工智能技术创新茶叶消费场景。团队目前拥有完全自主研发的语音交互、图像识别、视觉导航等全链条人工智能技术，集产品开发能力和技术应用能力于一身，已发布智咖大师、智茶大师等多款实用型机器人产品，2023 年第三代 AI 泡茶机器人茶叶蛋也已实现生产，并建立了机器人开放平台 OrionOS，践行"真有用、真开放"的理念，力争以 AI 能力赋能咖啡、茶饮行业。现在，AI 泡茶机器人已经能够满足线下门店、产业园区、会展、城市会客厅等多元化场景需求，助力新零售场景的智能化。比如，2.0 版的智茶大师——双六轴机械臂机器人可自动完成置茶、洗茶、冲泡、出汤、清洗等步骤；3.0 版的茶叶蛋——双八轴机械臂机器人可运用盖碗自动完成全套传统茶艺冲泡流程并实现智能语音互动。

（二）平台组织架构

从该平台的组织架构来看，南滇古茶共打造了 5 个中心，如下。选品中心——坚持精品选品策略，由云南农业大学、云南省农科院茶科所、云南省普洱茶协会、云南省茶马古道研究会等机构特邀专家及知名茶人组成的专家团队，带领选品中心聚焦产品筛选与评鉴。经过现场考察、专场感官审评、文件验证等环节，对产品原料、工艺、品质、年份等关键点进行评审验证，并按照质价相符原则核定产品售价。直播运营中心——借助抖音平台孵化直播间矩阵，成功打造"老李私藏茶""金哥藏茶馆""新华名品"等直播间，以严谨态度传播茶文化，杜绝虚标哄抬或低价倾销扰乱市场价格，确保向消费者提供来源清晰、质优价实的产品。所有直播间均保持抖音平台带货、物流、售后服务等 4.9 分以上口碑分。客服体验中心——现有私域销售及客户专属服务官 89 人，致力于为客户提供全方位一站式的购茶需求综合解决方案，根据客户的饮用场合、饮用习惯、消费档次等情况提供产品选择的专业咨询服务，支持 30 天无理由退货超长售后服务周期。此外，客服体验中心还拥有超 2000 平方米的线下窖藏仓储空间和试饮空间，为线上高净值客户提供预约制线下服务，常设普洱茶文化展览、年份茶收藏、品鉴体验服务，打通线上线下消费场景。品牌中心——与凤凰网、凤凰生活周刊合作打造了《凤凰观茶家》专题栏目，在省内开展各类茶文化专题研究活动，采访对话茶产业专业人士,力争为云茶产业发声,充分拓展普洱茶文化的表达空间。每季度举办各类茶文化品鉴推广活动,跟随专家考察知名茶区,组织参观茶厂等特色行程,也让消费者能够身临其境感受茶文化的独特魅力。

物流中心——面积1200平方米,配备专业打包发货流水线,制定了品牌化、标准化发货流程,工作人员共计73人,与顺丰达成战略合作,实现直播间所有订单24小时内发货需求。同时,南滇古茶品牌注重提供优质服务,通过赠送同款同料茶样、专业定制储茶袋和储茶贴方便顾客更好保存,悉心打包由顺丰包邮送货上门。除此之外,还支持试喝,支持7天无理由退换货、假一赔十以及90天质量保证服务,为顾客提供安心售后服务,保障商品质量满足要求,提升售后响应效率,以提高顾客对南滇古茶的满意度和回头率。

(三)平台建设宗旨

打造年份普洱茶供应链服务平台。强化顶层设计,创建选品、直播、智能仓储一体化的供应链模式,以规范、优质、高效为宗旨,为广大茶企提供品牌营销、鉴定、存储、专业培训等特色服务,赋能线上销售。建设数字化、智能化、标准化供应链服务平台,有效解决普洱茶市场长期存在的问题——供应链冗长、流通成本高、行业标准缺失等,同时可以激活巨大数量存茶的价值。

创新渠道营销模式。全链路数字化运营,专业的服务团队,致力于全方位一站式解决用户购茶需求。倡导按喜好喝茶,构建用户友好型品饮体验。不慕名山大厂,不慕炒作名品,只谈品饮品质。搭建全国茶友交流平台,坚持科学专业品质,走可持续传播之路,根植产品源头,借助互联网平台,以严谨态度传播年份茶收藏品鉴知识。

推动年份普洱茶标准化进程。邀请专家组集中讨论研究"中老期茶贸易规范框架""年份茶数字化仓储管理规范框架""年份茶评估规范框架"等标准的起草制定情况,充分吸纳专家提出的意见和建议,完善相关标准的实用性、针对性与可操作性,助力普洱茶市场高质量发展。

四 经验与特点：赋能云茶，助力产业发展

在数字化浪潮中，直播电商崭露头角，为传统茶叶销售注入新的活力。南滇古茶年份茶甄选平台作为普洱茶领域的一股新势力，凭借其独特的销售模式，不仅为茶产区和茶品牌打通直接触达消费者的渠道，为消费者提供了从选品到品饮的一站式服务，更将普洱茶的文化底蕴与现代科技完美结合。南滇古茶的成功实践，不仅打破了传统销售模式的束缚，更为普洱茶行业带来了新的发展机遇。

（一）赋能云茶产业：南滇古茶打造普洱茶直播平台

南滇古茶凭借其独特优势和品牌特色，成功打造了一个选品、直播、智能仓储、销售服务一体化的供应链平台。该平台不仅为各茶企、茶客搭建了优质的普洱茶交流平台，还通过直播电商的形式，将普洱茶的魅力传递给更多消费者。南滇古茶致力于打造普洱茶直播平台，对接各大品牌，整合设计、包装、物流等资源，为云茶产业赋能。

通过这一平台，南滇古茶成功突破地方和茶城的在地市场营销限制，拓展了新的市场渠道。该平台不仅为消费者提供了更加便捷、高效的购物体验，还为茶企提供了更加广阔的市场空间和更多的商业机会。南滇古茶的这一举措，不仅改善了曾经普洱茶市场"小、散、弱"的营销模式，还推动了云茶产业的升级和转型。通过打造普洱茶直播平台，南滇古茶为云茶产业注入新的活力，推动了行业的持续发展和创新。

（二）创新销售模式：南滇古茶引领云茶产业新风尚

随着直播电商的崛起，南滇古茶年份茶甄选平台以"线上+线下"双联动的创新模式，为云茶产业带来了革命性的变革。该平台不仅凸显了"严控品质""直播电商""茶仓试饮""文化传承"的品牌特点，还通过直播电商的形式，将真产地、真原料、真年份的精品普洱茶直接呈现给消费者。

南滇古茶致力于打造线下体验文化空间，让消费者能够亲身感受茶仓的魅力、品味茶香，深入了解藏茶故事。这种线上线下的融合，为消费者提供了更加生动、可以互动的购物体验，也极大地增强了消费者的购买决策信心。

南滇古茶不仅在直播电商领域取得了显著成就，还积极拓展多个知名品牌，独家代理多家知名茶厂的产品。这种合作模式不仅丰富了产品线，满足不同消费者的需求，更为南滇古茶带来更广阔的市场渠道和更宏大的市场影响力。南滇古茶以其卓越的品质和独特的品牌特色，成功吸引了大量消费者，尤其是中青年一代。通过直播电商和战略合作，南滇古茶不仅提升了品牌认知度和消费者忠诚度，还对云茶产业赋予了新的活力。

（三）技术支撑与供应链管理：南滇古茶构筑行业新标杆

南滇古茶在技术支撑和供应链管理方面的优势，使其成为行业中新标杆。公司控股 AI 公司，拥有专业技术团队和多项专利技术，如 AI 泡茶机器人。这些技术的应用不仅提高了生产效率，还提升了产品的质量和一致性，为消费者提供更加优质的产品体验。同时，技术的应用也为企业的市场营销和客户服务提供了强大的支撑，增强企业的综合竞争力。

在供应链管理上，南滇古茶同样表现出色。公司从产品选品到物流配送，形成完善的服务闭环，确保产品从生产到消费者手中的每一个环节都能达到高标准。这种完善的供应链管理不仅保障了产品质量，还提高了客户满意度，为企业的长期发展打下了坚实基础。通过技术支撑和供应链管理的双重保障，南滇古茶为云茶产业注入了新的动力，推动行业的持续发展。

五　洞见未来，南滇古茶的未来规划

普洱茶电商市场竞争激烈，品牌直播纷纷崛起，南滇古茶面临诸多问题和挑战。由于南滇古茶在普洱茶电商市场中的相对新入者身份，市场定位和品牌识别尚未完全确立，因此，在消费者心中建立清晰、独特的品牌形象仍是一大挑战。专业直播人才的匮乏、产品质量和品牌信誉的维护等均对南滇古茶的运营能力提出不小要求。不过，直播电商发展中挑战与机遇并存是常态。南滇古茶未来应更加积极应对市场变化，通过寻找产品服务升级突破口，布局年轻市场并提升私域转化率来实现企业的持续发展。同时，创新智能化多元应用场景，将智能化管理和人工智能技术应用于茶叶行业，推动茶叶行业进入智能化、高效化、品质化的新时代。

（一）寻找产品服务升级突破口

年轻人不一定是专业茶客，却是日常生活中追求健康、口感或是新鲜感的最广大受众群体，这一群体在新茶饮消费者中占比高达92%。未来三年，南滇古茶计划运营故宫文创这一现象级文化 IP，定位东方生活美学的新一代茶品牌，秉持标准化形态、标准化品质、标准化价格原则，引爆茶叶品牌声量，打造爆款产品，探索更贴近年轻人的文化表达方式，填补大众茶叶消费市场尚未构建的空白。

提升私域转化率。从2021年入局茶叶直播，南滇古茶通过企业微信进行承接，发布产品宣传、福利活动、直播预告等内容，已由直播间转化积累了近5万私域粉丝，产品复购率超30%，2023年私域销售额接近600万元。茶饮行业具有明显的高复购率、高分享率的特征，是最适合做私域运营的行业之一。随着消费者个性化需求的增加，加强私域运营也将成为行业发展的重点趋势。南滇古茶私域运营主要建立在专属会员体系的搭建上，通过会员系统精确记录消费者的喜好、购买行为等信息，深入了解用户需求，量身定制茶叶推荐和个性化服务，提高用户满意度和忠诚度。此外，通过对会员数据的分析和挖掘，可以获取有价值的市场洞察和用户行为数据。平台可以基于这些数据进行精确的营销和推广，优化产品供应链和服务体验，提高运营效率和盈利能力。

（二）创新智能化多元应用场景

随着科技的飞速发展，智能化管理决策逐渐成为企业竞争的核心力量。利用云计算平台存储技术，从生产销售全过程中提取数据，为企业提供强大的大数据和智能化决策分析，实现精细化管理和智能化生产，已成为现代企业发展的必然趋势。

在普洱茶行业，智能化管理决策的应用也日益显现出其重要性。尤其是对于年份茶的智能仓储和普洱茶仓储的自动化管理，这些技术包括智能分拣、智能存储、智能查询等功能，能够大大提高普洱茶物流效率、降低仓储成本。

在此基础上，人工智能模型的应用更是为茶叶行业注入了新的活力。通过建立普洱茶品质评估模型，利用人工智能技术进行品质评估，可以确保产品质量，为消费者提供更优质的产品。同时，借助人工智能技术，南滇古茶还可以在各类未来茶叶消费场景中推广运用泡茶机器人等类型人工智能技术，为消费者带来更为便捷的喝茶体验。

智能化管理决策和人工智能技术在茶叶行业的应用，不仅能够提高生产效率、降低成本，还能确保产品品质，为消费者提供更好的服务。未来，南滇古茶将继续探索和应用这些先进技术，推动茶叶行业的持续发展。同时，也期待更多企业加入行列，共同为茶叶行业的智能化发展贡献力量。

在政策支持和市场需求的推动下，智能化管理决策和人工智能技术在茶叶行业的应用将不断深入。从生产、仓储、销售到消费环节，我们都将看到这些技术的广泛应用，为茶叶行业带来前所未有的变革。只有紧跟时代步伐，积极拥抱新技术，茶叶行业才能在激烈的市场竞争中立于不败之地。

此外，南滇古茶还会更多关注智能化管理决策和人工智能技术在茶叶行业应用中所带来的伦理和隐私问题。在享受科技带来便利的同时也要加强对相关问题的研究和探讨，确保人工智能技术在普洱茶行业的应用能够健康、有序地进行，为行业的可持续发展奠定坚实基础。

智能化管理决策和人工智能技术在茶叶行业的应用前景广阔。南滇古茶相信，在不久的将来，茶叶行业将迎来一个智能化、高效化、品质化的新时代。

（三）高效赋能茶产业未来发展

在未来的发展中，南滇古茶将坚定地遵循"为云茶赋能，为行业发声"的宗旨，不断推进品牌建设，塑造一个具有品质保障、深厚文化内涵以及强烈社会责任感的品牌形象。为了将普洱茶的文化和产品推向国际市场，南滇古茶将加强与国际的合作，促进国际企业间的交流与合作。为了满足消费者日益增长的需求，南滇古茶将致力于产品创新，研发出更加符合消费者需求和健康需求的产品，从而提高产品的附加值。此外，南滇古茶还关注可持续发展，积极倡导环保、生态、公益等理念，推动茶产业实现经济效益、社会效益和生态效益的协同发展。面对人工智能与大数据技术的飞速发展，南滇古茶将充分利用自身优势，加速企业的数字化布局，通过智能化生产、供应链管理和销售渠道，实现精细化管理，提高企业的核心竞争力。南滇古茶将以更加坚定的信念和务实的态度，不断创新，追求卓越，为推动我国茶产业的发展贡献力量。在未来，南滇古茶将与全球茶友共享高品质普洱茶，让茶香飘向世界。

附录一
普洱茶产业发展研究概述（2019~2023）

程 旭　许杞华　陶 钊*

一　文献来源和研究方法

1. 文献来源

2024 年 6 月 5 日，通过在中国知网（CNKI）上进行高级检索，选择检索"主题=普洱茶*产业*发展"，时间跨度为 2019~2023 年，共获得相关文献 65 篇。为保证研究的精确性和切实性，对检索的相关文献进行筛选并剔除书评、征稿启事、广告、新闻报道等非研究型文献以及与"普洱茶产业发展"主题明显不符的文献，去除无作者、重复文献，最终选出 52 篇有效期刊论文作为本文的研究文献。

2. 研究方法

本文采用文献计量法，以中国学术期刊网络出版总库为来源数据库，借助文献计量法中的 CiteSpace 分析工具对文献进行操作分析，使用 CiteSpace 软件自带的作者合作、关键词共现、关键词聚类、关键词突现分析等功能，以可视化的形式呈现国内 2019~2023 年有关普洱茶产业发展领域研究的相关热点、发展趋势和研究前沿。

---

* 程旭，同方知网数字出版技术股份有限公司云南分公司党支部书记、南部区副总经理，主要研究方向为大数据技术应用；许杞华，同方知网数字出版技术股份有限公司西部区综合部经理，主要研究方向为教育信息化；陶钊，同方知网数字出版技术股份有限公司西部区项目经理，主要研究方向为教育信息化。

二　普洱茶产业发展的图谱分析

1.时间分布图谱

年度发文数量是衡量普洱茶产业发展研究热度与发展趋势的重要指标。据图1可知，2019~2023年的5年，国内普洱茶产业发展研究总体发文量呈现较为稳定的状态，年发文量在8~14篇；其中2020年发文量为14篇，位居近5年发文量的第一。近5年全部发文量为52篇，年均发文量为10.4篇。

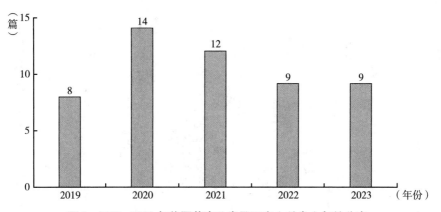

图1　2019~2023年普洱茶产业发展研究文献发文年份分布

2.作者合作分析

在CiteSpace上将时间跨度设定为2019~2023年（时间跨度为5年），时间切片为1年，得到节点数为98、连线数为106、密度为0.0223的普洱茶产业发展研究领域作者共现知识图谱，如图2所示。根据图2可以看出作者之间连线不多、合作不紧密。

3.高被引文献分析

了解国内普洱茶产业发展研究领域的高被引文献是对该研究领域的重要探索，论文的被引用频次是衡量该论文质量与学术水平的重要指标，被引频次越高，认可程度越高。本文统计了国内知网上关于普洱茶产业发展研究领域的10篇高被引文献，并对被引频次高但与主题未高度相关的文献进行了

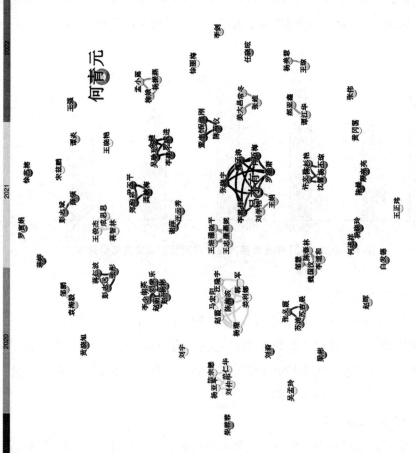

图 2 普洱茶产业发展研究领域作者共现知识图谱

删除。这 10 篇文献为 2019~2023 年该领域研究成果的精华所在。其中，王强在《福建茶叶》发表的《普洱市普洱茶产业现状及发展途径研究》被引用频次 12 次，被下载 1359 次，居于首位，如表 1 所示。

表 1　普洱茶产业发展研究近 5 年高被引前 10 位文献

单位：次

序号	作者/年份	论文题目	来源刊物名称	被引频数	下载次数
1	王强/2019	《普洱市普洱茶产业现状及发展途径研究》	《福建茶叶》	12	1359
2	薛领、彭志斌/2019	《空间贫困、乡村振兴与农旅产业融合发展规划探讨——以云南滇西普洱茶产区为例》	《城乡规划》	12	1231
3	汪云秀、谢萍/2019	《普洱茶叶产业发展状况分析》	《农村经济与科技》	6	905
4	梁彬/2019	《云南省普洱茶旅游发展分析》	《福建茶叶》	6	540
5	张义霞、苏吉晨、苏涛/2022	《溯"古"与赶"潮"：云南普洱茶特色品牌创新传播》	《广西职业技术学院学报》	4	662
6	王琼、杨美慧/2020	《普洱茶文化旅游开发现状与存在问题——以云南版纳勐海普洱茶为例》	《当代旅游》	4	263
7	赵霞、韩一军、姜利娜、马宏阳、杨璨、汪隆宇/2021	《我国普洱茶市场与产业调查分析报告》	《农产品市场》	3	918
8	任晓昳/2022	《地方特色产业的品牌打造和市场推广研究——以普洱茶为例》	《山西农经》	3	884
9	黄冈霭/2021	《生态视野下的普洱茶——近五年普洱茶产业研究综述》	《南方论刊》	3	849
10	康燕妮、王培涌、王志全、张晓平/2020	《普洱茶产业情况及其标准体系研究》	《质量探索》	3	555

三　普洱茶产业发展研究的热点主题与前沿动态

1. 研究的热点主题

基于 CiteSpace 对普洱茶产业发展研究文献进行关键词共现分析，能够得出该领域的研究热点。关键词共现图谱中共有 75 个节点，125 条连线，网

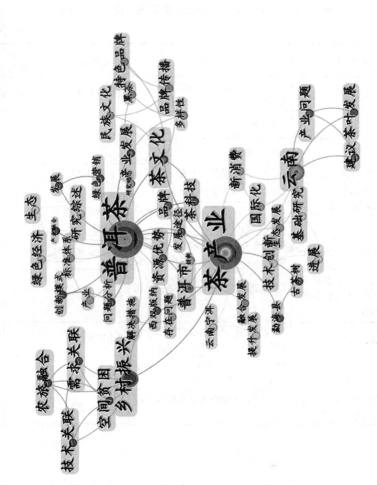

图 3　普洱茶产业发展研究关键词共现图谱

络密度为0.045。其中，关键词共现图谱中年轮越大的关键词节点有着越重要地位。结合图3和表2，可以直观地看出外部年轮较大且中介中心性大于0.1的关键词有3个，即"普洱茶"出现12次，中介中心性为0.5；"茶产业"出现10次，中介中心性为0.54；"乡村振兴"出现3次，中介中心性为0.13。

表2 频次排名靠前的关键词

序号	高频词	频次（次）	中介中心性	首次出现年份
1	普洱茶	12	0.5	2019
2	茶产业	10	0.54	2019
3	乡村振兴	3	0.13	2019
4	云南	3	0.1	2019
5	茶文化	2	0.1	2022
6	产业发展	2	0.07	2022
7	普洱市	2	0.02	2019

通过使用CiteSpace对关键词进行LLR聚类算法分析，得到普洱茶产业发展研究关键词聚类图谱，结果如图4所示。根据图4，关键词聚类图谱的网络密度为0.045，Modularity Q值为0.7727，该值大于0.3；Mean Silhouette值为0.9277，大于0.7。Modularity Q值和Mean Silhouette值表明，聚类结果较为合理。其中主要聚类如表3所示。

表3 普洱茶产业发展研究关键词共现网络聚类

序号	聚类	聚类大小	标识词（前5个）
1	#0 普洱茶	15	普洱茶,绿色经济,生态,互联网金融,产业
2	#1 茶产业	13	茶产业,进展,资源优势,品牌,技术创新
3	#2 产业问题	7	产业问题,茶叶发展,云南,建议,普洱茶
4	#3 乡村振兴	6	乡村振兴,需求关联,农旅融合,技术关联,空间贫困
5	#6 品牌传播	5	品牌传播,茶文化,民族文化,特色品牌,普洱茶品牌

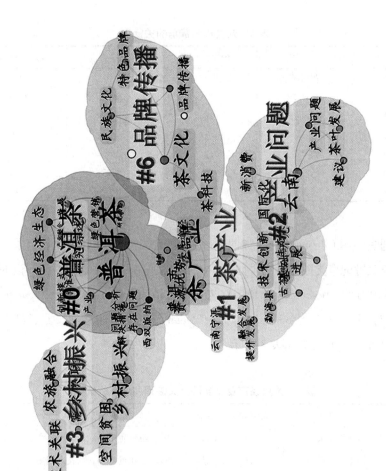

图 4　普洱茶产业发展研究关键词聚类图谱

2. 研究的前沿动态

CiteSpace 的关键词突现功能可以发现某一个时间段主题词、关键词研究兴趣的突然增长。通过对突现词的时间线分析，可以探测国内关于普洱茶产业发展研究的前沿动态。图 5 展示了 2019~2023 年我国普洱茶产业发展研究基于关键词突现时间图谱的发展脉络和演进动态。

关键词	年份	突现强度	开始	结束	2019~2023
云南	2019	0.62	2020	2020	
生态	2021	0.53	2021	2021	
研究综述	2021	0.53	2021	2021	
金融支持	2021	0.53	2021	2021	
协调度	2021	0.53	2021	2021	
产业结构	2021	0.53	2021	2021	
耦合模型	2021	0.53	2021	2021	
提升发展	2021	0.53	2021	2021	
基础研究	2021	0.53	2021	2021	
进展	2021	0.53	2021	2021	
技术创新	2021	0.53	2021	2021	
云南宁洱	2021	0.53	2021	2021	
产业发展	2022	0.74	2022	2023	
茶文化	2022	0.74	2022	2023	
重点工程	2022	0.55	2022	2023	
多样性	2022	0.55	2022	2023	
特色品牌	2022	0.55	2022	2023	
品牌打造	2022	0.55	2022	2023	
融合发展	2022	0.55	2022	2023	
特色产业	2022	0.55	2022	2023	
黑茶	2022	0.55	2022	2023	
民族文化	2022	0.55	2022	2023	
品牌传播	2022	0.55	2022	2023	
发展经验	2022	0.55	2022	2023	
未来方向	2022	0.55	2022	2023	

图 5　2019~2023 年普洱茶产业发展研究关键词突现图谱

从图 5 可以发现：我国普洱茶产业发展研究在 2019～2023 年大致沿着云南、生态、研究综述、金融支持、协调度、产业结构、耦合模型、提升发展、基础研究、进展、技术创新、云南宁洱、产业发展、茶文化、重点工程、多样性、特色品牌、品牌打造、融合发展、特色产业、黑茶、民族文化、品牌传播、发展经验、未来方向 25 个主题转移。

附录二
普洱茶发展大事记（2022~2023）

胡皓明 *

2022年

1月8日　《普洱》杂志 15 周年全国联动品读会在全国 98 个城市、230 余个茶空间同时举办，专注于普洱茶领域，传播、推广普洱茶文化。

1月26日　由普洱市质量技术监督综合检测中心等有关单位及云南中茶茶业有限公司、西藏刚坚集团有限公司、拉萨市净土产业投资开发集团有限公司多方合力，共同制定出了《低氟普洱茶》团体标准，并在"全国团体标准信息平台"公布。该标准在 GB/T 22111《地理标志产品普洱茶》的基础上出台，共有 8 个大项，统一了低氟普洱茶的范围、规范性引用文件、术语和定义、类型、等级和实物标准样、加工工艺要求、质量要求、检验规则及标志、包装、运输、贮存，凸显了普洱茶产品低氟的特性，确保食品安全。

2月18日　由云南省普洱茶协会主办、大益智库承办的云南省普洱茶协会 2021 年年会暨普洱茶产业健康发展高峰会，以"线上+线下"的方式在昆明举行。参会业界人士及专家们认为，2022 年，将继续深入打造普洱茶茶文化，积极推动茶旅深度融合，从"茶文化、茶产业、茶科技"三个方面发力，为云南茶产业"走出去"奠定坚实基础，在新时代新征程上展

---

* 胡皓明，正高级制茶工程师，中国茶叶流通协会专家委员会委员，云南省茶马古道研究会会长，云南省茶叶流通协会副会长，主要研究方向为茶文化、茶马古道。

现普洱茶产业的新气象新作为。

3月28日 "西藏百万农奴解放63周年纪念日"，拉萨净土低氟健康茶暨普洱茶展销中心揭牌成立，成为两地推进低氟普洱茶产业市场化发展的切入点。

3月29日 普洱市与拉萨市净土产业投资开发集团有限公司举行2022年普洱市普洱茶战略合作洽谈会，双方围绕共同推动普洱茶在拉萨市乃至全区推广普及工作签署了战略合作备忘录。会议指出，双方要抓住低氟普洱茶采配项目形成的客户群体、市场环境及综合效应，拉萨净土低氟健康茶暨普洱茶展销中心成立的机遇，按照市场的需求变化及时调整产品结构和经营策略，加强沟通，整合资源，优势互补，为藏区人民提供更多品类、更高品质的普洱茶。

4月12日 一架由昆明航空公司执飞的货运包机载着8吨普洱茶从云南省西双版纳机场飞往广州，全国首条普洱茶包机专线正式启航，开启空中"茶马古道"。

4月12日 由浙江大学CARD中国农业品牌研究中心、中茶所《中国茶叶》杂志、中国国际茶文化研究会茶业品牌建设专委会、浙江大学茶叶研究所、浙江永续农业品牌研究院等联合开展的"2022年中国茶叶区域公用品牌价值评估"研究结果出炉。其中，普洱茶以78.06亿元的品牌价值入围年度十强。普洱茶连续10年入围十强，品牌价值10年增长40亿元。

4月13日 京东超市发布《中国茗茶产业带排行榜》，据公开可查询到的信息，这也是中国率先通过引进"电商指数"，对茗茶产业带发展情况进行排名的榜单。依据《中国茗茶产业带排行榜》，云南普洱茶、浙江龙井、福建金骏眉成为中国茗茶产业带前三强。

5月11日 普洱市召开低氟普洱茶进藏工作专题会议，强调要聚焦市场这个核心问题提升引领力，聚焦决心和机制这个根本问题提升组织力，聚焦产品和质量这个基础问题提升产品力，聚焦作风和服务这个关键问题提升形象力，进一步统一思想、凝聚共识，坚定信心决心，不断巩固扩大低氟普洱茶进藏成果。

5 月 21 日　即第三个国际茶日当天，在普洱市茶叶和咖啡产业发展中心以及普洱茶协会的倡议下，普洱市 50 多家茶室自发组织茶友，开展以"天下普洱·互联共享"为主题的全民饮茶活动。

6 月 10 日　农业农村部办公厅印发《农业品牌精品培育计划（2022—2025 年）》，其中强调各地要加强茶叶精品品牌培育。目前，已形成"普洱茶""龙井茶""安吉白茶""安化黑茶""安溪铁观音""信阳毛尖"等一批影响力大、带动力强的茶叶精品品牌。

6 月 11 日　普洱市举办"文化和自然遗产日"宣传活动，与 2022 年"文化和自然遗产日"非遗宣传展示活动的主题"连接现代生活，绽放迷人光彩"契合，把非遗带出"深闺"，走向更为热气腾腾的人世间，生动诠释了一杯普洱茶里的非遗传承。

6 月 21 日　以"山海同源·一叶同根"为主题的第 4 届"七彩云南·相约台湾"文化交流系列活动——第三届两岸中华茶文化论坛通过视频方式在昆明、台北两地举办，来自两岸 50 余名茶企代表参加本次论坛。

7 月 17 日　2022 年普洱市"茶旅""咖旅"主题精品旅游线路大赛正式启动，加快普洱市一、二、三产业融合发展步伐，进一步发挥普洱茶文化、中国咖啡原产地资源优势，不断打造茶旅、咖旅融合新产品新业态，加速普洱旅游产业高质量发展。

7 月 22 日　由普洱市关心下一代工作委员会、普洱市教育体育局主办，普洱茶学院承办的第十五期"小小茶艺师"培训班圆满结业。本期"小小茶艺师"培训学员来自思茅区第一、第二、第三、第四、第五、第六、第七小学的 100 名小学生。为期七天的培训开设了茶叶基础知识、茶文化知识、普洱茶冲泡技艺、茶艺礼仪和茶艺表演技巧等课程。

9 月 23 日　2022 年云南省"10 大名品"和绿色食品"10 强企业""20 佳创新企业"表彰活动在云南海埂会堂隆重举行。"中茶"牌普洱茶再次荣获 2022 年云南省十大名茶荣誉称号。

9 月 23~26 日　由云南省人民政府主办的 2022 年昆明茶博会——第十七届中国云南普洱茶国际博览交易会在昆明举办。本届茶博会以"绿色云茶·天下普洱"为主题，展示茶产业发展成就，传承和弘扬千年茶文化精髓，促进茶叶交易和消费，推进茶产业的健康发展。

10月29日 由云南省茶叶流通协会指导，云南中茶茶业有限公司和云南省农业科学院茶叶研究所主办的"一韵越千年，喝懂一杯中国茶"2022年中国普洱茶高质量发展高峰论坛在昆明举办。此次论坛聚焦于中国茶文化发展、云南省茶品种资源、用数字化喝懂云南茶、云南中茶三茶文化、古茶树资源保护、普洱茶产品跨界开发等主题，体现了普洱茶产业在文化和科技方面的融合与发展。

10月31日 《品牌观察》杂志社发起的首届中国地标节《国家级地理标志农产品品牌价值500强》榜单中，经《品牌观察》杂志社中国品牌价值500强评审委员会组织专家力量，通过走进"地标原产地"活动，评估出普洱茶品牌价值为723.95亿元，成为截至2022年10月31日，《品牌观察》杂志社评估出来的最高品牌价值的国家级地理标志农产品。

11月29日 我国申报的"中国传统制茶技艺及其相关习俗"在摩洛哥拉巴特召开的联合国教科文组织保护非物质文化遗产政府间委员会第17届常会上通过评审，被列入联合国教科文组织《人类非物质文化遗产代表作名录》。普洱茶（贡茶）制作技艺作为"中国传统制茶技艺及其相关习俗"44个子项目之一被列入联合国教科文组织《人类非物质文化遗产代表作名录》，12个项目入选第五批省级非物质文化遗产保护目录。茶马古城旅游小镇、那柯里茶马驿站、娜允古镇、老达保拉祜族传统文化保护区4个项目入选"全国非遗与旅游融合发展优选项目名录"。

11月30日 《云南省古茶树保护条例》已由云南省第十三届人民代表大会常务委员会第三十五次会议审议通过，自2023年3月1日起施行。

2023年

1月6日 "茶香云南 共享非遗专题摄影展"在昆明翠湖公园开展，其中，展示了滇红制茶工艺、普洱茶贡茶制作工艺、大益茶制作工艺、下关沱茶制作工艺、德昂酸茶制作工艺、白族三道茶制作工艺。

1月28日　中共云南省委农村工作小组领导办公室、云南省农业农村厅云南省林业和草原局云南省工业和信息化厅、云南省市场监督管理局发布《关于印发〈云南省茶叶产业高质量发展三年行动工作方案（2023—2025年）〉的通知》，其中包括古茶树资源保护利用工程、绿色有机化生化工程、茶叶加工提质工程、产品质量监督管理工程科技创新攻关工程、云茶品牌培育工程、市场开拓工程和茶文化提升工程等重点工作任务。

由云南省林业和草原局牵头起草的《云南省古茶树保护条例》经云南省第十三届人民代表大会常务委员会第35次会议审议通过并于2023年3月1日起实施，这标志着云南以地方立法方式对古茶树资源开展保护工作有了新突破。古茶树是中国作为茶的故乡的特征植物，古茶树资源是国家重要种质资源，是国家茶产业种源基础和保障。云南是中国古茶树资源保存面积最大、保存数量最多、类型最齐全的地区，云南省的11个州（市）、61个县（市、区）都有古茶树分布。

农业农村部公布异议登记的全国非主要农作物品种清单，由云南省农业科学院茶叶研究所与景谷傣族彝族自治县茶叶和特色生物产业发展中心育种团队共同选育的茶树品种"秧塔大白茶"通过了国家非主要农作物品种登记，成为普洱市第一个通过登记的国家级无性系茶树新品种。

3月22日　云南省普洱市景谷傣族彝族自治县，区域公共品牌景谷大白茶新闻发布会在昆明海埂会堂举行，景谷大白茶区域公共品牌正式发布。

4月23日　外交部部长助理华春莹在23日的"老山国际春茶节"开幕式上发表视频致辞：麻栗坡古树茶已收入"国礼名录"并赠送联合国安理会成员！

4月　云南省各产茶区在不同时段举行各具特色的开采节仪式，举办开采节，充分体现了"旅游+茶""人文+茶"的茶旅魅力，吸引各方宾客。

4月　关于中国茶叶的国际标准ISO 20715：2023《茶叶分类》正式颁布，标志着我国六大茶类分类体系正式成为国际共识与国际通用标准。但该标准对于普洱茶分类划分引起了争议。围绕《茶叶分类》，云南籍专家学

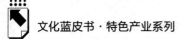

者、产业工作者进行大讨论："普洱茶到底是什么茶？""普洱茶可以争取成为一个新茶类吗？""如果普洱茶不能申请成为新茶类，那么会影响产业发展吗？""普洱茶可能成为新茶类的依据是什么？"各自从代表领域发表了看法。

12 月 9 日 《普洱》杂志创刊 18 周年，系列活动"文化·普洱茶生生不息的力量"在昆明成功举办。多年来，陪伴《普洱》杂志成长的挚友、亲朋，见证杂志一路成长的政府领导、专家学者、企业代表、茶人、茶文化传播者、读者等齐聚一堂，一同回顾《普洱》杂志十八年走过的风风雨雨，共品香茗，也再一次探讨了文化对于普洱茶产业发展的重要意义。

12 月 22 日 澜沧古茶（HK 6911）正式在香港联合交易所主板挂牌上市，成为中国普洱茶 IPO 第一股，以及主要资本上市的内地茶企第一股。

Abstract

Puerh tea industry is an important part of China's tea industry, as well as an important form of Yunnan's highland specialty agriculture. Influenced by the new crown pneumonia epidemic and the general environment at home and abroad, Puerh tea industry has been in a state of fluctuating development, but due to its special production and consumption characteristics, obvious financial-like attributes, and the strong support of governments at all levels, Puerh tea industry has been sustained and maintains great potential. Puerh tea and related industries continue to extend the industrial chain in the process of continuous speech, packaging design, e-commerce, cultural branding, tea utensils and tea art, estate economy and other values gradually come to the fore, Puerh tea industry gradually realizing two-way empowerment with creative industries, tourism industry, rural revitalization business, etc. , and become an important force to promote local economic and social development.

This book is the third book of "Cultural Blue Book-Specialty Industries Series", which is developed with the support of the project of "Double First-class" University Construction of Yunnan University and the project of "Yunnan University Serving the Local Economy, Society and Culture with High Quality Development", as well as local government and Puerh tea related industry associations. "It is the third book of "China Puerh Tea Industry Database" and "China Puerh Tea Knowledge Database" developed by China Knowledge Network with the support of local government, YunNan Economics Trade and Foreign affairs College and Puerh Tea related industry associations, and relying on the related database development enterprises and China Knowledge Network. The third "Report on the Development of China Puerh Tea Industry" (hereinafter referred to as the "Report") has been launched continuously. The Report carries on the original intention of the publication, hoping to build a framework for describing the basic development of the Puerh tea industry in Yunnan Province through the description of the status quo, analysis of characteristics, and forecast of trends of Puerh tea producing regions, and at the same time, to gain a comprehensive understanding of the Puerh tea industry by analyzing the content of Puerh tea consumer groups, packaging design, e-commerce, cultural branding, and cultural and tourism industries, and so on. The report selects two companies that have expanded the consumer market of Puerh tea, explored new sales models, and tapped into the rich history and culture of the Tea Horse Road to enhance the influence of their corporate brands, from the perspectives of "Internet +" and "Cultural Brand +". The two enterprises that have expanded the consumer market of Puerh tea from the perspectives of "Internet+" and "Cultural Brand+", explored new sales modes and tapped into the rich historical and cultural content of the Ancient Tea Horse Trail to enhance the influence of corporate branding formed a special report. The research section on overseas market of Puerh tea and dissemination of Chinese tea culture overseas was added. Increased research on the two-way empowerment of digital technology on Puerh tea industry, and further clarified the impact of database and e-commerce on the development of Puerh tea industry.

Keywords: Puerh Tea; Puerh Tea Industry; Culture of Puerh Tea

Contents

I General Report

Abstract: During the period from 2021 to 2022, the production and development of Yunnan Province's Puerh tea industry is in a good state, with sufficient market cultivation and policy supply; it presents the characteristics of continuous rural revitalization, making up for the short board of export, extending the industrial chain, and enhancing the value of the industry, as well as the huge potential for development, the diversified consumption of tea culture, saturated warehousing market, diversified sales modes and consumer groups, and the expanding development space. Cross-border cooperation, enhancement of consumer experience, promotion of friendly tea plantation model, enhancement of green supply chain quality, integration of new media platforms, expansion of international markets, cultural leadership, the creation of new tea culture space, model innovation, cultivation of new forms of tea culture and tourism have become the future development of Yunnan Puerh tea industry should focus on. As an important local specialty industry in Yunnan Province, Puerh tea industry has driven the development of packaging design, e-commerce, tourism and recreation industries, emerging cultural brands and consumer groups, and driving local economic and social development. In the future, the Puerh tea industry in Yunnan Province will continue to maintain a steady and positive development

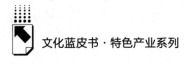

trend.

Keywords：Puerh Tea；Tea Industry；Yunnan Province

Ⅱ　Production Area Reports

B.2　Report on the Development of Puer Tea Industry in Puerh

Wang boxili, *Lu Han* / 023

Abstract：Since 2022, Puerh has closely adhered to the "3815" strategic development goal of Yunnan Province, setting up a special class on tea industry chain work, integrating multiple resources, strictly implementing the tea expert consultation system, continuously promoting the development of organic tea gardens in the planting, management and processing towards normalization, scientization and standardization, strengthening market cultivation, and making continuous efforts to promote the formation of industrial clusters, thus to make significant progress in promoting the development of Puerh tea industry. In particular, on September 17, 2023, "The Cultural Landscape of Old Tea Forests of the Jingmai Mountain in Puerh" was successfully inscribed on the World Heritage List and became the world's first tea-themed world cultural Heritage. Since then, Puerh has taken cultural tourism as a breakthrough to promote the innovative development of new forms of tourism such as "World Heritage + Tourism", "Festival Exhibition + Tourism" and "Tea Culture Space + Tourism", and to promote the cross-border integration and development of the primary, secondary and tertiary industries of the tea industry, realizing the integration of industry chains and the improvement of value chains in a larger and broader scope and field.

Keywords：Puerh Tea Industry；Cultural Tourism；Puer

B.3   Report on the Development of Puerh Tea Industry

in Xishuangbanna   *He Qingyuan, Duan Jing* / 035

Abstract: The Puerh tea industry in Xishuangbanna Dai Autonomous Prefecture, Yunnan Province, has continued to develop, becoming a significant force in promoting local economic development and rural revitalization. As a core production area for Puerh tea, Xishuangbanna has constantly improved its planting and processing techniques, laying a solid foundation for the high-quality development of the industry. Simultaneously, through innovative models such as tea-tourism integration, the Puerh tea industry has effectively contributed to rural revitalization and economic growth. Looking ahead, the Xishuangbanna Puerh tea industry is expected to embark on a greener and more innovative development path, with organic tea emerging as a new trend, leading the industry's green development. The application of technology will drive industrial innovation and upgrading, improving product quality and production efficiency. Additionally, deeply exploring the cultural connotation of Puerh tea and promoting the integration of the tea industry with cultural tourism will inject new vitality into the industry's development. Ensuring fair competition and high-quality development, regulating the Puerh tea market order will also be an essential guarantee for future development.

Keywords: Puerh Tea Industry; Puerh Tea Culture; Xishuangbanna Prefecture

B.4   Report on the development of Puerh Tea Industry in Lincang

Jiang Hongjian, Li Rui / 049

Abstract: Lincang City in the superior geographic conditions, ecological conditions, human conditions and other conditions under the common role of the breeding of a rich tea and tea culture resources. In recent years, Lincang City, focusing on promoting the high-quality development of the tea industry, tea planting area steadily expanding, tea production continues to improve, tea comprehensive output value to a new record high, presenting the party building to lead the high-quality development of the tea industry, the tea culture and tourism integration to create a new mode of development, science and technology to promote the transformation and upgrading of industry and other characteristics of industrial development, and so on. In the future, Lincang City will continue to promote the tea industry to empower rural revitalization, continue to strengthen the tea branding and promotion, continue to increase the cultivation of industrial leading enterprises, enhance the digital transformation and development of the tea industry, build a modern development system for the tea industry, and promote the high-quality development of the tea industry.

Keywords: Puerh Tea; Tea Industry; Lincang

B.5 Report on the development of Puerh Tea Industry in Baoshan

Fan Xinbei / 062

Abstract: Baoshan, rich in ancient tea tree resources, its tea planting area, industry scale, comprehensive output value and brand awareness are among the forefront of the Yunnan province. In recent years, Baoshan has significantly improved the tea quality, increased the benefit and realized the green production of four-season cycle. Attaching equal importance to conservation and development, Baoshan has been striving to build more famous mountain bases of ancient tea. Continuous innovation in the industrial model has drove the masses to increase their income and wealth. And the organic integration of tea and tourism has promoted tea culture tourism in the whole region. In the future, Baoshan's Puerh tea industry will develop towards the trend of implementing green development actions of the tea industry to build green tea industry clusters, creating distinctive regional brands to promote the value of the tea industry, upgrading the Puerh tea industry chain to help the high-quality development of the tea industry.

Keywords: Puerh Tea; Tea Industry; Baoshan

B.6　Report on the development of Puerh Tea Industry in Dehong

He Shengcan, KaiDiLiYa · MaoLaNiYaZi / 074

Abstract: Dehong has a long history of cultivating tea trees and has formed multiple well-known brands. After years of development, Dehong's Puerh tea industry has achieved breakthrough achievements in both technology and scale. In recent years, Dehong has increased the development and utilization of ancient tree tea, strengthening the development of the Dehong tea industry by improving processing technology, cultivating new entities, creating well-known brands, and increasing technological investment. At the same time, the government of Dehong Prefecture launched the "Three Year Action Plan for High Quality Development of Dehong Prefecture Tea Industry" in 2023, introducing various guarantee measures and proposing five "full efforts" to promote the development of Dehong's Puerh tea industry.

Keywords: Puerh Tea Industry; Tea Industry; Dehong Prefecture

B.7　Report on the development of Puerh Tea Industry in other Producing Areas of Yunnan Province

Su Fanghua, Ke Zunqing, Zhang Tianmei,

Duan Yunsha and Chen Yuguo / 090

Abstract: The Puerh tea industry in other producing areas of Yunnan Province continues to maintain stable development. Each production area adheres to scientific management and innovative development models, achieving growth in output and a gradual increase in production value. This report analyzes the current development status of the Puerh tea industry in Honghe Prefecture, Dali City, and Wenshan Prefecture, highlighting the characteristics and achievements of each region in aspects such as ecological advantages, brand building, technological innovation, and market expansion. Notably, significant progress has been made in the integration of tea tourism, e-commerce sales, and the production of high-quality tea leaves. The report also emphasizes the important role of the Puerh tea industry in promoting regional economic development, poverty alleviation, and rural revitalization.

Keywords: Puerh Tea; Tea Industry; Non-Core Areas; Yunnan Province

III   Special Reports

B.8   Overview of the Development of Guangdong Puerh

Tea Industry   *Luo Ruiyu* / 119

Abstract: As a major economic province in China, Guangdong Province holds an important position in many fields, and the Puerh tea industry is one of them. Guangdong has a developed economy, a large population, and a large flow of people. The influence of tea trade is extensive, and it has a lot of interaction with Puerh tea. Against the backdrop of the flourishing tea culture, well-known tea enthusiasts and merchants both domestically and internationally have flocked in, and activities such as tea tasting, tea collection, and tea competition have become the mainstream of Puerh tea consumption culture and economy in the Guangdong Hong Kong Macao Greater Bay Area. As a distribution center for Puerh tea, Guangdong does not engage in production and mainly stores, sells and consumes Puerh tea from Yunnan. When Puerh tea was popular nationwide, the Puerh tea market in Guangdong was in full swing. The development of e-commerce and the impact of the epidemic have posed new challenges to the Guangdong market, but its strong economic foundation and strong adaptability are actively opening up new development paths for the Puerh tea industry.

Keywords: Puerh Tea; Guangdong Market; Guangdong-Hong Kong-Macao Greater Bay Area

B.9 A Report on the Development of Puerh Tea

Packaging Design   *Su Wanting* / 138

Abstract: Pu-erh tea packaging design is the most intuitive and effective visual presentation of Pu-erh tea products in the context of marketing, and it is also a crucial means of reflecting the product culture and constructing the brand image. This paper analyses the two-way interaction between the Pu-erh tea industry and its packaging design, sorts out the evolution of Pu-erh tea packaging design, and analyses the development trends of modern Pu-erh tea packaging design from four aspects, including packaging form, material, design and colour. Along with the market transformation and upgrading, the problems of insufficient local design innovation, weak market adaptability and imbalance between culture and commerce have gradually become prominent. Based on this, the government's top-down macro-control and the enterprises' bottom-up awareness are of certain guiding significance for advancing high-quality development of Pu-erh tea packaging design.

Keywords: Puerh Tea; Packaging Design; Cultural Symbols

B.10 Portrait Report of Puerh tea Trendy tea Drink Consumer Groups

Li Xueyun, *Li Yanxin* / 153

Abstract: At present, tea drinking is gradually becoming a new cultural consumption mode that has attracted much attention, especially from young consumer groups. New tea drinking shops are entering people's field of vision with the main features of aesthetic space creation, cultural brand creation, and lifestyle creation, With the increasing popularity of cultural consumption, culture as soft power has begun to play an important role in further enhancing national strength and international status on the basis of promoting rapid national development Consumer groups that pay attention to new tea drinking can provide certain help for the creative transformation and innovative development of traditional chinese tea culture. The emergence of new tea drinking shops not only meets people's taste needs, but also provides a consumption place that integrates aesthetics, culture and lifestyle, further spreading and promoting traditional Chinese tea culture. By keeping pace with the times and combining modern people's aesthetics and lifestyle, new tea drinking has continuously enriched and expahded the connotation of traditional tea culture, making it more dynamic and attactive Therefore, the rise of new tea drinking has provided a strong impetus for the innovation and development of traditional Chinese tea culture, which helps to integrate traditional culture into contemporary life, and thus enhance the country's soft power and international influence.

Keywords: New Tea Drinks; Cultural Consumption; Aesthetic Space; Lifestyle

B.11 2022-2023 China Puerh Tea E-commerce Development Report

Huang Tianqi / 169

Abstract: With the successful inscription of Jingmai Mountain as a World Heritage site, the popularity of Puerh continues to rise, the Puerh industry is steadily expanding, and the e-commerce sector for Puerh is showing solid growth. Puerh e-commerce has developed a diversified channel structure, with traditional e-commerce as the mainstay and emerging live-streaming e-commerce as a hot trend. However, during its development, issues such as false advertising still persist and need to be addressed. Therefore, the development of Puerh e-commerce should focus on diversifying e-commerce channels and rapidly adapting sales methods. Additionally, integrating and applying new technologies, diversifying and ubiquitous e-commerce scenarios, segmenting consumer groups, and accelerating the pace of market segmentation are crucial. Lastly, efforts should be made to cultivate specialized e-commerce platforms and explore new types of e-commerce platforms.

Keywords: Puerh; E-commerce; LiveStream; Internet

B.12 Research Report on Puerh Tea and Related Cultural Brands

Wu Ran, Zeng Qingzhi / 186

Abstract: Research on the industry and culture of Puerh tea is an important channel to understand the development of Puerh tea industry. The development status, dynamics, and trends of Puerh tea industry can be understood more systematically by focusing on the research of Puerh tea industry, Puerh tea culture, Puerh tea-related technology, and Puerh tea culture brand. The development of science and technology has promoted the transformation and upgrading of the Puerh tea industry. With the rise of tea culture research, the discussion on the Ancient Tea-Horse Road has become a hot topic, and Puerh tea and related research is also characterized by obvious multidisciplinary participation. Based on the trends of online sales of Puerh tea, youthful consumer groups, and market branding, Puerh tea research has also begun to focus on the technology-enabled upgrading of the industry chain, modern Puerh tea consumption culture, and culture-enabled brand building. Through sorting out and analyzing the current situation of Puerh tea industry-related research, this report reflects the current situation, problems, and trends of Puerh tea industry development from one side, and helps the healthy and sustainable development of Puerh tea industry.

Keywords: Puerh Tea; Puerh Tea Industry; Cultural Value; Cultural Branding

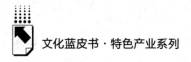
Ⅳ Regional Operations Reports

B.13 Development Strategy of Guangdong Puerh Tea Market

Chen Xiwen, Luo Ruiyu / 205

Abstract: Guangdong does not produce Puerh tea, but it is the largest Puerh tea sales market and the most valued strategic highland in the country. Guangdong Province consumes about 70% of the total production of Puerh tea every year, with over one million Puerh tea collectors. As a major economic province, Guangdong has a developed economy, a large population, high population mobility, and strong consumption capacity. In history, tea culture has been prevalent and deeply influenced by tea culture. These are the main reasons why Guangdong has become the largest Puerh tea sales market in the country. Guangzhou plays a leading role in the circulation of China's tea industry, inheriting tea trade culture and continuing the millennium old business network. In the new era of consumption, the combination of Guangdong Puerh tea market and digitalization leads the iteration and innovation of domestic tea business models; Establish a new type of production and sales community with Yunnan through cross provincial cooperation, and creat a new tea supply chain system; With the principle of achierving shared growth through discussion and collaboration, establishing a standardized order for the circulation of Puerh tea, reshaping the new discourse system of Chinese tea in contemporary times, and promoting the healthy and sustainable development of the Puerh tea industry.

Keywords: Puerh tea; Business Model; Production and Sales Community; Guangdong

B.14 Report on Integrated Development of Tea Culture and
Tourism in Yunnan Province

Cheng Lizhu, Dong Xinyu and Wang Jia / 219

Abstract: The integration of tea culture and tourism is an important approach to innovate and upgrade the development of the tea industry, cultural industry and tourism industry. Thanks to Yunnan Province's excellent natural ecological resources and distinctive cultural and ecological environment, the approach appilied in Yunnan Province has a unique advantage. The integrated development of tea culture and tourism has become one of the important directions of economic development in Yunnan Province. In order to actively promote the integration of tea culture and tourism, Yunnan Province has introduced a series of policy and measures to provide policy and fund guarantees for the integration of tea culture and tourism in Yunnan Province. The integration of tea culture and tourism in Yunnan Province is stimulating new quality productivity and continuous upgrading and development. To achieve this goal, it is proposed that the national characteristics should be fully explored and the brand construction and publicity of tea should be strengthened. It is necessary to accelerate the innovation of tea culture and tourism products and services, strengthen the cooperation and synergy between the tea culture and tourism industry and other related industries to create an all-round and diversified tea culture and tourism industry chain. New business models and marketing methods need to be actively explored to expand the market and audience of tea tourism.

Keywords: Tea Industry; Integration of Tea Culture and Tourism; Yunnan Province

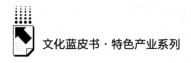

B.15 From Green Leaves to Golden ones: An Ecological

Poverty Alleviation in Tea Industry

—*Menghai Practice*   *Zhou Linxin* / 244

Abstract: Menghai, as the "first county of Pu 'er Tea in China", through precise positioning, takes the tea industry as the pillar industry, builds the development pattern of modern tea industry, strengthens the starting role of tea quality improvement system engineering, carries out appropriate innovation and improvement in the concept, model and measure of tea industry development, and steps out of a green development road of tea industry and ecological poverty reduction. At the practical level, the same frequency resonance and coordinated development between the development of the tea industry, poverty alleviation and rural revitalization have been achieved. By sorting out the development status of the tea industry in Menghai County, this report summarizes the relevant measures and experiences of the tea industry in Menghai County in poverty alleviation and rural revitalization. Combined with the current social and economic development trend, it gives suggestions on the path for deepening the systematic, coordinated and sustainable development between the tea industry and rural revitalization in Menghai County in the future. In order to further promote the high-quality development of local social economy and ecology in Menghai.

Keywords: Tea Industry; Rural Revitalization; Menghai

V Enterprise Reports

B.16 Cultural Implantation and Brand Cultivation

—*A Factual Record on the Development of Lao Ma Bang*

Tea Industry

Su Wanting, Zeng Qingzhi, Wu Ran and Yu Hailin / 257

Abstract: There is a close relationship between the entrepreneurial subjects in terms of cultural implantation, brand creativity, and the Puerh tea industry as well as local economic and social development. Through the deep excavation and innovative implantation of Puerh tea culture, the enterprise can give its products deeper cultural connotations. Puerh tea contains a rich history and culture. Through the deep excavation of these cultural elements, the enterprise integrates them into product design and brand communication, making the product not only a consumer product but also a carrier of culture. This kind of cultural implantation can enhance the added value of the products and make them more competitive in the market, thus promoting the development of the Puerh tea industry and strengthening the overall competitiveness of the Puerh tea industry. Enterprises can also enhance brand awareness and influence through brand creativity, which includes innovative product design, packaging design, marketing strategies, etc. These innovative elements can effectively create brand cultural attributes and differences to attract consumers, and the increase in the number of consumers will further boost the sales of Puerh tea, thus promoting the development of the local economy. The enhancement of brand value can also attract more investors, optimize the local investment environment, and further promote the development of local economic and social development.

Keywords: Lao Ma Bang Tea Industry; Cultural Implantation; Brand Creativity; Puerh Tea Industry

B.17 Empowering Yunnan Tea and Giving Voice to the Industry as an Emerging Force in Puerh Tea E-commerce
—*Development Report of Nan Dian Ancient Tea Company*
Fan Xinbei, Luo Ruiyu, Liu Degang and Xiao Xuehuan / 276

Abstract: Nan Dian Ancient Tea Company, as an emerging force in the Puerh tea e-commerce sector, has risen rapidly through the live-streaming e-commerce model. Founded during the boom of the digital economy, the company focuses on the operation of Puerh tea e-commerce, especially in the segmented market of aged tea. In recent years, Nan Dian Ancient Tea Company has achieved significant success in live-streaming, establishing a competitive edge in the fiercely competitive Puerh tea e-commerce market through its unique model, innovative thinking, and technological applications. The report comprehensively analyzes in detail the company's current development status, technical support, marketing strategies in live-stream e-commerce, while pointing out challenges such as insufficient brand recognition, shortage of live-streaming talent and quality reputation maintenance. However, the report also optimistically reveals a number of opportunities facing Nan Dian Ancient Tea company, such as the rejuvenation of AI technology in e-commerce, and the trend of the rise of intelligent management.

Keywords: Puerh Tea; E-commerce; Live Streaming; Nan Dian Ancient Tea Company

社会科学文献出版社

皮 书

智库成果出版与传播平台

❖ 皮书定义 ❖

皮书是对中国与世界发展状况和热点问题进行年度监测，以专业的角度、专家的视野和实证研究方法，针对某一领域或区域现状与发展态势展开分析和预测，具备前沿性、原创性、实证性、连续性、时效性等特点的公开出版物，由一系列权威研究报告组成。

❖ 皮书作者 ❖

皮书系列报告作者以国内外一流研究机构、知名高校等重点智库的研究人员为主，多为相关领域一流专家学者，他们的观点代表了当下学界对中国与世界的现实和未来最高水平的解读与分析。

❖ 皮书荣誉 ❖

皮书作为中国社会科学院基础理论研究与应用对策研究融合发展的代表性成果，不仅是哲学社会科学工作者服务中国特色社会主义现代化建设的重要成果，更是助力中国特色新型智库建设、构建中国特色哲学社会科学"三大体系"的重要平台。皮书系列先后被列入"十二五""十三五""十四五"时期国家重点出版物出版专项规划项目；自2013年起，重点皮书被列入中国社会科学院国家哲学社会科学创新工程项目。

皮书网

（网址：www.pishu.cn）

发布皮书研创资讯，传播皮书精彩内容
引领皮书出版潮流，打造皮书服务平台

栏目设置

◆ 关于皮书

何谓皮书、皮书分类、皮书大事记、
皮书荣誉、皮书出版第一人、皮书编辑部

◆ 最新资讯

通知公告、新闻动态、媒体聚焦、
网站专题、视频直播、下载专区

◆ 皮书研创

皮书规范、皮书出版、
皮书研究、研创团队

◆ 皮书评奖评价

指标体系、皮书评价、皮书评奖

所获荣誉

◆ 2008 年、2011 年、2014 年，皮书网均
在全国新闻出版业网站荣誉评选中获得
"最具商业价值网站"称号；
◆ 2012 年，获得"出版业网站百强"称号。

网库合一

2014 年，皮书网与皮书数据库端口合
一，实现资源共享，搭建智库成果融合创
新平台。

皮书网

"皮书说"
微信公众号

权威报告·连续出版·独家资源

皮书数据库
ANNUAL REPORT(YEARBOOK)
DATABASE

分析解读当下中国发展变迁的高端智库平台

所获荣誉

- 2022年，入选技术赋能"新闻+"推荐案例
- 2020年，入选全国新闻出版深度融合发展创新案例
- 2019年，入选国家新闻出版署数字出版精品遴选推荐计划
- 2016年，入选"十三五"国家重点电子出版物出版规划骨干工程
- 2013年，荣获"中国出版政府奖·网络出版物奖"提名奖

皮书数据库

"社科数托邦"
微信公众号

成为用户

　　登录网址www.pishu.com.cn访问皮书数据库网站或下载皮书数据库APP，通过手机号码验证或邮箱验证即可成为皮书数据库用户。

用户福利

- 已注册用户购书后可免费获赠100元皮书数据库充值卡。刮开充值卡涂层获取充值密码，登录并进入"会员中心"—"在线充值"—"充值卡充值"，充值成功即可购买和查看数据库内容。
- 用户福利最终解释权归社会科学文献出版社所有。

数据库服务热线：010-59367265
数据库服务QQ：2475522410
数据库服务邮箱：database@ssap.cn
图书销售热线：010-59367070/7028
图书服务QQ：1265056568
图书服务邮箱：duzhe@ssap.cn

社会科学文献出版社 皮书系列
SOCIAL SCIENCES ACADEMIC PRESS (CHINA)

卡号：463736311662
密码：

S 基本子库
UB DATABASE

中国社会发展数据库（下设12个专题子库）

紧扣人口、政治、外交、法律、教育、医疗卫生、资源环境等12个社会发展领域的前沿和热点，全面整合专业著作、智库报告、学术资讯、调研数据等类型资源，帮助用户追踪中国社会发展动态、研究社会发展战略与政策、了解社会热点问题、分析社会发展趋势。

中国经济发展数据库（下设12专题子库）

内容涵盖宏观经济、产业经济、工业经济、农业经济、财政金融、房地产经济、城市经济、商业贸易等12个重点经济领域，为把握经济运行态势、洞察经济发展规律、研判经济发展趋势、进行经济调控决策提供参考和依据。

中国行业发展数据库（下设17个专题子库）

以中国国民经济行业分类为依据，覆盖金融业、旅游业、交通运输业、能源矿产业、制造业等100多个行业，跟踪分析国民经济相关行业市场运行状况和政策导向，汇集行业发展前沿资讯，为投资、从业及各种经济决策提供理论支撑和实践指导。

中国区域发展数据库（下设4个专题子库）

对中国特定区域内的经济、社会、文化等领域现状与发展情况进行深度分析和预测，涉及省级行政区、城市群、城市、农村等不同维度，研究层级至县及县以下行政区，为学者研究地方经济社会宏观态势、经验模式、发展案例提供支撑，为地方政府决策提供参考。

中国文化传媒数据库（下设18个专题子库）

内容覆盖文化产业、新闻传播、电影娱乐、文学艺术、群众文化、图书情报等18个重点研究领域，聚焦文化传媒领域发展前沿、热点话题、行业实践，服务用户的教学科研、文化投资、企业规划等需要。

世界经济与国际关系数据库（下设6个专题子库）

整合世界经济、国际政治、世界文化与科技、全球性问题、国际组织与国际法、区域研究6大领域研究成果，对世界经济形势、国际形势进行连续性深度分析，对年度热点问题进行专题解读，为研判全球发展趋势提供事实和数据支持。

法律声明

"皮书系列"（含蓝皮书、绿皮书、黄皮书）之品牌由社会科学文献出版社最早使用并持续至今，现已被中国图书行业所熟知。"皮书系列"的相关商标已在国家商标管理部门商标局注册，包括但不限于 LOGO（ ）、皮书、Pishu、经济蓝皮书、社会蓝皮书等。"皮书系列"图书的注册商标专用权及封面设计、版式设计的著作权均为社会科学文献出版社所有。未经社会科学文献出版社书面授权许可，任何使用与"皮书系列"图书注册商标、封面设计、版式设计相同或者近似的文字、图形或其组合的行为均系侵权行为。

经作者授权，本书的专有出版权及信息网络传播权等为社会科学文献出版社享有。未经社会科学文献出版社书面授权许可，任何就本书内容的复制、发行或以数字形式进行网络传播的行为均系侵权行为。

社会科学文献出版社将通过法律途径追究上述侵权行为的法律责任，维护自身合法权益。

欢迎社会各界人士对侵犯社会科学文献出版社上述权利的侵权行为进行举报。电话：010-59367121，电子邮箱：fawubu@ssap.cn。

社会科学文献出版社